Aron Ronald Bodenheimer

Verstehen heißt antworten

W0247570

Philipp Reclam jun. Stuttgart

Universal-Bibliothek Nr. 8777
Alle Rechte vorbehalten
© für diese Ausgabe 1992 Philipp Reclam jun. GmbH & Co., Stuttgart
Überarbeitete Fassung der 1987 im Verlag Im Waldgut,
Frauenfeld, erschienenen Erstausgabe
Mit Genehmigung des Verlages Im Waldgut
© 1987 Verlag Im Waldgut AG, Frauenfeld
Gesamtherstellung: Reclam, Ditzingen. Printed in Germany 1992
RECLAM und UNIVERSAL-BIBLIOTHEK sind eingetragene
Warenzeichen der Philipp Reclam jun. GmbH & Co., Stuttgart
ISBN 3-15-008777-5

Inhalt

Inhalt

Vorwort

Seit Anfang 1990 ist die erste Auflage von *Verstehen heißt antworten*, die der Frauenfelder Verlag Im Waldgut im Herbst 1987 wagemutig herausgebracht hat, vergriffen. Wenn nun bei Reclam in Stuttgart eine (leicht geraffte und überarbeitete) zweite Fassung des Buches herauskommt, mag dies einzelne unter den Leserinnen und Lesern erwägen lassen, ob damit unter einem Titel, der das Antworten mit sich trägt, der seinerzeit, 1984, in Aussicht gestellte zweite Band meines in der Universal-Bibliothek erschienenen Büchleins *Warum? Von der Obszönität des Fragens* vorgelegt werde. Es fällt dem Verfasser nicht leicht, zu diesem Gedanken verbindlich Stellung zu beziehen. Ein zweiter Band zum Thema Fragen hätte konsequent die Probleme abzuhandeln gehabt, die das Interrogatorium im Alltag aufgibt. Namentlich im Alltag des Psychotherapeuten. Er hätte auch, und vor allem, erläutern müssen, was das ist: sagen. Was es will und wie es wirkt.

Insofern, als es dieser Aufgabe nur teilweise genügt, kann dieses Buch nicht beanspruchen, als zweiter Band zum Frage-Buch gelesen zu werden. Vielmehr trachtet es, wiederum ganz von vorn, auf keiner Prämisse als der einen aufzubauen, welche besagt, daß verstehen ein Akt ist, der sich jedesmal neu einstellt, neu entwickelt, und dieses Erlebnis dem Überdenken zu erschließen. Dem Nachdenken, das ist: dem Zustimmen, viel eindringlicher aber dem kreativen Widersprechen.

Am Ende der ersten Auflage dieses Buches hatte ich meiner Frau Jacqueline zu gedenken, die mir auf dem Sterbebett noch bei der Korrektur der Fahnen beigestanden hatte. Das Buch war AMICO DILECTO FREDERICO

fachste, auch eindeutigste Auslegung dieses Satzes und reduziert ihn auf die kühle und knappe Sprache, die von der Technik und ihren Adepten gefordert wird. Obgleich textlich minimalisiert und in Rede wie Gegenrede arm an Inhalt, belegt dennoch der eben wiedergegebene Dialog die These, die dieser Darstellung als Titel gegeben worden ist. Der Satz des Lotsen redet an. Er ist deswegen *Anrede* zu nennen. Und der Satz, den der Pilot spricht, bringt nochmals zu Wort, was als Anrede zu hören war, und in derselben Sprache. Er heißt *Antwort*. Nicht belegt dieser Satz, daß verstanden wurde, er *ist* das Verstehen. Und wenn die Anrede hin-, die Antwort an den Anredenden zurückgegangen ist, fällt der ganze Text dahin, ins Leere. Mit der Verwirklichung der Anrede durch die Antwort ist der Dialog erloschen. Nichts bleibt, was weiter in die Zeit wirken könnte.

Dem Pedanten und Querulanten, der darauf zu weisen sich nicht enthalten kann, daß das nicht genau zutrifft, was da eben gesagt wurde, vielmehr bleibe – so der Pedant-Querulant – das Gespräch zwischen Tower und Pilotenraum noch auf eine Weile in der Black Box gespeichert, man kann ja nie wissen . . ., ihm sei zugestanden, daß er recht hat. Und daß diese Aufnahme in der Katastrophenkassette genau dies beweist: daß das Beantwortete und also Verstandene entwortet wird, kaum ist es verwirklicht, und somit erlischt. Deshalb muß man es bis zur sicheren Landung durch das Kunstmittel der Dokumentierung im Flugschreiber aufbewahren – um zu belegen, daß verstehen auch wirklich antworten heißt. Danach bleibt es erloschen und nicht mehr zu erwecken: ent-wortet.

Damit ist alles vorgelegt, was fürs erste zum Inhalt dieser Ausführungen werden soll, und deshalb wird es nochmals gesagt – nicht weil es so kompliziert ist, sondern weil es so einfach ist, so trivial. Um also den Trivialcharakter der Darstellung zu bewahren für weitere Darstellungen, die sich aus der ersten ergeben. Und trivial, weil nur das Triviale genau ist, eindeutig verbindlich und nicht dunkel vieldeutsam. Die Rede war soeben davon, daß:

1. Antwort das (und das allein) genannt werden kann, was sich aus der Anrede folgerichtig und zwingend von selbst ergibt;
2. Antwort an den Anredenden etwas von dem zurückgibt, was in der Anrede gesagt worden ist;
3. diese Antwort in derselben Sprache, systemgleich also, gegeben wird, in der auch die Anrede erfolgt ist.

Die Zwiesprache am Anfang dieses Kapitels weist, in ihrer Trivialität, auch auf das, was verstehen als antworten *nicht* ist; und tut es vermittels dessen, was der Text des Gespräches nicht zu hören gibt.
Zum Beispiel sagt der Kapitän dem Turmwächter nicht: Danke, ich habe verstanden (oder ähnliches). Er könnte ja, aber er tut es nicht.
Vielmehr bringt der Satz, den wir Antwort nennen wollen, nur das nochmals zu Worte, was als Anrede gehört worden ist, und – nochmals – in derselben Sprache.
Allerdings könnte der Antwortende sagen: Ich habe *nicht* verstanden. – So ein Wort leitet zwar noch nicht ein Verstehen ein, es läßt aber, entgegen dem »Ich habe verstanden«, einem (nachfolgenden) Verstehen noch seinen Raum, ja es erweitert ihn, wogegen »Ich habe verstanden« eine Formel dort hinsetzt, wo Verstehen erwartet wird, aber sich dann in einer Leerformel zum Ersatz des Verstehens diesem entzieht.
Des weitern könnte man sagen: Der Flieger hätte an Worten nichts auf die Anrede zurückzugeben brauchen,

vielmehr sich darauf beschränken können, schweigend, ohne jede Antwort, das zu tun, was, gemäß Text der Anrede, von ihm erwartet wurde. Also: seine Maschine in den Raum Askalon steuern und dort, wie gewünscht auf siebentausend Fuß Höhe, seine Zeit ausfliegen, bis er weitere Anweisungen empfangen hätte. Wortlos.

Beides, so glauben wir auf Grund vergleichbarer Erfahrungen zu wissen, ist nicht erfolgt, wäre auch von dem zuständigen Lotsen im Turm nicht als Antwort angenommen worden. Vielmehr mußte:

1. zunächst geantwortet,
2. hernach interpretiert werden.

Geantwortet, indem das zur Anrede Gesagte (in irgendeiner Form) nochmals zu Wort gebracht wurde. Und interpretiert dadurch, daß in die Worte einer Wortsprache Gefaßtes sich zu seiner Ausführung vermittels eines anderen Systems übersetzt – *über-setzt, hinüber-gesetzt* – gefunden hat. Übersetzt aus einer Sprache in eine andere Sprache, aus einem System (in unserem hier vorgelegten Beispiel: dem System des Sichverständigens in der Sprache der Aeronauten) hinüber in ein anderes System (das ist hier: dem Steuern eines Flugzeuges in dessen Warteraum).

Auf diese Weise nämlich, mittels Wahrung also des Grundsatzes »verstehen heißt antworten«, war die gewisseste vorstellbare Garantie dafür gegeben, daß El Al 331 schließlich sicher, wenngleich mit Verspätung, ihre Menschenfracht freigegeben hat. Ansonsten – wäre irgendein anderer Grundsatz statt dessen zwischen Lotse und Kapitän befolgt worden . . .: nun, die am mindesten erschütternde unter den möglichen Folgen würde die gewesen sein, daß dieses Büchlein ungeschrieben geblieben wäre, weil sein Verfasser vom Flugfeld, oder davor

schon, nach gehöriger Kollision direkt, ohne jede Paß-
kontrolle, in die himmlischen Gefilde umgestiegen
wäre.

Noch ein weiteres zeigt der kurze Text des Gespräches
durch den Äther an, und tut es mit der nämlichen
überraschenden Genauigkeit, mit der er uns bis hierher
an das Wesen des Verstehens herangeführt hat. Dieser
zweisätzige Text hat zunächst »El Al 331« benannt, und
danach, zur exakteren Umschreibung, mithin um der
Wahrung der Sicherheit willen, noch den Ort der Herkunft »aus Zürich« beigefügt. Und zwar von beiden
Seiten gleich: »aus Zürich«.

Herkunft: Ihre Nennung gibt einen ordentlich genauen
Hinweis. Was aus Zürich kommt, kommt nicht aus New
York und nicht aus Moskau, weder vom Nord- noch
vom Südpol. Auch nicht vom Mond. Und sehr viele
Flugzeuge werden wohl nicht aus Zürich kommen,
gewiß schon nicht mehrere Maschinen derselben Gesellschaft zur gleichen Zeit. Die Nennung der Herkunft
beschreibt also genau das Gefäß samt seinem Inhalt, und
tut es affektlos, deshalb sicher. Von den Fliegern und
den sie leitenden Lotsen erwartet man, daß sie, solang sie sich
im Dienst befinden, jedwelche Gefühlsirradiationen aus
ihrem gegenseitigen Umgang ausschalten – um der
Sicherheit ihres Auftrages und seiner Erfüllung willen.
Das haben sie mit den Schuhmachern und Psychotherapeuten – überhaupt allen Leuten, denen wir unsere
Schicksale anvertrauen – gemeinsam. »Aus Zürich«, das
ist nüchterne Zutat zwecks Hebung der Genauigkeit. Es
hat namentlich mit Zürich, dem Herkunftsort unseres
Kurses, nichts zu tun. Ob dort die Leute froh sind oder
traurig, arm oder reich, ob gut zu mir oder böse, ob ihre
Papiertiger durch Plastiklöwen spezifisch zürcherischen
Humor bezeugen, oder ob allem, was aus Zürich

kommt, diese Tugend des Humors abgeht, das hat auf
das Verstehen, welches durch den Ortshinweis präzisiert
und also gesichert wird, keinen Einfluß.

Herkunft Zürich: Das ist eindeutig. Klar in Anrede zu
fassen, klar beantwortbar. Und aus der Antwort, vermittels ihrer, formuliert sich Verstehen, nicht jedoch, weil
»aus Zürich« irgendeine Art von Verständ*nis* anregen
würde. Verständnis der Art, daß der Lotse vielleicht
Mitleid mit uns hätte, weil wir aus Zürich kommen – wir
Armen. (Hab doch Verständnis, Lotse – die kommen aus
Zürich, sie sind schon genug gestraft). Was immer ihn
veranlassen würde, Verständnis, wie er das nennt, an die
Herkunft und an das Schicksal, das von der Herkunft
umschlossen wird, anzubinden, es würde ein Verstehen
nur einengen: Rede und Gegenrede verlören die Unvor-
eingenommenheit, welche – zumindest von Absicht und
Vorhaben her – als Bedingung dem Akt des Verstehens
vorausgeht.

Verständnis mit . . .: Nun denn, der Lotse hätte Verständnis mit dem Piloten oder mit dessen Fluggästen; die
kommen aus Zürich. In einem Flugzeug, welches aus
Verständnis mit meinem Piloten oder mit mir auf die
Landepiste dirigiert wird, möchte ich nicht sitzen.

Verstehen sei verzeihen: Gestatten Sie bitte, Herr Lotse,
Sie bestimmen über unseren Luftweg, Sie und Ihr
Gesprächspartner, der Flugkapitän vorn in seiner Kan-
zel. Sie sind nicht mein Richter – und so wenig ist es jede
andere, jeder andere, die/den ich oder mein Routenführer
zum Verstehensgenossen bestimmt haben. Und mein
Richter: Er richte nach Maßgabe des Rechtes. Und um
dieses stünde es schlecht, wollte er sich daran machen,
mich zu verstehen; sonst könnte ich mir einfallen lassen,
ich ginge hin und würde ihn, den Richter verstehen – ich,
sein Angeklagter!

Verstehen ist *nicht* verzeihen – niemals. Weder in der Luft noch zu Wasser oder Land.

Die Fliegerei in ihrer Schroffheit, aber auch mit dem hohen Maß an Sicherheit, das von den zwei bestimmenden Grundsätzen der allesbezwingenden Technik garantiert wird, hat uns in die Thematik dieses Buches eingeführt. Und wenn sie uns mittlerweile auch längst schon auf dem flachen Land in die Freiheit entlassen hat, so bleibt sie uns doch weiterhin gegenwärtig, um der Erinnerung zurückzurufen, wie wesentlich und zwingend genau die These vom Verstehen als Antworten gilt; und sie ruft es jedesmal neu zurück, wenn eine Boeing ihren Kondensstreifen in den Himmel rauscht.

Verstehen heißt antworten, es schafft, durch Zurückgabe der Anrede, deren Verwirklichung. Es beweist sie nicht nur, es *ist* sie. Durch Antwort wird Anrede erst wirklich. Bleibt die Antwort aus, so geht die Anrede in sich selbst verloren, sie fasert und löst sich auf.

Aus seinem Antworten heraus – während er antwortet und vermittels dessen, daß er antwortet, er braucht es sich nicht zu vergegenwärtigen, was geschieht und wie er es tut – darin zeigt der angeredete Flieger nicht allein, daß er versteht, sondern er formt und entwickelt aus seinem Antworten heraus geschehensgleich den Akt des Verstehens. Nochmals: Es zeigt das Antworten nicht an, daß er verstanden hat, nicht ihm, nicht seinem Partner, niemandem; sein Antworten *ist* dieses Verstehen und bestätigt es auch. – In diesem Akt beweist sich »die allmähliche Verfertigung der Gedanken beim Reden«, l'idée qui vient en parlant (Kleist).[1] Aber es vollzieht sich noch anderes, und mehr.

Zunächst zeigt es, daß solch ein einfaches Antworten keine Unterscheidung darüber aufkommen läßt, ob es zu besagen hat: Ich habe verstanden; oder ob es bedeuten will: Ich habe *dich* verstanden.

Das eine ist mit dem anderen identisch. Wenn der Antwortende dem Anredenden (auf dessen Anrede) geantwortet hat, so hat er nicht nur den Text (der Anrede) verstanden, er hat auch den Anredenden verstanden: Er hat dessen Sprache gesprochen. Das schließt alles ein, was dem Verstehen zugehört und was von ihm erwartet oder gefordert werden kann.

So äußert Verstehen sich als ein umfassender, zugleich auch als genau begrenzter Akt, dessen Name in seiner Nüchternheit und Eindeutigkeit alles umschließt, was er sagt. Nämlich: *ver-stehen* oder *für-stehen*.

Einfacher, aber auch genauer in seiner Namentlichkeit, ist das Verstehen weder zu beschreiben noch zu begreifen, und es läßt sich sinnvoller, wie ich zu zeigen gedenke, Verstehen auch nicht praktizieren. Praktizieren: als ein reziproker Akt von zwei Partnern, die sich, vermittels Paarung von Anrede mit Antwort, gleichartig-gleichwertig zueinander gestellt finden und gleichwertig bleiben – durch das Mittel des Einanderverstehens und mindestens auf die Dauer des Wechselspiels aus Anrede und Antwort, jedoch grundsätzlich darüber hinaus. Wo verstehen einmal seinen Platz gehabt hat, kann kaum mehr völlige Inegalität aufkommen.

Ver-stehen: In dem Begriff meldet sich zunächst an, daß wir beide, anredende wie antwortende Instanz, uns in derselben Dimension aufhalten; auf dem nämlichen Grund. Von uns beiden ist gesagt, daß wir beide *stehen*, der Verstehende gleich wie der zu Verstehende. Der Name präzisiert weiterhin, was er nennt, und engt es ein auf das, was dem Akt des Verstehens Besonderheit gibt: durch das Präfix *ver*... Diese Vorsilbe weist erst auf die Eigenart des hier zu Beschreibenden, auf dessen Einzigartigkeit, und benennt die Natur des Vorganges anhand der Zusammenfügung der beiden Wort-Anteile: *ver...* und *...stehen.*

Du verstehst mich, ich verstehe dich. Längst haben wir Pilot und Lotsen verlassen, sie uns vergessen. Das Exempel bleibt und läßt sich auf sämtliche Situationen, in denen Verstehen sich anmeldet, genau übertragen.

Jedoch: Wenn ich daran gehe, dich zu verstehen, so kann ich wohl trachten, daß ich so stehe, wie du stehst und daß ich auch dahin zu stehen komme, wo du stehst – oder doch so nah wie möglich. Allein, nun zeigt sich, das ist nicht ausführbar: situativ nicht, rein mechanisch nicht. Genau an dem Ort, an den du dich gestellt hast, kann niemand sonst stehen – da stehst ja du! Und wollte ich es also vorkehren, daß ich mich an deinen Standpunkt zu stellen gedächte, so ließe sich das nicht anders als derart wahr machen, daß ich dich von diesem Ort verdrängen müßte, den du jetzt eben einnimmst. Dann – und einzig unter dieser Bedingung – könnte ich da stehn, wo du stehst; könnte ich mithin deine Perspektiven, die An- und Aussichten, welche die deinen sind, zu den meinen machen und den Ort deines Anredens mit dem meinen genau und konsequent identifizieren. Durch Vertauschen. Durch Beiseite- und zugleich durch Herunter- sowie, notwendigerweise, Abschieben also des zu Verstehenden, anders nicht, und anders auch nicht vorstellbar.

Was da eben beschrieben worden ist, trifft den Akt des Verstehens (und seines Danebengehens), zusammen mit dessen Namen. Wenn jemand sagt: »Ich verstehe dich«, so reagiert eine jede und jedwelcher mit Abwehr und Unbehagen – und reagiert sinn- und wortgenau, indem, wer so angesprochen wird, ahnt, wie genau diese Aussage das Vorhaben und dessen Vollzug benennt: als

Selbstüberhebung, Anmaßung sogar, eines jeden, der sich mit einer solchen Wendung einführt oder auch verabschiedet. »Ich verstehe dich«, das sagt: Ich lasse dir alles zu, und alles sehe ich dir nach, alles – ich (*ich*) habe dich ja verstanden. Will sagen: Ich habe mich an den Ort gestellt, an dem du standest. – Nachdem ich dich von dort verdrängt habe; durch mein Verstehen – und du hast es noch nicht gemerkt, und ich auch nicht. – Für solche Gewißheiten ist ja, das ergibt sich aus alledem, Verstehen nie ein reziproker, vielmehr ein einseitiger Prozeß, und ein solcher, der die Rollen bestimmt hat – von seiten dessen, der sich die Gewißheit zutraut, -mutet, daß er, weil verständig, ein Verstehender sei.

Bleiben wir daher beim Namen; bei diesem Begriff, der sie so genau bezeichnet: die Szene, und damit die Not, die in ihr entsteht. Wir beide können nicht gleichzeitig, nicht genau gleichortig stehen. Dagegen unternehmen wir das, was sich als das Nächstmögliche anbietet: Wir trachten einander zu verstehen. Und dies in dem vielfältig umfassenden Sinn von *ver*... als *für* (pro).

Dreifach muß man also dieses Für-Stehen beschreiben, damit es seine Position erläutern kann. Nämlich:

1. Ich verstehe dich: Ich stehe – an meinem Ort, er kann nie ganz der deine werden – für dich; will sagen: *zu deinen Gunsten*;
2. Ich verstehe dich: Da, wo ich stehe, stehe ich für dich; nämlich: *anstatt deiner*. Damit du nicht da zu stehen brauchst, wo ich jetzt stehe. Ich verstehe dich, d. i.: *Ich vertrete dich*, als dein Stellvertreter.
3. Ich verstehe dich: Das *ver*... in der Vorsilbe schließt von seinem Namen her wesenhaft in sich den *aufhebenden* Hinweis. Ver... führt immer einen Akt an sein Ende (verlassen, vergessen, verbrennen, ver-

schweigen, verdauen). Danach ist Schluß – die Handlung ist beendet, und die Sache, um die es ging, ist erledigt, sie ist exekutiert. Der Auftrag, der zuvor bestanden hatte, ist hinweg.

So auch das Verstehen: Es zeigt das Ende des Fürstehens an; es weist auf dessen Endlichkeit. Das ist die hintergründig wirkende Bedrängnis im Verstehen: Es endet im Leeren.

Stehen, wenn es, gegen alle Bedingungen der Natur und seiner situativen Voraussetzung, darauf aus ist, ein gleichzeitig gleichortiges beidseitiges Stehen in die Wirklichkeit zu bringen, schließt von seinem Wesen her, unabänderlich deshalb, die Gewalt der integritätszerstörenden *Ein*dringlichkeit mit ein, und es bringt mit sich ein solches Maß an *Durch*dringung, daß Erschöpfung – der Verstehenden gleichwie des Verstehens – dessen gewisser Ausgang sein muß; und binnen kürzestem. Verstehen als das Vorhaben, sich dort hinzustellen, wo schon jemand steht, kann, wenn ernst genommen, nicht von Dauer sein. Allzu anspruchsvoll ist es in seiner Forderung nach Gegen- und Gleichsinnigkeit, in seiner Intensität. Verstehen initiiert einen Prozeß, welcher aus seiner Natur heraus: diesem *ver*..., und das ist dem *zer*... so nahe, jedesmal, kaum angegangen, alsbald erlischt. Und wenn es nicht zum Erlöschen kommt, so endet, respektive ver-endet es in der Verödung der Langeweile; und darin dann, wenn die Erschöpfung ins Leere ausläuft, liegt das Schicksal der ver... (*nichtenden*) Wirkung dessen, was man rechtens »verstehen« nennen muß.

Und dennoch trachtet, was sich begegnet, danach, daß sein Zusammenkommen, dem ephemeren Zufall enthoben, *Wirklichkeit* werde. Wirklich wird es aber erst

dadurch, daß die einander Begegnenden zu Partnern
werden – und das werden sie, wenn sie sich ihre Beziehung gegenseitig bestätigen. Dann – und dann einzig –
kann von Verstehen die Rede sein.

Und da es nicht mit Stehen gelingt, muß ein anderes hin-
gestellt werden: etwas, das Verständigung ermöglicht
und sich in Anrede und Antwort teilen, hernach paaren
läßt.

Was hin- und zurückgeht als Anrede und Antwort, das
können Worte sein – Worte, noch einmal, die in derselben Sprache, im nämlichen System zu reden haben;
Sprach-, also System-Immanenz macht nicht nur das
Wesen des Verstehens aus, es ist dessen Definition. Es
müssen aber nicht Worte, es können allerlei Zeichen
sein, wenn sie bloß von beiden Seiten, anredender gleichwie antwortender, in derselben Art von Zeichengebung
gehalten sind. Vieles ist wortlos möglich, und nicht
minder genau, und nicht minder eindringlich in seiner
verstehen-machenden Wirkung als die differenzierteste
Wortsprache. Und ebenso genau beantwortbar.

Wie, das will ich jetzt zeigen.

Gestalten und Variationen des Verstehens

Der Lotse ruft einen Flieger an, und der Flieger antwortet: In einem so einfachen Modell der Paarung von Anrede mit Antwort, wie es durch die Verständigung von Lotse und Flieger vorgeführt wird, dem Schaukelspiel gewissermaßen des unveränderlich Gleichen, zeigt sich aber nur das Grundschema dessen, was Verstehen ausmacht, nicht jedoch dessen Vielfalt und Reichtum. Begegnung im selben Raum, im nämlichen System also, erschöpft sich keineswegs als Hin- und Zurückgeben des spiegelbildlich gleichen Textes, mitnichten: Verstehen ist von seinem Wesen her nicht zweimal gleichartiges Verweilen beim immer Gleichen. Es ist nur – man wolle bitte den Unterschied gut beachten – beidseitiges Verweilen im selben Raum. Im selben Raum kann man einander manch Verschiedenes sagen. Also: Verstehen vollzieht sich systemgleich (das ist notwendig, ja definitionsgemäß so), aber keinesfalls unbedingt wesenhaft auch textgleich.

Dergestalt spiegelbildlich textentsprechend wie im ersten – dem von den beiden um unseren Fluglinienkurs Nummer 331 und dessen sichere Landung besorgten Partnern vorgelegten – Beispiel läuft nur die erste von drei möglichen Gestalten des Verstehens ab, das ist jene Form, die man am genauesten und treffendsten als Vorgang des *Begleitens* zu beschreiben hat. Be-gleiten, das zeigt sich als das Mit-gleiten in derselben Form, Richtung und Intensität: So, wie du gehst, gehe ich – gleite ich – mit dir an deiner Seite. Ich bestätige *dich*, indem ich, begleitend, *dein Tun* begleite. Dein Sein kann ich ja nicht begleiten, noch auch dein Dasein. Was ich kann: präsent sein. Aber das mußt du merken, und ich muß es spüren. Dies beides, Merken und Spüren, gelingt nur motorisch: im Tun. Und: im Tun des Gleichen.[2]

Verstehen heißt antworten: Aus der Begleitung und vermittels ihrer hast du Gewißheit, du bist nicht allein; woraus sich für dich ergibt, *daß* du bist!

Allerdings, damit weißt du noch nicht, *wie* du bist und *wer*. Um dir hierüber den Raum der Gewißheit zu zimmern, brauchst du mehr als Bestätigung *des* Gleichen *im* Gleichen. Da ist es nötig, daß der Vorgang des Begleitens noch durch zwei weitere Akte bereichert wird, welche – auch sie beide – sich im nämlichen Raum vollziehen wie die Anrede, jedoch im Text der Antwort die Gestalt der Anrede verändern. Also: in derselben Sprache zurücksagen – aber: in dieser selben Sprache (in der man angeredet wurde) *etwas anderes* sagen.

Diese beiden Weisen von Anreicherung, die dem einfachen, textgleichen Begleiten beizuordnen sind, heißen: das Erweitern und das Stören. Wenn die Antwort den Anrede-Text ausdehnt über den von ihm angebotenen Inhalt hinaus, so bezeichnen wir diese Form von Antwort als *erweitern*. Als Erweiterung des gemeinsamen Raumes.

Erweitern: Du gehst. Ich gehe mit dir. Aber nun lasse ich mich, entgegen dem Akt des Begleitens, nicht lediglich von dir auf deinem, dem von dir vorgehabten Weg mitführen, nicht also gleite ich mit dir – dir nach –, sondern ich nehme deinen Schritt auf und führe ihn, meiner eigenen Eingebung folgend, über seine eingelaufene Richtung hinaus; Nebenwege bereichern deinen Weg und lassen uns, mich und auch dich, erfahren, was für weitere Aspekte der von dir vor- und eingeschlagene ursprüngliche Weg zu erschließen vermag: neue An- und Aussichten – aber gewonnen auf dem von dir gegangenen

und von mir gezeigten Weg. Aussichten, die du selber
da, wo du doch gehst, noch nicht gewonnen hast. So
zeigt sich durch den Akt des Erweiterns die Anrede als
Anregung, und von daher ergibt es sich, daß der anredende Partner sich selber als ein Anreger wiederfindet;
als Anreger des ihm Antwortenden wie auch seiner
selbst. Sein Weg – der Weg, den er gegangen ist – hat,
vermöge des Weiter-gehens neue, zumeist noch unbekannte Bereiche begehbar werden lassen.

Noch ehe wir die dritte Art von Antwort (das Stören)
hier vorlegen, sollen die beiden soeben beschriebenen
Formen, das Begleiten und das Erweitern, durch illu-
strative Zugaben erläutert sein. Etwa so, daß man die
Anrede durch einen willkürlich, wie zufällig hingeworfen erscheinenden Strich darstellt. Ob willkürlich, ob
hingeworfen oder nicht: Wenn dieses Strich-Gebilde
nun durch ein ebensolches beantwortet wird, gibt es,
vermöge Antwort, die Natur von Zufälligkeit, von Hin-
geworfensein auf. Von nun an, da auf deinen Strich
durch meinen Strich, der Vorlage getreu, geantwortet
worden ist, geht es nicht mehr an zu sagen, daß dein
Strich auch anders aussehen könnte, als er jetzt aussieht;
wie sehr du selber dein Strichgebilde auf Zufall zurückführen magst: Begleitendes Antworten leitet den Zufall
über sich selbst hinaus. Antwort macht Anrede wesentlich, auch wenn sie zuvor für unwesentlich gegolten
haben sollte. Antwort macht Strich zu Linie. Die antwortende Person macht, einzig aus dem Akt des Antwortens heraus, die anredende Person zu einer wesentlichen Person. Die Antwort macht aus der anredenden
Person einen anredenden Partner. Durch nichts anderes
als durch den Vorgang des Antwortens, auch wenn
dieses Antworten sich darauf beschränkt, die Anrede zu
begleiten. Etwa so:

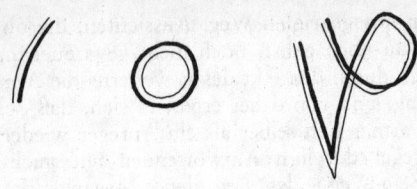

Einfacher, als die Abbildung es vorlegt, kann man das nicht zeigen. Die Anrede stellt sich dar als Strich. Zur Antwort wird ebenfalls ein Strich gemacht. Strich zu Strich: Jetzt ist der erste Strich nicht mehr allein; er hat einen Gefährten gefunden: den zweiten Strich, den antwortenden Strich, und mit diesem ist nicht nur dem (ersten) Strich Gefährtenschaft erwachsen, sondern auch der Person, welche diesen Strich aufs Papier gegeben hat. Dies ist bezeugt durch den zweiten, den antwortenden, den begleitenden Strich. – Und noch etwas läßt der hier so einfach dargestellte Schematismus – Strich neben Strich, gleicher Strich neben gleichen Strich gesetzt – erkennen: Mag der erste Strich ein Produkt des reinen Zufalls sein (wir unterstellen für den Moment, daß es so etwas gebe); dadurch, daß ein zweiter, akkurat gleich gestalteter Strich hierher gesetzt worden ist, ein anderer, antwortender Strich, verliert der erste Strich alle Belanglosigkeit gleichwie Zufälligkeit. Jetzt steht das Strichpaar da und ist ein Linienpaar geworden, nicht mehr auszuwischen, nicht mehr wegzudenken, und dies nicht auf Grund dessen, daß jemand diesen Strich – oder die Absicht, die zu seiner Aufzeichnung geführt hat – oder auch die Person seines Zeichners – interpretiert hätte, just nicht, sondern, viel einfacher und viel wesentlicher zugleich, lediglich vermittels dessen, daß da jemand *mit* Strich *auf* Strich geantwortet hat. Weniger geht nicht, und dennoch ist diese Antwort in ihrer Kargheit und Einfachheit genug, um dem initialen Strich, samt seinem Streicher, zu vergegenwärtigen: Es gibt dich.

Nichts weiteres ist beigefügt, nichts ist hinweggenommen worden. Namentlich auch hat, der da neben den ersten Strich einen zweiten Strich gesetzt hat, keinen Anlaß gefunden, dem Hinsetzen seines antwortenden Striches irgendeine Frage vorausgehen zu lassen, also etwa zu fragen: Warum hast du da einen Strich gemacht? – Oder auch: Was bedeutet der Strich? – Noch vielleicht: Was erwartest du von mir, daß ich tun soll? – Vielmehr hat er – Verstehen heißt antworten – seinen Stift genommen und Strich neben Strich gesetzt. *Jetzt* ist verstanden, vermöge des Antwortens; vorher konnte nicht verstanden werden, es waren die Bedingungen dafür nicht gegeben. Und nun, da der Strich hingesetzt ist, zeigt sich: Mehr ist nicht gefordert. Verstehen – hier, in dem vorgelegten Beispiel: nicht ein worthaftes, sondern ein zeichengegebenes Verstehen – hat sich bereits vollzogen; unversehens wohl, und vielleicht auch unvermutet, und eben deshalb so intensiv, so eindringlich verstehen machend. Ob Wort oder Zeichen: Wo Antwort möglich ist, kann Anrede geschehen – vollzieht sich Verstehen. »Die Nachfrage macht das Angebot« – wie genau richtig! Und aus der Ökonomie auf hier übertragen: Es ist die Antwort, die es fertigbringt, aus der Expression eine Anrede zu machen.

Wenn nun aber jemand daherkommt und erklärt: Das war keine Anrede, dieses erste Hinsetzen eines Bleistiftstriches, das war nichts – nichts anderes, genauer gesagt, als Expression, Ausdruck oder, Expression also wörtlich übersetzt, bloßes Heraus-Drücken, -Pressen ohne allen Sinn, somit hat das ex-primierende Wesen auch keiner-

lei Reaktion, namentlich nicht eine irgendwie geartete
Antwort erwartet, und bitte Sinn nicht zu unterstellen,
wo ich, Exprimierender, keinen Sinn suche – wenn
jemand so argumentiert, so kann man ihm zunächst
recht geben. Und danach beifügen: Genau so mag es
sein – wie du sagst: Es hat keinen Sinn gezeigt, vielleicht
keinen gehabt. Es hat auch gewiß schon nichts beabsichtigt. Und am wenigsten hat es erwartet, daß es
Antwort finde. Jedoch: Verstehen ist antworten, und
folglich macht antworten das Verstehen. Und folglich
bewirkt die Antwort ipso facto, daß das, was sie auslöst, zur Anrede wird, auch wenn es nicht Anrede ist –
oder war. Und vermag das aus sich selber heraus, aus
nichts sonst. Dadurch, daß im gleichen Raum ein zweites Mal Gleiches getan worden ist wie zuvor – damit
also, daß mit Expression auf Expression reagiert wurde
–, hat die primäre Expression ihren Charakter verändert: ist daher aus »purer« Expression anderes und zwar
mehr, Anrede nämlich, geworden. Wo aber Expression
(durch das Mittel der Antwort) zur Anrede (*gemacht*)
wird, da ist, aus sich selbst, in der Leere des Nichts, ein
Raum des Verstehens, und damit von Beziehung,
erzeugt worden – ohne, ein weiteres Mal sei es gesagt,
alle weitere Zutat; ohne, namentlich, Fragen, ohne
Kommentare, ohne daß zum Verstehen selber noch
etwas gesagt wird. Antworten, das *ist* verstehen.
Wer jetzt statt der hier beispielhaft vorgelegten »Expression Strich« irgendeine andere Art von Expression hin-
zudenkt, dem wird sich dasselbe Phänomen einstellen,
wie es sich ihm anhand eines Bleistiftstriches, hingeworfen, aus-gedrückt, exprimiert auf ein Blatt Papier, hat
darstellen lassen. Was immer an Expression beantwortbar ist – und es gibt wenig, in der Tat, es gibt kaum
etwas, das nicht beantwortbar wäre –, das wird, wenn

beantwortet, zur Anrede, darüber zum Verstehen, und hat, einer damit, auch schon Sinn angenommen.

Solcherart Strich neben Strich, Antwort an die Seite der Anrede, Gleiches zu Gleichem gebracht, stellt Sinn sich vor – was für ein Sinn, das ist im Moment noch nicht zu erschließen, zudem belanglos; ein neuer, d. i. ein Sinn, der sich Vorgegebenem nicht bei- oder unterordnen läßt. Ein solcher also, der nicht von anderswo hervorgeholt und dann, kaum abgestaubt, hier wiederum in Gebrauch genommen werden kann. Den *einen* Sinn jedoch zunächst, und das ist der Sinn, der sich ergibt, wenn die Anrede, per Antwort, zu sich selber kommt, und damit – aktgleich, sinnidentisch – der/die Anredende zu sich.

Actio = reactio: Als die bild- und wirkungsstarken Kräfte der Mechanik zur Weltsache des Menschen wurden, hat diese Gleichung den Weg gewiesen. Actio = reactio / Anrede = Antwort: Was von dir ausgeht, wird wirklich, durch mich verwirklicht; es wird sinnvoll; es wird zu *deiner* Sache dadurch, daß es (von mir) an dich zurückgegeben worden ist. Dann wird es, aus Strich – Gebilde des Zufalls – zur bestimmt bestimmenden, richtungweisenden (d. i. sinnvermittelnden) Linie. Das hat dann, wenn meine Antwort es aufgenommen und an dich zurückgegeben hat, nicht mehr irgendein Zufall gezogen, gut gezogen oder schlecht gezogen, das hast dann du gemacht: so gemacht, wie ich es nachgemacht habe. Auch wenn du alles mehr im Sinne hattest, als es mir vorzumachen.

Dafür ein weiteres Beispiel. Diesmal aus der Tonkunst und mit Absicht ein Motiv, das der populärsten Schöpfung der gesamten Musikliteratur entnommen ist. Die Rede ist von dem aufsteigenden Motiv, das in seiner herausfordernden Simplizität und Offenheit – immer fordernd, daß noch etwas nachkomme und die Melodie,

die keine ist und doch eine werden will, abschließe – wie
das Markenzeichen seines Trägers und seiner harmlos
unbedachten Geschwätzigkeit dahertänzelt, -flötelt:

Verstehen heißt antworten – aber der Vogelfänger wartet
nie auf Antwort und entzieht sich – was dasselbe ist –
dem Verstehen oder Verstandenwerden ... So meint er,
oder behauptet er: bis er, eine Karikatur des alten Pan,
der die Mädchen erschreckt und sie doch gewinnen will,
das Melodiefragment aus seiner Hirtenflöte, bisher als
sinnleer-groteskes Expressionsmittel ausgestoßen, zum
Anruf, zur Anrede will werden lassen. Er wartet auf
Antwort, mag sie spiegelbildlich zurückkommen:

oder auch seitengleich:

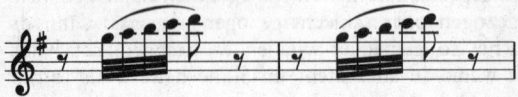

Aber von beidem geschieht nichts, und das kostet, auch
wenn es noch so burlesk in Töne und Worte gefaßt wird,
um ein Haar das Leben. Verstehen ist antworten, und
ausbleibende Antwort tötet – auch wenn man Papageno
heißt.
Daß man Papageno heißt: das birgt dann gleich schon

das Motiv in sich, in welchem sich Anrede und Antwort
– der Anredende mit der ihm sinngleich Antwortenden –
zur Sinngleichheit paaren. Das bildet sich ab in dem Pa-
Pa-Pa-Duett von Papageno und seiner Papagena. Durch
ihre liebenswerte Karikierung gewinnt die Grundthese
»Verstehen heißt antworten« in ihrer einfachsten Form,
dem Begleiten (Pa... begleitet Pa...), eine zwingende
Bestätigung:

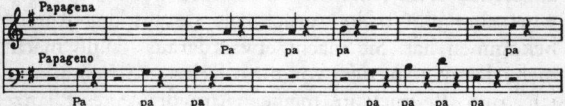

Längst wartet mittlerweile die zweite zuvor erwähnte
Form des Antwortens, wir hatten sie als *das Erweitern*
schon benannt, noch nicht beschrieben, auf ihre konkre-
tisierende Verdeutlichung. – Wiederum soll das eben
benutzte Beispiel herangezogen werden: ein Strich, über
das Blatt geführt, als Anrede. Auf sie soll geantwortet
werden; und zwar immer noch sinn-, also raum-, jedoch
diesmal nicht zeichengleich. Wenn ich – erweiternd – auf
dein Zeichen, und es sei dieses wie zuvor durch einen
einfachen Strich markiert, zu antworten mich anschicke,
so werde ich mich nicht einzig in der Wiederholung des
genau gleich gestalteten Striches bescheiden; dann, vielmehr, antworte ich weiter weisend – eben: erweiternd –
auf deine Anrede, und über diese hinaus. Immer noch, es
sei festgehalten, system-, also sprach-, respektive raum-
gleich, aber mit systemimmanenten, neuen Zutaten
innerhalb dieses Raumes. Bezogen auf das bewährte
Strich-Beispiel kann dieser Akt des Erweiterns so zur
Darstellung gebracht werden:

Du hast, wie zuvor, mich in einem einfachen Strich
angeredet. Dein Anreden wird aufgenommen; die Antwort aber gibt mehr zurück, als sie aus der Anrede
bekommen hat. Sie macht etwas daraus – und macht
mehr daraus. Aus dem von dir offerierten Strich könnte
ich zum Beispiel in meiner Antwort eine Pflanze
machen. Oder ein menschliches Wesen.

Dabei verbleibe ich durchaus in der von dir durch deine
Anrede gegebenen Dimension. Ich erweitere innerhalb
derselben, aber ich füge deinem Strich nichts System-
fremdes, also keine Worte, keine Melodie bei. Deine
Anrede sind Striche. Meine Antwort sind Striche. Mehr
Striche, andere Striche – aber immer Striche, mit denen
ich dir, dich erweiternd, antworte.

Meine Antwort ist Zutat. Sie bestätigt deine Anrede. Sie
sagt dir: Es gibt dich – weil es deine Anrede gibt. –
Jedoch, ungleich der rein begleitenden Antwort, die sich
darin bescheidet, behutsam mitgehend zu bestätigen: »Es
gibt dich, und meine Antwort sagt dir auch, daß es *dich
für mich* gibt«, tut die Antwort, wenn sie erweitert, noch
ein weiteres:

Deine Anrede – in unserem Beispiel also der Strich von
deiner Hand – trägt in sich die Kraft, Erweiterungen
anzuregen. Potentiell gibst du es mir also aus deiner
Hand in meine Hand, den zunächst vielleicht »leer«
scheinenden Strich, den du anbietest, so zu erweitern,
daß sich mir daraus die Linien entwickeln, aus denen

etwas Neues: eine Pflanze unter Umständen oder ein
menschliches Gebilde, wird.

Nicht unterstelle ich mit einer solchen Antwort, daß du,
als du einen Strich »gesagt«, das heißt gezeichnet hast,
etwa eine Pflanze oder ein Menschlein habest abbilden
wollen, ja daß du auch nur irgendwann an etwas dergleichen gedacht habest. Ich sage durch meine erweiternde
Zutat einzig dies – aber immerhin dies und nicht weniger
als dies eine: daß *deine* Anrede es vermag, *mich* zu
Weiterem, also dem Darstellen von Pflanze oder
Mensch, anzuregen. In dir ist die Kraft dazu. Das will
aber nicht heißen, es sei in deiner Linie auch schon das
enthalten, was ich aus ihr mache. Das Vermögen des
Anredenden, im Antwortenden etwas zu erwirken, weist
ohne Grenzen weit über seine eigenen Intentionen hinaus. Es kann deshalb auch sein – und kommt häufig
vor –, daß du, der Anredende, meine Antwort auf-
nimmst und nun, auf meine Antwort deinerseits antwortend, vielleicht etwas wie dieses daraus machst:

Nein, das sollte also nicht eine Pflanze sein, auch kein
Mensch, was du in deinem Strich anredend an mich
herangetragen hattest und ich, von dir in Bewegung
versetzt, in meiner Antwort daraus entwickelt habe,
sondern – nun, was auch immer mein jetzt eben dich
anregendes Anreden dir eingeben mag. Was es auch ist,
das in dir ein Weiterführen dessen anregt, das ich dir

vorgelegt hatte, allemal wird es sinnvoll, und wird es
vermittels dieses Aktes von Paarung aus Anrede mit
Antwort: eines Vorganges, den wir als Verstehen zu
bezeichnen gelernt haben.

Ob das, was ich zur Antwort auf deine Anrede beigefügt
habe, meine Erweiterung also, oder ob dann deine neuer-
liche Zutat *richtig* sei: darüber kann nicht ich und
brauchst auch du nicht zu befinden. Deshalb nicht, weil
es keine Kriterien irgendwelcher Art und Herkunft gibt,
denen zuzugestehen wäre, sie könnten – dürften – für
sich beanspruchen, daß sie über Richtig oder Unrichtig
entscheiden. Niemand kann sagen, was das ist: richtig,
oder was dieses: unrichtig – falsch gar. Es gibt keine
Instanz, es gibt kein Gesetz, um eine solche Macht für
sich zu beanspruchen. Von Bedeutung ist einzig dies:
Meine Antwort hat deine Expression zur Anrede
gemacht; und daraus hat sich in dir die Bereitschaft
entwickelt, Äußerungen zu tun, die längst, im Verborge-
nen schlummernd, darauf gewartet haben, sich mitzuteilen. Vielleicht für immer gewartet hätten, wären sie nicht
durch meine Antwort ermutigt worden, hervorzukom-
men, ihre Eigenständigkeit durch Weiterung meiner
Antwort auf deine Anrede bezeugend und diese beto-
nend.

Zutat ist nicht *Zustimmung*, braucht sie jedenfalls nicht
zu sein, soll sie mit Vorzug auch nicht sein, sondern
eigenständige Weiterführung, erzeugt durch das Wechselspiel aus Anrede und Antwort. Diese Weiterung ist
nicht minder der Natur des Verstehens zuzuordnen als
der einfachere und besser zu überschauende Akt des
Begleitens, des gleichen Tuns, des einfachen Mitgehens.
Es bezeugt eine bedenkliche und, von ihren Auswirkun-
gen her, fatale Einengung jeder Auffassung von Verstehen, von dessen Freiheiten, Möglichkeiten und Wirkun-

gen, wenn man darauf beharrt, es habe Verstehen einzig
bei der Übereinkunft im immer Gleichen zu verbleiben:
im gleichen Vorgang, dem gleichen Denken, dem Verweilen also innerhalb der Grenzen des Vorliegenden und
Angebotenen, in der Engnis des Gleichklanges, der sich
in seinen unmodulierten Sequenzen, mit den Stereoty-
pien des ständig Wiederkehrenden, der Gewißheit einer
für prästabiliert gehaltenen und für immer andauernden
Harmonie überläßt.

Die gern geäußerte und noch lieber gehörte Auffassung
von Verstehen einzig als Bewahren eines Verhaltens von
durchgehend gleichbleibender Kongruenz der Partner
findet wohl darin den Grund für ihre Persistenz, daß ein
derart einengendes Verstehenskonzept jenen Rausch
befördert, den das Verweilen im ständig gleich Bleibenden mit den schlagenden Rhythmen seiner Wiederholungen erzeugt und bewahrt. Das ist es ja, was die Attraktion des Unveränderten ausmacht, seine Erzeugung von
kommunikativ orgiastischer Betäubung: Strich neben
Strich, Schlag auf Schlag, Silbe nach Silbe, Wort für
Wort, und immerfort hin-, dann gleichsinnig zurückgegeben – diese Orgie des Gleichlaufs, des Kreislaufs, des
Leerlaufs: in sich, dort, wo es sicher ist und die Gewißheit besteht, nichts Neues kommt hinzu.

Gewiß, dieses Verweilen im Rhythmus kann für sinnvoll
und wesentlich gelten, sofern es Ausgangssituation
bleibt, der Anfang allen Verstehens, das Einanderprüfen,
die Vergewisserung dessen, daß eine gemeinsame Sprache gefunden ist – als Voraussetzung für mehr. Und
mehr, das ist: Erweiterung, über das zunächst Gegebene
hinaus.

Jedoch, auch im Akt des Erweiterns findet noch der
Prozeß von Verstehen nicht seine Grenzen. Dahinter
wartet dann eine dritte Form von Äußerung darauf, daß

sie beschrieben werde, um die Gesamtheit dessen, was das Verstehen ausmacht, zu umschließen. Nämlich, nach dem Begleiten und dem Erweitern zuletzt noch: *das Stören.*[3]

Antworten kann stören sein: Das hört sich irritierend an, und das soll es. Stören, das ist eine Form des Zurückgebens – des Antwortens –, die einen Bezug hat zur Anrede, deren Anregungen sie aufnimmt und, aus diesen heraus, ein neues Element, ein nicht erwartetes, dennoch systemgerechtes, also sprachgleiches, in den Akt des Verstehens hineinträgt.

Durch einen Schematismus in seiner reduktiven Einfachheit – aber auch Eindeutigkeit – dargestellt, wäre der Akt des Störens abzubilden als Antwort auf den initialen Strich (der ein weiteres Mal die Anrede schematisieren soll) in dem Duktus einer mehrfach geschweiften Linie, durch die ein entschieden und ein sehr genau anders geartetes Moment, eine neue Bewegung in das Gebilde gebracht wird. – Diese unerwartete, unerwartbare Zutat ist weder Zustimmung, noch liefert sie Beigabe im Sinne der eben beschriebenen Erweiterung; vielmehr stellt – stemmt – das Störende sich dem entgegen, was man als Antwort erwartet.

Jedoch, die störende Linie bildet in ihrem Lauf auch nicht lediglich eine blanke Verneinung der Initiallinie ab – weder dialektisch noch dialogisch –, sondern sie offeriert, von jener angeredet und durch sie angeregt, eine entschieden gegenläufige Linie. Verquer entgegen laufend jedoch mit solcher Wirkung, daß sie Form, Duktus und Ausrichtung der initialen Linie aus ihrem Anderssein heraus um so deutlicher hervorkommen läßt und, vermittels Querlaufes, in ihrem Lauf bestimmt. Erst durch den anderen Verlauf der störenden Linie kommt die Initiallinie zu ihrer Gewißheit; zu dem *so und nicht anders*.

Stören behaftet also, entschiedener als Begleiten und Erweitern es vermöchten, durch die Natur seiner Antwort erst die Anrede. Mag diese sich vordem gleichsam zufällig vorgekommen sein – ich habe so gesagt, ich hätte auch anders sagen können –, so wird das So sich jetzt, unter der Wirkung des Störens, verbindlich gegenwärtig, was es gesagt hat. Und von jetzt, von dem Augenblick an, da das Stören eingewirkt hat, kann es sein So nicht mehr der Willkür des Zufalls überlassen. Und dies in solchem Sinn und Maß, daß nicht nur du dir jetzt vergegenwärtigst, daß du so (nicht anders) gesagt hast, sondern vor allem: daß du *der bist*, der so sagt (und nicht ein anderer). Als dieser hast du dich bei mir eingeführt. Als dieser bleibst du gegenwärtig.

Der Akt des Störens verliert seine genaue und verbindliche Hinweiskraft, wenn man ihn der Negation an die Seite, gewiß schon wenn man ihn dieser gleichsetzt. Dies deshalb, weil das scharfe und zugleich plumpe Nein zunächst einmal ist: die dumpf globalisierende Nichtung dessen, was in der Anrede zu Wort und Zeichen gekommen ist. Wogegen der Verlauf des Störens nach Intention und Ausrichtung, obwohl vielfältig, dennoch eindeutig ist, behaftbar im Text seiner Störung. »Nein« – das hat nichts an sich, womit es zu sich selber stehen könnte, weder vom Inhalt des Wortes her noch mit Hinweis auf die Person des Negierenden. Wogegen das Stören sich zu dem Akt bekennt, den es in Gang bringt. Das Störende sagt nicht nur »nein«; es sagt »anders« – und findet sich damit auf-, ja herausgefordert, Ausrichtung, Sinn und Inhalt dieses Anderen verbindlich zu bestimmen; und dann auch zu dem zu stehen, was es bestimmt hat.

Damit wird deutlich, was es besagt und wohin es führt, wenn man das Stören als wesentlichen Anteil in den Vorgang des Verstehens hereinholt. Stören ist Anreichern des Laufes durch Gegen-Lauf. Es erzeugt eine Ver-Gewisserung, und dies im genauen Sinn des Wortes als Gewißwerdung dessen, wie der Lauf läuft; und weshalb so, und warum nicht anders. –

Wenn Verstehen sich aus der Triade Begleiten, Erweitern, Stören zusammensetzt, so sind damit jene Möglichkeiten, mitsamt ihren Verwirklichungen, beschrieben, die sich – dem Akt des Verstehens konform – antragen, um in der Beziehung auch die Abgrenzung zu erzeugen. Ohne Stören kann Abgrenzung nicht gelingen.

Zur Erläuterung dieses Prozesses sei ein weiteres Beispiel vorgelegt. Es trägt den Titel »Reklame«[4] und hört sich so an:

> Wohin aber gehen wir
> *ohne sorge sei ohne sorge*
> wenn es dunkel und wenn es kalt wird
> *sei ohne sorge*
> aber
> *mit musik*
> was sollen wir tun
> *heiter und mit musik*

und denken
heiter
angesichts eines Endes
mit musik
und wohin tragen wir
am besten
unsere Fragen und den Schauer aller Jahre
in die Traumwäscherei ohne sorge sei ohne sorge
was aber geschieht
am besten
wenn Totenstille

eintritt

Man scheut sich, ein Wort beizufügen an diesen Text, zusammengesetzt aus Anrede und Antwort – die Antwort aber beschränkt sich durchgehend und mit konsequenter Genauigkeit darauf, den Inhalt der Anrede zu stören. Ihn zu akzentuieren durch genau ausgerichtete, interferierende Gegenrede, bis nicht mehr zu bestimmen ist, welche Rede wessen Rede stört. Was wodurch gestört wird. Daraus spricht das Aufstörende. Das Offenlassen ist das Einsichtsbefördernde an diesem Text. Dadurch erst bekommt die Anrede Sinn und Gewicht; dadurch erst nimmt sie Verbindlichkeiten an. Dadurch wird sie genau, und mit ihr wird genau, sinnvoll und gewichtig auch die Person, die so anredet.
Seine besondere Tragik entwächst dem eben zitierten Text von Ingeborg Bachmann daraus, daß hier (ähnlich den zuvor angeführten Beispielen aus der Tonkunst, aber diesmal besonders eindrücklich nachvollziehbar) Rede und Gegenrede, Anruf und Antwort, die Offerte und deren Störung nicht durch zwei Gesprächspart-

ner markiert sind, sondern daß sie durch die Feder
einer Hand geflossen sind: der Hand, die, in ihrer
Verlorenheit, beide Instanzen, die anredende gleichwie
die antwortende, in sich versammelt und den Text als
Aussage vorgelegt hat. Anrede und Antwort als innere Zwiesprache: Auf die Dauer kann solch ein Kreislauf sich nicht selber in Gang halten. Irgendwann
richtet dieses Spiel sich gegen die Spielende. Und dann
wird Stören zum Zerstören. Dann erlischt der Versuch, an der Antwort Gewißheit zu wahren, im
Schauer der Stille, von der Ingeborg Bachmanns Gedicht
redet.

Aber in dem *kommunikativen diadischen* Akt des Verstehens kann Stören die Kräfte bewahren und – vor allem
– das *Zer*stören gleichwie das Sich-selbst-zerstören vermeiden. Und besser vermeiden als irgendein Akt sonst.
Dies deshalb, weil unter den drei Verstehensformen einzig das Stören etwas von der verführerischen, ja faszinie-
renden Kraft ahnen läßt, die nun einmal – schlimm, daß
man es zugestehen muß, unverzeihlich, wollte man es
verschweigen – von der Macht des Destruktiven zu allen
Zeiten auf alle Menschen ausgegangen ist. Die Andeutung von Wesensähnlichkeit, die auch in der Namengebung (Stören/Zerstören – *disturb/destroy*) zu Worte
kommt, mag es sein, die das Destruktive sich im Responsiven wieder-erkennen macht.

Ein weiteres Mal bietet sich jetzt der Schematismus der
Bildsprache an, diesmal um zu erläutern, wie man sich
den Vorgang des Zerstörens vorzustellen hat. Daraus
wird ersichtlich, daß sich das Zerstören nicht allein in
Äußerungen von stumpfer, unmittelbar vernichtender
Gewalt merk- und erleidbar macht, nicht also nur durch
all die viel zu bekannten und schon alltäglich zu nennen-
den Methoden von Terror, von sicht- und fühlbar sich

äußernder Grausamkeit zu erkennen gibt. Nicht nur wirkt nämlich Zerstören vorwiegend so:

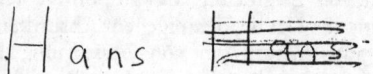

will sagen, nicht lediglich mit der Absicht auf plumpe, grobe Auslöschung, nicht faschistisch allein, nicht nur in der sogleich geschehenden Vernichtung von Bestehendem und Sich-entwickelndem. Das Zerstören, vielmehr, hat für seine Zwecke auch feinere Methoden gefunden – gediegenere –, mit denen es seine auslöschenden Wirkungen ins Spiel bringt. Und das sind, weil sie sich weniger auffällig gerieren und ihre Absichten nicht sogleich zu erkennen geben, auch die gefährlicheren Kräfte, über die das Zerstören verfügt.

Diese Kräfte kommen wie folgt ins Spiel: Es wird die Rede, die Handlung (hier, wie stets, durch den Lauf des Striches zur Illustration gebracht) quasi antwortend aufgenommen. Ganz so, wie es für den Vorgang des Begleitens geschildert worden ist, greift also struktur-immanent, den Duktus der Anrede gleichwie deren Inhalt wiederholend, das Spiel, welches jetzt Antwort imitiert, die Züge der Anrede auf. Dann aber gibt diese Travestie von Antwort, deren Mummenschanz, ihren Text nicht mehr an den Anredenden zurück, sondern führt sie, verselbständigt, weiter. Was dann daraus wird, ist die Groteske der Anrede, sie selber, unverkennbar, aber mit dem tötenden Gift der ihr inhärenten Lächerlichkeit geimpft und, obgleich in ihren Grundzügen genau auszumachen, ja nachzuzeichnen, schließlich bis zur Unkenntlichkeit aufgebläht.

So kann das anredende Wesen, aus seiner Anrede heraus und vermittels ihrer, an sich selber zerstört werden, durch das Mittel seiner eigenen Expressionen. Diese Art von Zerstörung, das responsive Travestieren bis tief in die Grube der eigenen Absurdität, scheint mir die grausamste Form von Zerstörung zu bergen. Die bösartigste jedenfalls, was die dahinterstehende Absicht angeht.

Anhand eines Strichbildschemas und in dessen trivialer Eindeutigkeit soll dieser Prozeß sichtbar gemacht werden:

Jetzt kann man mitverfolgen, was sich hier abspielt in diesem Akt von Zerstörung durch travestierende Weiterführung des Anredetextes: Was sich zunächst anhört (-sieht), als wäre es Antwort in Gestalt des Begleitens, geläufig als Übernahme des Angebotes, das umwickelt, umspinnt, durchzieht, oft zunächst unbemerkt, was es aufgenommen hat. Es tut dies in alle Richtungen, drum herum, durch hindurch, immer mit der Attitüde der Anrede als leitender Formel, und gibt das anredende Wesen sich nicht eher zurück, als bis das Werk der Zerstörung beendet ist.

Mag längst das anredende Wesen noch für Antwort nehmen, was nie als solche intendiert gewesen ist – bis es endlich innewird, was ihm da widerfährt, entdeckt es sich immobilisiert: eingepackt in die Groteske seiner eigenen Kundgaben; lächerlich also aus den Zügen seines

Wesens heraus, in der Entstellung sich selber – verzeich-
net – wiedererkennend, und deshalb hilflos.

Jedoch, man darf nicht übersehen, daß der Vorgang des
Zerstörens, wenn er in seiner differenziertesten und
nachhaltigst wirksamen, daher auch gefährlichsten
Form, der eben beschriebenen, daherkommt, den Pro-
zessen nicht fremd ist, die wir zuvor als Triade des
Verstehens zu beschreiben hatten. Die zerstörende
Übernahme von Anredensweisen in gestaltimmanenter
Fortführung derselben – diesmal bis hin zur Travestie,
bis in die Groteske: Nein, das ist nicht so gänzlich
unterschieden vom Verstehen, diesem vielmehr verwandt, und zeigt sich ihm bisweilen erschreckend nahe,
bar der Mittel, durch die es sicher und zuverlässig vom
Verstehen unterschieden werden könnte. Dann kommt
es so heraus, daß das Weiterspielen, -spinnen des Anredens sich unversehens in seiner bösartigsten Verzerrung
wiederfinden kann.

So ist das: Antworten, das – bis zur Synonymität –
befördernde Element des Verstehens, kann sich, *aus
demselben leitenden Prinzip heraus*, ins Zerstören wandeln. Und es kann sich ergeben: Was mit der Absicht auf
ein Verstehen begonnen hat, travestiert sich, unter der
Zeit, ins Zerstören, ohne daß es, wohlgemerkt, dabei
seine Methode zu ändern brauchte!

Einer Untersuchung des Verstehens gebührt es, daß sie
emotionsträchtige Begriffe wie Liebe und Haß, so lange
es möglich ist (lang ist es nicht möglich), aus ihren
Darstellungen ausschließt. Wer bis dahin gefolgt ist, dem
steht es frei, daß er selber seine Gedanken darüber
entwickle, inwiefern und nach welchen Gesetzen es
zugehen kann, wenn Liebe sich (bei gleichbleibenden
Regungen, zwischen unveränderten Charakteren!) in
Haß umwandelt: Was hier vorgelegt wurde, liefert keine

Erklärung, es zeichnet nur eine Illustration dessen, wie
man sich so etwas vorzustellen hat.

Es ist kein Anlaß gegeben, sich von solchen Feststellungen erschrecken zu lassen. Wenn man erkennt, was da
geschieht – und wie es, der Einsicht vorgezeichnet,
zugeht, daß Verstehen sich in Zerstören wandelt – dann
ist auch ein Hinweis darauf gegeben, wie es gelingen
kann, das Zerstörerische ins Verstehen hineinzunehmen,
und erst noch nach Maßgabe der Dynamismen, die sich
dem Verstehen bewährt haben, unter Vermeidung mora-
lisierender Maximen.

Aber das muß man erkennen: Nicht nur vor der Öffentlichkeit, nicht in der Politik allein geschieht es, daß
mißliebige und gefährliche Systeme am gewissesten und
wirksamsten dadurch zu zerstören sind, daß ihre Methoden sich in der Travestie ihrer eigenen Erscheinungen
karikiert finden. Das Besondere, nämlich besonders
wirksam Zerstörende an der Sache ist: Die Betroffenen
können dagegen nichts tun, weil das Eingeständnis, daß
hier travestiert wird, ein weiteres Eingeständnis, wie
lachhaft nämlich das angepeilte Objekt schon immer
gewesen ist, nach sich zieht.

Und nicht auf dieses Beispiel allein darf man sich
beschränken, wie sehr es sich auch aufdrängt; vielmehr
sollte man bedenken, daß die Überwindung des Bedrängenden und Behelligenden in den weitesten Bereichen
der Somato-, Psycho- und der Soziopathologie sich
Regeln zum Gebrauch erworben hat, die dem bisher
beschriebenen Vorgang – Zerstörung durch die Methode
der Travestie als Extremform begleitenden Verstehens,
und von diesem abgeleitet! – nicht fremd sind.

So verhält es sich denn und kann nicht übersehen werden: Der Lauf des Verstehens ist schwierig und sehr
unsicher, er führt über einen engen Grat, und immer

muß, wenn Verstehen angestrebt wird, vergegenwärtigt bleiben, daß dieser Vorgang aus sich selber, nicht aus fremd hinzukommenden, sondern aus seinen eigenen Methoden heraus, in der Zerstörung enden kann.

Es sei nochmals gesagt und verbindlich festgehalten: Die Rede ist hier, wie durchaus in diesem Buch, vom Verstehen als dynamischem Prozeß. Als Auslösung eines anderen dynamischen Prozesses. Als Antwort auf Anrede. Unter solchen Bedingungen wird Verstehen zu einem risikoreichen und gefährlichen Unternehmen, und wenn es mißlingt, dann kann es aus dem Begleiten ins Zerstören hinübergleiten.

Manchmal wird die Lehre vom Verstehen als etwas anderes aufgefaßt: als beschauliches Auslegen eines Objektes, von dem, das ist Voraussetzung, verlangt wird, daß es schön stillhält, wenn man ihm nähertritt. Das kann ein ausgeklügeltes Buch sein oder ein Gebilde in Öl, eingefaßt von Goldrahmen; vielleicht etwas aus Marmor. Unter solchen Bedingungen bleibt Verstehen ein beschauliches Geschäft.

Zeigt es sich jedoch, daß der Gegenstand des Verstehens sich regt – und unversehens ist zu merken: Das da lebt, es redet an, es antwortet und richtet, ungleich dem Marmorgebilde, erst noch seine Antwort auf den Anredenden aus und wandelt sich gemäß dem Inhalt seines Textes –, dann erweist Hermeneutik sich als Abenteuer von besonderer Art, voller Gefahren und reich an eigenen Schönheiten.

Ob Nachtigall, ob Lerche

Verstehen ist: Zurückgeben in der Sprache der Anrede, innerhalb ihres Systems. Geschehe es durch Begleiten, unter Wahrung also des Anredetextes, sei es in der um Erweiterungen angereicherten oder durch Stören veränderten und profilierten Form: Immer hat das Verstehen es wesenhaft an sich, daß es auf beiden Seiten, von Anrede gleichwie Antwort her, sprach-, d. i. systemgleich bleibt. Die Sprache der Antwort ist die Sprache der Anrede,[5] und es ist kein Platz für Übersetzerarbeit irgendwelcher Art. Was sich wandelt unter dem Wechselspiel der Partner, ist einzig der Text.

Man kann also sagen: Verstehen ist bezeichnet durch System-Immanenz; es sei durch sie definiert. Die Antwort, wenn sie zurückgeht, übersteigt keine Zäune. Auch nicht, wenn sie stört.

Die Fürstehenden bleiben untereinander in dem Bereich ihrer Verständigung.[6] Daher der Name: ver-stehen. Wenn verstanden ist, hin- und zurückgegeben und dann Schluß, so ist alles ausgestanden, durchgestanden. Und nichts bleibt zurück. So, wie, paradigmatisch, das Einander-Anblicken, das (systemimmanent verlaufende) Hin- und Zurückgehen der Blicke erlischt mit dem Augen-Blick, in dem die Blicke sich gefunden haben, so kommt durchwegs das Verstehen mit dem Prozeß, der so genannt wird, auch an sein Ende, sosehr die Wortsprache darauf aus ist, die Sprache der Blicke über den Augen-Blick hinauszudehnen.

Woraus sich ergibt: Verstehen verweigert sich jeder Form von Geschichte, des Einzelnen wie der Partner. Es trägt zur Biographie nichts bei, wie intensiv es auch in

den Augenblicken seines Ablaufens gewesen sein mag,
wie lebhaft von seinen Austragungen her. Und wenn
noch so standhaft geantwortet worden ist, es ermattet
bald, verstehen erschöpft sich immer binnen kurzem.
Von außen kommt ihm nichts hinzu, es verläuft sich in
dem Kreis, den es selber angelegt hat, und erschöpft sich
darin.
Anrede hin, Antwort zurück – es gibt nichts zum Mitnehmen. Das macht die Ernüchterung, den Katzenjammer: Von allen Geständnissen, Beschwörungen, auch
Auseinandersetzungen bleibt nichts; die Zeit nimmt sie
mit sich, insgesamt, ausnahmslos. Und um so gewisser
– und um so bedrohender –, wenn Verständigung völlig die Grenzen der Vernunft und des Sinngemäßen
hinter sich läßt. Und dann Liebe heißt. Sie ist es, die
am gewissesten merkbar macht, am konstantesten, am
grausamsten auch, wie unerbittlich das Schicksal der
Verständigung in Hinsicht auf ihren Ausgang ist – wie
tödlich. Post coitum omne animal triste: So liest sich
die verbindlichste Formulierung dessen, was dem Ein-
ander-Verstehen in seiner intimsten Ausprägung widerfährt.
Die Geschichte aller Liebe ist die Geschichte ihres mör-
derischen Endes. Und dies ohne eine Ausnahme, eine
lange Welt- und Kulturgeschichte hindurch. Liebe ist
unvergleichlich viel mörderischer als der Haß. Vom Haß
kann man feststellen, es sei ihm die Befähigung gegeben,
daß er sich abkühlt: in die Kreativität hinein. Sämtliche
Schöpfungen der Kreativität, sofern sie nicht in die
geschäftige Produktivität aus- und dort leerlaufen, stellen
sich als solche Haß-Kondensate dar. In ihnen schlägt
Haß sich nieder, löst sich auf, und durch sie befreit er
sich. – Die Liebe kennt vergleichbare Vorgänge nicht; sie
läßt es bis dahin nicht kommen. Sie verzehrt, sich selber

zusammen mit denen, die von ihr befallen sind. Und dies
nahezu ausnahmslos (wobei das »nahezu« nur dasteht,
um Situationen auszunehmen, in denen ein System sich
der Liebe bemächtigt hat und diese nun befiehlt und
reguliert).[7] Wo Liebe als selbständig wirkende Macht
herrscht, da verbrennt sie alles – und sich selber mit. Man
gehe längs durch die Zeiten und quer durch die Kulturen:
Vergebens wird man die Geschichte einer Liebe suchen,
deren Bericht sich nicht wie von ihrem Eingang her auf
ihr tödliches Ende hin angelegt liest. Die Phantasie der
Erzählungen kreist dann nur noch darum, wann und in
welcher Gestalt der fatale Ausgang sich einstellt. Wen er
mit sich reißt. Aber mörderisch ist es allemal, und am
grausamsten, wenn es langsam, fast unbemerkt daher-
schleicht, ohne dramatischen Bruch. Man nennt es dann
Gewohnheit, oder Routine, oder auch den Alltag. Diese
letzte Spielart von Liebe und Liebestod – Tod in der
Liebe gleichwie das Absterben der Liebe in sich selbst –,
bei weitem die häufigste, ist zu ihrer besonderen Grausamkeit hin auch noch derart banal, daß die Lyra ihr,
entgegen der klangvollen Schilderung aller anderen Verläufe, ihre Akkorde vorenthält. Wenn sie davon zu
berichten hätten, würden ihre Saiten nicht, wie sonst,
zerreißen, sondern lahm werden. Und das gäbe Katzen-
musik.

Jede Verständigung, wenn sie sich neu einstellt – und
jedesmal die Erneuerung einer Liebe –, hat es in sich, sie
ist darauf aus, sich außerhalb dieser Erfahrungsregel zu
stellen, und daraus den Trotz für ihre eigene Entschiedenheit zu holen. Was bisher war, so sagen die neu
Einbezogenen, dem gebührt keinerlei Anspruch, zu fordern, daß es auch hier und jetzt und also für uns gilt. Die
Welt hat auf uns gewartet, damit wir ihr beweisen, wie
sehr sie sich geirrt hat mit ihren Todesgeschichten von

der Liebe. Wir zeigen es: Liebe ist nicht der Tod, sie ist das beständige, ewige Leben.

Diese sanfte, glückliche Illusion, diese, wie auch sonst jede Wahnidee, den Zugriffen der Ratio entzogene wunschvolle Gedankenfügung hält uns am Leben. – Dank solch verzauberndem Wahn bleibt dennoch das Leben bestehen, zusammen mit der Traube von Hoffnungen um dieses herum. Trostlos wird es erst, wenn versucht wird, Liebe und Wahrheit in eins zu bringen. Wenn die beiden zu einem Untrennbaren zusammengefügt sich hören lassen, dann ist das Morden nicht mehr aufzuhalten. Liebe ist niemals wahr, sie braucht deshalb nicht verlogen zu sein, sie steht einfach außerhalb der Wahrheit. Jenseits auch aller Erwägung um Wahrheit und Lüge. Und Wahrheit ist von Natur und Anspruch her lieblos, sie kann nicht anders sein, das muß man wissen.[8]

*

Mit dieser Situation ist zurechtzukommen; irgendein Arrangement muß gefunden und getroffen werden, damit die vernichtende Wirkung des Verstehens, und namentlich in seiner unkontrollierten Lebensform, die man Liebe nennt, vor der Verbrennung, der sie sich aussetzt, verringert, womöglich aufgehoben werde. Das muß eine Methode sein, welche es vermag, die Intensität, die dem Verstehen eignet, zu mindern, sie abzukühlen und die sich Verständigenden gewissermaßen vor sich selbst zu schützen.

Ein solches Verfahren ist zu finden. Aber nicht lang zu suchen. Es bietet sich von selber an. Es scheint dem Verstehen von dessen Anlagen her mitgegeben; man möchte sagen: um die nichtende Wirkung, die ihm eigen ist, zu mildern, und man braucht es nicht von fern herbeizuholen oder -zuzaubern, es stellt sich grundsätzlich von sich aus ein – grundsätzlich, das heißt: sofern nicht die in den Prozeß Einbezogenen alles daran setzen, aus eigener Willkür und Zutat seine Wirkung auszuschalten – um der Hitze der Beziehung willen, ungeachtet ihres verbrennenden Effektes.

Diese Methode, angetan und auch berufen, um dem Verstehen, noch in seinen unbesonnensten Formen, durch Abkühlung, eine längere Dauer zu überlassen, stellt sich ein durch den Prozeß der *Vermittlung* oder *Medialisierung* von Beziehung. Durch ein Verstehen, das seinen Kreis öffnet und den Umgang der Partner um ein Drittes bereichert.

Damit also nicht alles zerfällt, wenn Verständigung erreicht ist, lassen die Partner es zu, daß etwas sich zwischen sie stellt – und wenn nicht dazwischen, dann doch darunter oder darüber. Etwas, oder jemand, worauf sie sich beziehen und das, zugleich, sie auf sich bezieht, welches auch noch, drittens, es ermöglicht, daß sie sich mittels seiner aufeinander beziehen.

Dieses auf dreifache Weise Verständigung ermöglichende und durch Vermittlung bewahrende Dritte sei als *das Mittel* oder *das Medium* bezeichnet.[9] Die so erwirkte Verständigung oder Beziehung kann man folglich eine *medialisierte* nennen.

Abzuheben ist das Medium vom Symbol[10]. Dieses nämlich ermöglicht weder noch bewahrt es Verständigung; es bezeugt sie lediglich.

Was das ist, ein Vermittelndes oder Medium, und wie es wirkt, das sei sinngemäß an jener Situation von Medialisierung erläutert, von der sich, wenngleich behutsam, sagen läßt, die Natur selbst habe sie herbeigebracht, um an ihr modellhaft zu zeigen, wie sie dafür sorgt, daß Verständigung nicht an sich selber zugrunde gehe. – Diesen Vorgang demonstriert die menschliche Natur auch noch anhand jener Situation, die am feurigsten das Verstehen, nenne man es Liebe, vorführt. Dort geschieht es doch, daß irgendwann, wenn das Liebesspiel, als lebendigste Choreographie von Begleiten/Erweitern/Stören, sich erschöpft – und oft genug die Liebe damit –, »dieses Verhältnis nicht ohne Folgen bleibt«. In solch einem Vorgang kann etwas wie der Ruf der Natur zur Bewahrung gehört werden. Und dies vermittels natur-immanenter Medialisierung. Dem Wesen, welches einem solchen Modell von Verstehen in seiner intensivsten Form entspringt, kann noch gelingen, was direkte, unvermittelte Verständigung oft nicht mehr vermag: Es bewahrt das Verstehen, bisweilen vermehrt es dasselbe. Es bringt zusammen, hält beisammen, und die beiden Erzeuger halten zum Kind, selbst wenn sie nicht mehr zueinanderhalten, und tun es jedenfalls so lange, als dieses hilflos von den Eltern abhängig ist. Oft läuft das Verstehen der Partner wesentlich nur noch über das Kind ab, und die Verständigung trifft gesamthaft kaum noch mehr als dieses. Aber in der Kühle, herbeigeführt durch Dazwischenkunft des vermittelnden Dritten und durch dieses bewahrt, bleibt die Beziehung erhalten, welche man, wenn dabei an die Austragungen gedacht wird, die ihr ein andauernd hohes Maß an Kraft und Dramatik erhalten, Verständigung nennt.

Dann wird der nächtliche Vogelschlag nicht mehr gehört, und es muß auch nicht mehr ausgemacht werden, ob:

> It was the nightingale, and not the lark,
> that pierc'd the fearful hollow of thine ear;

ob es die Nachtigall war oder die Lerche, die der Lieben-
den banges Ohr durchdrang. – Es war der Säugling, der
will Milch.

*

Dieser Nachkomme, oder Zukömmling, gewachsen aus
intensivster Beziehung, ihr verbleibend, sie bezeugend
und also dazu berufen und fähig scheinend, die Dynamik
der Partnerbeziehung durch Weiterung ihrer Kreise auf-
zulockern, ist freilich selten gesonnen, sich für lang an
die ihm zugedachte Aufgabe zu halten. Recht bald entwickelt er eigene Ansprüche, durchaus nicht konform
den Hoffnungen, die das Elternpaar in ihn gesetzt hatte,
nämlich als Mediator – Ver-Mittler – zwischen seinen
Erzeugern zu verweilen und zu wirken. Und er zögert
selten lange, die Auffassung von seinen Ansprüchen
sogleich kundzutun. Spätestens mit dem ersten Trotzalter läßt er wissen, welcher Art und Ausrichtung diese
Ansprüche sind. Er wünscht klarzustellen, daß eigene
Vorstellungen von Beziehung ihn lenken und daß irgendwelche Verpflichtungen sonst, von wem sie kommen
mögen, für ihn nicht gelten. Sein Argument, ausgesprochen oder verschwiegen, gilt unumstößlich: daß man
schließlich sein Einverständnis nicht erbeten habe. Ob er
nämlich willig sei, aus der wohligen anonymen Tiefe
seines Milchbrunnens in das Gatter der Familie einzu-
steigen.
Das Experimentum naturae, anhand dessen zunächst
belegt werden sollte, was das ist, medialisierte Beziehung, und wofür sie sich einstellt, erweist sich mithin als
ein schlechtes Experiment. Es nötigt dazu, auf Experi-
menta culturae auszuweichen. Und da zeigt es sich alsbald, daß *cultura* sich dafür von selbst anträgt. Ja daß sie,
die Kultur, dieses Experiment *ist*. Daß Kultur umfas-

send, die Beschäftigung mit ihr und ihren Erzeugnissen –
nicht allerdings deren Schaffung! – wesenhaft bestimmt
ist dahin, die Partner, sobald sie der Vereinzelung
anheimfallen, miteinander zu verbinden, jedoch: sie
immer medial zu verbinden. Kultur läßt es zu, daß man
sie als *das* Medium zwischen den Einzelnen auffaßt, sie
als solches geradezu beschreibt. Dies im Sinne, wird man
vielleicht nicht umfassend ihre Berufung, gewiß aber ihre
Funktion, deshalb auch die Gegebenheit benannt haben,
daß sie nicht statt, sondern neben aller Barbarei als
Lebenselement erhalten bleibt, das heißt aus der Asche
immer neu erwacht. Und dies von selbst, aus ihrem
Wirken als Mittlerin zwischen Individuen, wenn durch
Individualisierung der Raum zu klaffen droht, und als
Konservatorin einer Verständigung. Die immer neuen
Gestaltungen der Kultur sind es, und außer ihnen nichts,
die den Austragungen der Partner ihre Spontaneität und
Intensität, damit ihre Unberechenbarkeit, also auch die
Gefahren, ihre Lebensgefährlichkeit nehmen und statt
dessen der Verständigung, zum Preis gewissermaßen für
den Verlust an Feuer, die längere Weile des stilleren
Glimmens überlassen.

Cultura – Bebauung, Erbauung – dehnt Verständigung
und bewahrt sie über die Zeit. Sie tut es dadurch, daß sie
die an ihr Teilhabenden nur noch vermittelt zusammen-
hält. So sehr gilt diese Bestimmung der Kultur als Mitt-
ler-Instanz, daß sie es vermag, selbst solche Verrichtungen, die man als naturgegeben und -bedingt, mithin auch
nur naturhaft zu befriedigen auffaßt, über sich hinaus
hebt auf die Ebene von Kultur. In der Abkühlung liegt
dann die verständigungsfördernde Qualität des um Kultur angereicherten – oder verarmten – Grundprozesses.
Kultivation widerfährt etwa der Ernährung, wenn diese
aus der Aufnahme von Brennstoff, Mineralien, Vitami-

nen und anderem Unsinn sich, durch den Vorgang der
Medialisierung, in die Mahlzeit wandelt, mit all den
Ritualien und Verzierungen, die zur Kultivierung gehören. Der Appetit allerdings weicht damit (was beabsichtigt ist). Deshalb sollte, wer um die Wahrung von Eßkul-
tur bemüht ist, sich nicht nur bei MacDonald's ernähren.
Um derselben Rede willen ist es aber auch um nichts
besser, wenn man es zuläßt, daß jemand das Speisen
durch Befehle und Verordnungen von Diätkundigen zu
steuern beginnt. Sobald nämlich darauf geschaut wird,
daß Essen doch gewiß für die Gesundheit, für ein langes,
vorzüglich auf das (eigene) Wohlergehen bedachte Leben
tauglich sei, hat es schon alle Kultur verloren, damit auch
jeden Gehalt, der ihm als einem der bedeutendsten,
übrigens auch am höchsten entwickelten Mediatoren zukommt.
Als ein weiteres Beispiel sei noch der Tanz erwähnt: Er
kultiviert wesentlich die Akte um die Sexualität herum.
Er dehnt sie, er schiebt sie hinaus und bewirkt, daß die
Partner nicht zu rasch der Erschöpfung und auch dem
Vergessen unterliegen.
Und weiterhin: Stellen Sie sich zwei Leute im Duett
musizierend vor, dann wissen Sie, was medialisierte
Beziehung ist und was sie bringt, und welchen Ort das
hat, was ich hier – ungern – Kultur nenne. Sie erzeugt
nämlich dies: Bewahren des Augenblicks durch Mediali-
sierung der Austragung. Schweigend, das Reden der
Musik überlassend, verständigen die Partner sich in die
Zukunft hinüber. Und dies durch Vermittlung eines
Dritten, das alles Verstehen ins Indirekte verlegt. Das
direkte Verstehen nämlich, welches sich der Medialisierung verweigert, ist zukunftslos.
Im Bild soll nun vorgestellt werden, wie Verständigung

sich zuträgt und wie sie, um sich zu bewahren, in Medialisierung übergeht.

Zwei Partner sieht man da zunächst unvermittelt aufeinander bezogen. Um diese intensive direkte Verständigung zu bewahren, um damit dem Augenblick Dauer zu verschaffen, fügen sie ihrer Beziehung etwas bei. Dieses Beigefügte läßt sie länger zusammen verweilen. Überdies bleibt ihnen, durch die Einwirkung des Beigefügten, dieser Zeitraum vermittelter Beziehung, wenn er längst vorüber ist, noch immer gegenwärtig; vielleicht lebenslang; wogegen alles direkt Erlebte in den dunklen Sack des Vergessens gefallen ist. – Das hier bildhaft gewählte Beispiel wird durch ein Buch gegeben. Und die gemeinsame Lektüre desselben Bandes bewirkt: Das Buch teilt sich den Partnern mit; die Partner teilen sich dem Buch mit; schließlich teilen sich die Partner vermittels des Buches einander mit. Und alles in – vergleichsweise – gelassener, dennoch nachhaltiger Austragung. Gemeinsame Lektüre als Modell medialisierter Beziehung: Bitte stellen Sie sich jetzt vor, das große Buch, gelegt zwischen seine zwei Leser, trage Titel wie *Die Bibel*, vielleicht auch *Das Kapital* – und Sie wissen, was ein Buch als Mediator vermag.

Wie viel es vermag, das kann man täglich erfahren, und nicht nur, wenn man Psychotherapeut ist. In meiner

Tätigkeit kommt es aber besonders oft vor, daß ich beobachten kann, wie Paare, die in ihrer Verständigung ermattet sind – oder bei denen jeder Ansatz zu einem Verstehen in Mißverstehen eskaliert –, auf die reine Medialisierung übergehen; »ausweichen« muß man genauer sagen, wenn schließlich jede direkte Verständigung gemieden und nur noch per medium verkehrt wird. Seit wir die Bibel miteinander lesen (oder – *Das Kapital* – seit wir beide politisch tätig sind), haben unsere ehelichen Streitereien aufgehört: Oft hört man das, und könnte zufrieden sein, wenn diese rein durch das Medium gepflegte Verständigung nicht bald zur Atrophie aller Beziehung, zur langweiligen Formalisierung des Verhältnisses, zu deren Verarmung führen würde.

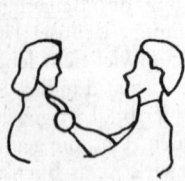 

Es braucht eben beides: den immer sich erneuernden, dann verlöschenden Feuersturm der direkten Austragung und die besonnenere Form der Verständigung durch gemeinsame Teilnahme *an* etwas oder Verrichtung *von* etwas, das eine mit dem andern in ergänzendem Widerspiel. Wenn nur eines da ist – oder gewünscht wird –, kann das Verstehen sich nicht erneuern, und die Hoffnungslosigkeit überfällt jeden Versuch, noch ist er nicht gestartet.

Öfters läßt die Lektüre von Kontaktinseraten in den Zeitungen daran denken, daß hier etwas gewünscht wird, was nicht gelingen kann. Da sucht etwa einer ein Mädchen zum Pferdestehlen – ja, das verheißt Prächtiges: so eine Genossin durch Dick und Dünn, so ein Kerl, ein Pferdedieb von Frau!

Aber Vorsicht: Ihr könnt nicht immer (*miteinander*) Pferde stehlen, irgendwann ist der Stall voll. Dann müßt ihr *beieinander* sein, aufeinander wirken, euch gegenseitig und direkt auseinandersetzen. Es muß nicht unbedingt leichter sein, immer aber wird es anders sein, dieses Einander-erleben gegenüber dem Miteinander-etwas-erleben. Und das eine ersetzt nicht das andere, das andere aber, die direkte Austragung, und nur schon der Gedanke daran, bedrängt die Abenteurer in der Phantasie. Miteinander in der Steppe Pferde stehlen – und danach sich verständigen: Das ist zweierlei. Wenn du willst, tu es: Stiehl Pferde mit deinem Mädchen, stiehl Elefanten, stiehl Walfische mit ihm zusammen. Aber besinn dich, was danach zu tun, wenn das Spiel vorüber ist.

Und die andere Seite: Nur und einzig direktes Bezogensein, dieses läßt nicht nur denken an die sexuelle Erfüllung – und an den Katzenjammer danach. Dahin gehören alle Regungen, die dem Vermittelnden mit Verachtung begegnen. Der Faschismus ist nicht nur deshalb mörderisch, weil er darauf aus ist, daß seine Anhänger, wie einer seiner führenden Vertreter (ein Schriftsteller) gesagt hat, den Revolver ziehn, wenn sie das Wort Kultur hören, sondern weil sie es gar nicht dahin kommen lassen, daß sie sich der Vermittlung durch Kultur anvertrauen. Weil sie einzig das Beziehungsfeuer propagieren und anfachen, die unmittelbare, von ihm ungekünstelt genannte Verständigung, und weil, aus Mangel an Ausgleich, aus der Unmöglichkeit zur Entspannung, in dieser Kulturlosigkeit der Keim zum tödlichen Brande ruht.

Wir brauchen, sagen die Anhänger des Faschismus, nichts, kein Drittes, um uns zu verbinden, um einander zu verstehen, wir haben unsere Kameradschaft, trallala, die hält uns zusammen. Das ist Zündstoff, das ist Gas- und Atomdrohung! Das nimmt alle Besonnenheit. Von daher auch die Faszination der Faschismen aller Couleur, bis heute: von ihrer Intensität, die Vitalität nicht nur vortäuscht, sondern *ist* – Vitalität bis zum Verbrennen.

Nur, die Kultur an sich, die Kultur aus sich allein, vermag es ebenfalls nicht, gelassene, ausgeglichene Verständigung zu garantieren. Das lehren, und leben vor allem, diejenigen, welche der Kultur jene Werte verschafft haben, die den sich Verständigenden helfen, daß sie daran ihre Vermittlung aufbauen. Es waren ausnahmslos allesamt einsame, verlorene Wölfe, die Wertschaffenden, heulend in den Waldverstecken, aus denen ihre Erzeugnisse gekommen sind. Die Einsamkeit in der Wolfshöhle ist der Preis für den Wert, der es den langweiligeren Besonnenen zumindest erleichtert, dem tödlichen Ende des Verstehens ein aufschiebendes Arrangement abzuhandeln.

Whether the nightingale, whether the lark: Der beruhigenden, aber illusionären Hoffnung folgen wir, es könnten beide Boten zu hören sein. Die Nachtigall ruft zur Liebe, die Lerche zur (gemeinsamen) Arbeit.

Aussagen und deuten:
Wer deutet, schlägt vor.
Wer vorschlägt, kann weder
recht noch unrecht haben und
will von beidem keins

Durch Antwort auf Anrede wird verstehen wirklich: Das
ist ein reziproker symmetrischer, es ist auch von seinem
Wesen her ein Vorgang, den man als privat, als intim
sogar auffassen sollte; als ein Hin- und Zurückgeben in
der Gemeinschaft von zwei Partnern. Und weil es sich
um einen Akt handelt, der sich in der Abgeschlossenheit
zuträgt, ist es auch ohne Belang, ja man kann sagen: Es
bleibt bedeutungslos, welchen Inhaltes das ist, was zwischen den beiden Stellen, den wechselweise anredenden
und antwortenden, hin- und wiedergegeben wird.
Ihre Bedeutung hat – und behält – die Sache *der* Verständigung, und sie ist dieselbe wie die Sache, *über die* es zur
Verständigung kommt, einzig unter den Partnern: in
dem geschlossenen Raum, worin UNDERSTANDING,
das Für-stehen, oder, wie das Hebräische es beruft,
BIJNA, das *zwischen* den Partnern sich Abspielende,[11]
geschieht.
Dieser Sache, in Paarung von Anrede mit Antwort,
kommt vermöge dessen, daß sie zur gemeinsamen Sache
wird, Bedeutung zu. Ihr wohnt Bedeutung inne: die
Bedeutung, die den privaten Raum der Verständigung
ausfüllt. Und mehr als dieser Raum ist weder gefordert
noch möglich. Das ergibt: Jede Tendenz fällt von selbst
dahin, die dem Zwiegespräch, diesem Wechsel von Worten, Zeichen, Blicken oder Chiffren, diesem, vielleicht,

Hin- und Zurückgeben von Schweigen irgendeine Bedeutung, über die sorgfältig bewahrte Enge des gegebenen Kreises hinaus, anzutragen hätte. Privates hat es an sich, es soll für alles, was sich außerhalb seiner aufhält, bedeutungslos bleiben. Wenn man sagt, Verstehen entziehe sich der Nachfrage auf Bedeutung, so hat man etwas Wesentliches an die Bestimmung des Verstehens beigetragen. Und wenn man sagt, Verstehen sei das, was sich dieser Anfrage entziehe, hat man es verbindlich benannt.

Daraus ergibt sich, daß alles Wesentliche, was im Bereich des Verstehens bleibt, auch nicht gedeutet werden soll – muß – kann. Man darf so weit gehen zu sagen: Es kommt zur Zerstörung des Verstehens, wenn jemand es unternimmt, der Anrede gleichwie der Antwort, dem Verstehen, auch dem Mißverstehen, mit Deutungen zu begegnen. Das Verstehen geht daran kaputt, die Partnerschaft gleich mit.

Und die Expression, die, wenn sie systemgleich aufgefangen, systemgetreu zurückgegeben wird, *Anrede* heißt, bleibt Anrede ganz ohne Ansehung ihres Inhaltes.

Von der Anrede unterscheidet sich ein Ausdruck, der, anders als die Anrede, sich nicht darin genügt, daß er im gleichen System verbleibt, sondern darauf wartet, daß er in einem andern Bereich, *systemtranszendent* also, verwirklicht werde. Diese andere Art von Expression, die umgewandelt wird, wenn sie in die Wirklichkeit kommt, die Ausdrucksformel, die den Stall des Privatraumes verläßt, in einen andern Bereich hinüber, hebt sich von der Anrede ab als die *Aussage.*

Aussage hat es an sich, daß sie sich, anders als die Anrede, nicht richtet an die Person, die sich dem/der Aussagenden gegenüber befindet. Wer sie wahrnimmt, kann deshalb auch nicht Partner genannt werden. Die

Aussage gewinnt und führt daher etwas wie ein Eigenleben, losgelöst vom Augenblick und auch befreit von der aussagenden Instanz.

Dies alles ergibt sich daraus, daß der Aussage, kaum ist sie getan, ein anderes Schicksal von Verwirklichung als der Anrede widerfährt. Wir hielten fest: Die Aussage wird aus ihrem System in ein anderes System hinüberverlegt. Diesen Akt des Hinüberführens nennt man das *Deuten*.

Der Name sagt es: Verstehen *hat* Bedeutung, es trägt sie in sich, es behält sie bei sich, es bewahrt sie für sich in Anrede, gepaart mit Antwort. Man braucht sie ihm nicht zu geben. Niemand könnte es auch. Die Aussage dagegen muß Bedeutung *erfahren*. Und bekommt sie verliehen – nur verliehen, nicht definitiv zugedacht – im Vorgang des Deutens, und erst vermittels seiner.

Systemtranszendenz macht das Wesen des Deutens aus, seine Definition sogar. Wer deutet, übersetzt, -trägt von einem Bereich in einen andern Bereich, so auch von einer Sprache in eine andere Sprache. Der diese Arbeit verrichtet, wird Interpret genannt.

Wir haben somit drei Namen für den Vorgang zur Hand, um die Verwirklichung der Aussage zu benennen. Sie lauten: *Deutung, Übersetzung* (Übertragung), *Interpretation* und beziehen sich dreimal auf dasselbe. Es sind aber, wie alsbald zu erläutern sein wird, nicht synonyme Begriffe.

Du deutest: einen hingeschriebenen Text liest du vor. Wenn du das verrichtest, übersetzt du aus der Sprache der Bilder – der Wortbilder, zusammengesetzt aus sichtbaren Buchstaben – in die hörbare Sprache. Lesen ist deuten, vorlesen bekundet den Deutungsakt (das Abhören eines Textes vom Tonband hat dagegen mit deuten

nichts zu tun). Wer die Zeichen, die im Systemgebilde
von fünf Linien mit vier Zwischenräumen und einem
Schlüssel am Anfang hingesetzt warten, durch Gesang
oder das Spiel auf einem Instrument in Melodien hinüberführt, hat gedeutet, übersetzt, interpretiert. Und
dasselbe verrichtet, wer einen Traum aus dem System
oder der Sprache dessen, was wir mit kurzem Code als
das Unbewußte (das System Ubw, nach Freud)[12], mit
seinen eigenen Formeln, mit seinen verdichteten Bildern,
zu bezeichnen gewohnt sind, hinüberbringt – übersetzt –
in den geläufigen Sprachstil des »Bewußten«.

Durchaus im Rahmen dessen, was soeben zum Übersetz-
en oder Interpretieren gesagt worden ist, bewegt sich
dieser Vorgang: Der tüchtige, fachkundige Handwerker
oder Kaufmann, von dem ich das leise tickende Gerät
erworben habe, welches mir jetzt vom linken Handgelenk aus verläßlich die Stunde anzeigt, hat interpretiert:
Er hat eine Sprache, oder Währung, übersetzt; den Wert
für den Preis, den Wert *in* oder *um* den Preis. Er hat mir
eine Uhr gegeben, dafür habe ich ihm einige hundert
Schweizer Franken über den Tisch gereicht. Für eine
Anzahl Gutscheine der schweizerischen Nationalbank
hat er eine Sache aus einem andern Bereich geliefert, ein
Produkt der Uhrmacherkunst.

INTER-PRETARI heißt diese Tätigkeit des Uhrmachers.
Der sie verrichtet, ist der INTERPRES, welcher den Wert
einer Leistung oder Ware genau kennt und sie, systemtranszendent, wandelt in das, was sein PRETIUM, seinen
Preis kostet.

Deshalb nennt man eine Gestalt, die zwischen der
Instanz des Göttlichen und dem Menschenbereich vermittelt – also etwas tut, was dem Amt meines Uhrmachers durchaus entspricht – den PRESBYTER, PRÊTRE;
Priester: So heißt einer, der kennt den Preis für den Wert

des Numinosen und fordert, wenn er ihr den Wert vermittelt, dafür einen entsprechenden Preis von der Gemeinde der Gläubigen. Nicht für sich, sondern für die Instanz dort, die er hier vertritt. Man bezeichnet ihn, der über*setzt*, man kann auch sagen: *über*setzt, einem Fährmann gleich, über das Trennende hinweg, mancherorts als PONTIFEX, das ist Brückenbauer. Er wechselt göttliche in menschliche Sprache, um schwer Vereinbares auszusöhnen und Menschenbedürfnis mit Gotteswillen zusammenzubringen. Seine Methode heißt: deuten, göttliche Hinweise dem Menschen verdeutlichen und dem Gotte dort die Laute derer vortragen, die von hier aus nicht selber mit ihm zu reden wissen.

Jedesmal gilt: Was herübergebracht wird, über den Ladentisch beim Uhrmacher, über den Marmor des Altars, über den Vorlesetisch oder den Notenständer, jedesmal von jenem Ufer hinüber auf dieses Ufer, das läßt auch jedesmal von sich sagen, sein Vorgang sei bestimmt – und zwar definitionsgemäß bestimmt – dadurch, daß es dem Vorgang der (System-)Transzendenz unterliegt.[13]

Übersetzen, Interpretieren, Deuten: So benannten wir in einer Triade mit dreimal verschiedenen Namen als Zeichen für drei verschiedene Auffassungen einen dreimal vom Grundsätzlichen her identischen Vorgang. Die Gewichtung dessen, was jeder von ihnen anzeigt, wird durch die drei Wörter dreimal anders gesetzt; deshalb drei Bezeichnungen für *einen* Vorgang:

Wer von *übersetzen* spricht, gedenkt das Begebnis selbst mit einem Namen zu rufen; die Verrichtung des Brückenbauers, Fährmanns, Priesters und Dolmetschers – all derer, die irgendwann irgend etwas irgendwie von irgendwo nach irgendwo so verläßlich und genau, auch so bescheiden wie möglich übertragen –, und das sind, in irgendeinem Bereich, fast alle von uns. – Mit *interpretie-*

ren werden hingegen die mehr subjektiven Momente, die persönlichen Bedingungen derer benannt, die mit der Ausführung dieses Aktes beauftragt sind. Der Interpret tut nicht nur, was sein Amt und Name von ihm verlangen, er bleibt sich auch seiner Verrichtung bewußt und bringt deshalb sich selbst in diese hinein. Daher spricht man in der Musik und in der Deklamationskunst vom Interpreten, seltener wenn man ans Priesteramt denkt. – Und schließlich das *Deuten*: Der Begriff hat das Ziel ins Wort genommen, um dessentwillen der Akt in Gang kommt. Und das ist: Das Erschließen einer Bedeutung (BEDOELING = Anpeilung, Anzielung auf holländisch), die geahnt, noch nicht wahrgenommen wird.

Der *Bedeutung* wurde gesagt, nicht des *Sinnes*. Dieser kann, weil der Sache inhärent, nicht übersetzt werden, auch nicht verschieden gedeutet. Er bleibt immer gleich. Sinn wohnt inne, Bedeutung wird verliehen. Sinn weist mithin den Weg (*sinān*). Bedeutung regt die Erlebnisqualität an. Um es anhand der Wegweisung zu illustrieren: Der Pfeil, der anzeigt »Hier geht's zum Matterhorn«, belegt zur unveränderlich eindeutigen Gewißheit seinen Sinn, ob er auf Blech, Holz, Stein seine Weisung gibt. Was sie dann ist, die der Pfeil anzeigt – für mich, für dich, für den Alpinismus, für die Geographie, Geologie, Meteorologie oder die Dichtkunst –, diese alleinstehende Pyramide in den Walliser Alpen, das zu erarbeiten und ständig und jedesmal neu zu verschaffen, dieser Deutungsverweis bleibt dem Wegweiser versagt. Es ist einzig dem Deuten anbefohlen, der Übersetzung der Wegweisersprache in irgendeine andere Sprache. Und dieses Deuten hat seine Eigenart darin, daß es Bedeutung nie verbindlich zuerkennt, sondern immer nur verleiht.

*

Hier läßt sich die Einschaltung eines Exkurses nicht umgehen. Ein solcher drängt sich auf anhand der Feststellung, daß man wohl diesen Unterschied zwischen Sinn und Bedeutung, daß man die Abhebung der Sinnerschließung vom Verleihen der Bedeutung für trivial – und daher überflüssig – halten möchte. Und das ist sie auch, nicht überflüssig, aber trivial; ein Stück TRIVIUM, also elementar propädeutischer Lehrstoff für die Unterstufe eines jeden Studiums. Dennoch – oder deshalb – läßt sich nicht vermeiden, daß hier diese Trivialität vergegenwärtigt werde. Und dies, weil ihre Kenntnis öfter durch viele Leute nicht nur vom Erwerb ausgeschlossen sondern planmäßig verweigert wird. Man will den Unterschied zwischen einem Sinn, der gelesen werden kann und zu lesen erlernt sein will, auf der einen Seite und auf der andern einer Bedeutung, die willkürlich, flüchtig und subjektiv ist – sein muß –, nicht wahrnehmen. Freilich, manche Bereiche des Wiß- und Deutbaren sind bekannt, in denen es keine oder zumeist nur geringe Schwierigkeiten bereitet, diese Separation von Sinn und Bedeutung zu akzeptieren. Gegenüber der Musik zum Beispiel mag es allgemein Zustimmung finden, und zwar beim Kundigen wie Laien gleicherweise, daß zunächst der Sinn sämtlicher Zeichen im System zu kennen ist, all der Punkte und Kreise, der geschlängelten und gerade durchgezogenen Liniengebilde, ehe man sich hinter das Eröffnen der Bedeutung machen kann. Ebenso dürfte weithin akzeptiert werden, daß die Abrakadabraformeln, in denen sich die Chemiker wie die Mathematiker ausdrücken, zuerst in ihrem Sinn vertraut werden sollten; danach erst zeigt sich eine Möglichkeit, Bedeutung durch das Mittel der Deutung anzugehen und vorzulegen (daß

hinterher – aber nur in dieser Reihenfolge: Sinn-Erfah-
rung, dann erst Deutungsarbeit – auch neue Sinn-
Erschließungen und Sinnverweise, aus der Deutung heraus gewachsen, sich einstellen können, sei hier erwähnt).
Weshalb dann aber diese selbe Regel, die in den Künsten
und Wissenschaften allgemein gilt, und so sehr gilt, daß
ohne deren vollkommene Beherrschung überhaupt niemand mitzureden hat, unvermittelt durchstoßen, verkannt, abgeleugnet wird, wenn es um angewandte
Anthropologie im weitesten Sinn, namentlich um die
anthropologischen Grundzüge der Psychotherapie, um
deren Trivium geht, das will zunächst wie ein Spiel der
Willkür erscheinen. Woher es also – beispielsweise –
kommt, daß fast niemand bereit sein will, den Sinn von
Träumen, ihrer Gesetzlichkeiten und Bedingungen, die
man erlernen kann (und erlernen sollte!), abzuheben von
deren Bedeutung, die den Trauminhalt als Aussage wertet
und durch den Vorgang von Interpretation, Deutung,
Übersetzung umarbeitet (dasselbe gilt von psychotischen
Manifestationen; dasselbe gilt für Sinn versus Bedeutung
von Psychosomatosen; dasselbe bleibt gültig für den
weiten Bereich der Fehlleistungen), das kann, wer auch
der Willkür Bedeutung zuerkennt, nun erläutert finden:
daran, daß die Beschäftigung des Menschen mit sich selbst
und seinesgleichen es schwerer macht, die Erwerbung der
Sinnkenntnis von der Arbeit des Deutens zu unterscheiden. Und dies, weil viele Leute es ungern wahrnehmen,
daß der Sinn aus genau verbindlichen Formeln erschließbar wird, wogegen die Bedeutung auf ein bewegendes
Sagen angewiesen ist. Auf ein Sagen, das den Anhörenden
mitbewegt. – Weil es schwierig ist, zuzugestehen, daß
Sinn erwiesen werden kann, Bedeutung aber dem Beweis
entzogen bleibt. Und weil es unsicher macht: das Ahnen
davon, was durch Bedeutung verwirklicht wird. Und weil

um den Menschen herum, und nur in diesem Bereich, das Ahnen zumeist dem Grauen benachbart ist.

Deshalb darf der Physiker, der so vieles weiß und manchen Sinn erschließt, auch dem Ahnen einen Raum belassen. Wogegen vom Menschen über den Menschen kaum etwas zu wissen ist. Alles Wesentliche bleibt in der Ahnung; das Gewußte und Wißbare setzt sich zusammen aus Belanglosigkeiten und Banalitäten, zumeist von flüchtiger Geltung. Sobald der Mensch vom Menschen weiß, entschlüpft der gewußte Mensch dem wissenden – dem zu wissen vermeinenden – Menschen, und schon hat er sich verändert, damit auch dem Wissen entzogen. Sobald im Zusammenhang mit dem Menschen von Sinn die Rede ist, verfällt deshalb der Wissensgläubige sogleich ins Faseln, ins Ungenaue. Er redet von Transzendenz und Metaphysik,[14] wenn er Eschatologie oder auch Hermetik meint, neuerdings auch gern von Esoterik. Gleichzeitig hält er sich an ein Wissen, dessen Gegenstand ihn längst überrollt hat, und versagt sich dem geduldigen, behutsamen Deuten, das akkurat treffend verlauten läßt, was es zu sagen hat, auch wenn, ja weil es – und hier nun sollte sich der Ansatz zum genau geltenden Begriff einstellen – nie beanspruchen darf, auch nicht will, daß es recht hat. – Davon alsbald mehr. Zuvor sei das nunmehr Erschlossene verbindlich zusammengefaßt:

Das Deuten wurde von dem Verwirklichungsakt des Verstehens abgehoben. Verstehen bleibt bei sich und fällt, wenn vollzogen, in sich selbst dahin. Wenn die Anrede auf ihre Antwort gestoßen ist, erlischt das Verstehen in der Verständigung. – Neben der Anrede gibt es noch eine Form der Äußerung, und sie wurde Aussage genannt. Die Aussage löst sich los von der Person, die sie getan hat, und schwebt verselbständigt im Raum. Um aber verwirklicht zu werden, wartet die Aussage auf

Deutung. Dieses Deuten, welches Bedeutung erschließt, geht, ungleich dem Antworten auf Anrede, nicht auf die Person zurück, von der die Expression sich losgelöst hat, sondern sie richtet sich an die Aussage selbst. – Also gilt: Antwort meint den Anredenden, Deutung nur die Aussage; wer es ist, von dem die Aussage herkommt, das bleibt für die Deutung gleichwie den Akt des Deutens ohne Belang. Daher ergibt es sich auch, daß die aussagende Stelle oftmals so betroffen ist von der Deutung, die sie auf ihre Aussage zurückgegeben erhält: Sie hat selbst nicht ahnen können, welches Potential an Bedeutungen in ihrer Aussage enthalten ist. Und wie jetzt der Text der Aussage – ihrer eigenen Aussage – durch Deutung verwirklicht, zu ihr zurückkehrt, findet sie, sie vielleicht am meisten, und mehr als die deutende Instanz, sich konsterniert von dem, *was* sie ausgesagt hat.

Diese Deutung, die so sehr betroffen macht, ist dann nur *eine*, eine freigewählte Deutung unter vielen anderen möglichen Deutungen, die allesamt darauf warten, daß eine deutende Person, jetzt oder irgendwann später, sie abruft und sie mit der Aussage, durch die sie erweckt werden, zur Konfrontation gelangen. Jede von diesen Deutungen ist richtig zu ihrer Zeit. Manche Leute mögen es vorziehen zu sagen, wenn jede Deutung richtig sei, so habe keine von allen möglichen Deutungen Anspruch darauf, daß sie als richtig taxiert werde. Ich möchte für die andere Lösung – jede ist richtig – plädieren und stütze mich dabei auf die Auseinandersetzung mit dem Begriff des Rechthabens (zu dem ja das Wort »richtig« in wesenhafter Beziehung steht).

Was die Antwort auf Anrede auszeichnet: Immer weist sie auf den Anredenden zurück – und nur auf diesen, auf niemand sonst. Die Deutung dagegen meint nicht die Person dessen, von dem die Aussage kommt, sondern allein die Aussage und nur diese. (*Was* meint, oder bedeutet, das? – und nicht: *Wen* bedeutet es? – fragt man).

Wie der/die Aussagende zu der Deutung seiner oder ihrer Aussage steht, ob von der aussagenden Stelle gutgehei-ßen oder nicht, das erweist sich in überraschendem Aus-maß als belanglos. Diese Feststellung läßt sich besonders überzeugend nachweisen an Deutungen von Aussagen, die dem Bereich der künstlerischen Darstellung zugehö-ren. Für diesen gilt es sogar exemplarisch. So sehr gilt es da, daß O. F. Bollnow an diese Beobachtung die Frage anhängen konnte:

> Was heißt einen Schriftsteller besser verstehen, als
> er sich selber verstanden hat?

Diese Frage, schon immer im Raum, ist von ihrem sorgfältigen Beschreiber als ein rätselhafter Satz bezeich-net worden.[15] Durch den Hinweis, den dieses Kapitel vorlegt, wird der Satz nicht enträtselt, aber doch anders und neu illustriert. Und wird es namentlich, wenn wir uns darauf einigen, eine solche Gegebenheit – Verwirkli-chung von geschriebenem Text – wenigstens auf die Dauer, die es braucht, um der hier angestellten Studie zu folgen, nicht (wie Bollnow es tut) als Verstehen zu bezeichnen, sondern Deutung zu nennen. Jedoch, und ich bitte es zu beachten: Deuten nicht eines Schrift*stel-lers*, sondern von *Schrift*. Einer Aussage, nicht einer Person. Deuten, indem wir die Aussage aus dem Raum, der Sprache, dem System, woraus sie, diese Schrift, kommt, (hin-)über(-ver-)setzen in den uns zugänglichen Raum. Ebenso, wie man seit langem – seit sie nicht mehr Anrede gewesen ist, sondern Aussage wurde und blieb, also spätestens seit Schleiermacher – die Bibel deutet und nicht weiß, auch darum sich nicht interessiert, sich auch

nicht zu scheren braucht, wer ihr Verfasser ist oder wer
die Verfasser gewesen sind. Nicht einmal dies ist von
Belang: zu wissen, ob der Herrgott persönlich die heiligen Bücher in die Welt gebracht oder ob ein von ihm
begnadeter und beauftragter Schriftsteller diese Texte
niedergelegt hat. Vielleicht war es ein schlimmer Sünder.
Auszuschließen ist das mitnichten – so sehr löst sich die
Aussage von der Stelle los, aus der sie kommt, und so
rigoros verselbständigt sie sich alsbald. Überreich sind
die Beispiele von enttäuschten Bewunderern, von vergöt-
ternden Fans, um diese These zu belegen – jedesmal aufs
neue, wenn sich wieder mal ergibt, was das für ein
Mensch ist, der hinter einem bewundernswerten Werk
aufgefunden wird.
Ob Bibel oder sonst ein Werk: Die Aussage, die aus ihm
redet, tut es von sich aus und losgelöst vom Wesen,
das redet. Man kann geradezu ein wertendes Urteil über
Literatur in dem Sinn anstellen: Je genauer ein Wort
Aussage repräsentiert und sich vom Anreden löst, um so
höher steht seine Qualität.
Letztens, seit wenigen Jahrzehnten erst, haben Aussagende sich eine Technik zu basteln begonnen, von deren
Hilfe sie sich das Ausgeliefertsein an die Willkür des
Deutens und damit an die Freiheit der Deutenden abzuschütteln hofften. Auch das Deuten sollte damit in die
Hände der Aussagenden zurückgegeben werden. Und
das haben sie dadurch zu erwirken getrachtet, daß sie
ihrer Aussage gleich auch noch eine Aussage über die
Aussage mit auf den Weg gegeben haben. Sie sagen also
nicht nur aus, sondern sagen darüber aus, was sie auszu-
sagen vorhatten, wie sie mithin gedeutet zu werden
wünschen. Und worin also die – hohooo – Botschaft
ihrer Aussage zu hören sei. Alles ist ihnen Botschaft.
Man erzählt nicht mehr eine Geschichte, wo denkst du

hin, naiver Leser, sondern verkündet eine politische
Parabel (das hat allerdings auch schon Jonathan Swift
getan, vor mehr als zweihundertfünfzig Jahren, und
Daniel Defoe ebenfalls; nur, die haben es nicht gesagt,
sondern ihrer Deuterschaft zugetraut, daß sie von selber
darauf komme, was sie zu sagen vorhatten). Ein Musik-
stück: Davon gilt dasselbe. Ein behauener Marmorblock:
nochmals dasselbe. Jede Aussage in jeder Form: Alles
bekommt seine Gebrauchsanweisung gleich mit. So will
man sich feien gegen Mißdeutung und also auch gegen
Mißachtung. – Begonnen hat mit dieser Manier, soviel
mir bekannt, ein Buch unter dem Titel: *Die Entstehung
des Doktor Faustus*; nicht der alte Puppenspieldichter hat
es geschrieben, auch stammt es nicht von den späteren
Bearbeitern des Faust-Stoffes, nicht von Christopher
Marlowe, noch von Lessing, Goethe, Grabbe oder Gou-
nod. Erst Thomas Mann hat sich so etwas erlaubt, hat so
etwas auch für nötig gehalten. Und seitdem hat diese
schlechte Sitte sich breitgemacht unter den Aussagenden.
Das wird ihrer Aussage schlecht bekommen, wenn das
Werk nicht mehr zur Deutung freigegeben ist: zur sich
wandelnden Deutung, mit ihrer Willkür, in sich wandelnden Zeiten, als stets erneute Anregung, durch alle
Wandlungen hindurch. – Es ist eine Anmaßung, dieses:
Ich wünsche so gedeutet zu werden; so und nicht anders
– dieses Sichentgegenstellen der Bollnowschen These,
wonach der Deutende den Schriftsteller (und gewiß nicht
nur diesen) besser »versteht«, als dieser sich selber verstanden hat. Damit fällt die Aussage dem Fraß der Zeit
anheim. Man merkt es bereits. Das Mißtrauen gegenüber
der Leserschaft und ihrer Deutung liest sich als Mißtrauen der Aussagenden gegenüber sich selbst: gegenüber
der Relevanz und Genauigkeit dessen, was sie zu sagen
haben. So will der Schriftsteller, von Sinn und Berufung

her ein Diener seiner Leserschaft, sich zum Herrn über
diese emporheben. Das ist nicht gut.

Tragisch wird es, wenn der Drang zum Anreden durch
die Aussage hindurchsickert – und dennoch die Form der
Aussage wahrt –, so daß die Verfasserschaft hinter dem,
fast, dichten Gefäß der Aussage zu ahnen ist, aber nie
greifbar wird, dann spürt man: Hier wird dir ein Dokument in die Hände gegeben, man muß es ein Document
humain nennen, das du zu bewahren hast. Der Schriftsteller entzieht sich dem Verstehen und erwartet vom
Deuten, was dieses nicht vermag.

In diesem Buch werden solche Dokumente, zumindest
Proben davon und Hinweise darauf, vorgelegt. Ein
Gedicht von Ingeborg Bachmann zeigt, was das ist:
aussagen müssen, weil man nicht anreden kann; oder
wenn eine Frau anzureden sich versagt, weil sie zu
verschämt ist oder nur die Sprache der Aussage noch
zugänglich hat, so sehr ist sie in dieser aufgegangen und
hat darüber die Sprache der Anrede verkümmern lassen.
– Hölderlins Verse, ebenfalls hier angetippt, sie zeigen
dasselbe an: die Unmöglichkeit, in Aussage zu bringen,
was Anrede sein möchte – und sich am Ende der Antwort verweigert (es sei denn, man setze sich über den
Inhalt der Aussage samt der Bewertung derselben hinweg
und antworte gleichsinnig, wie im Kapitel »Guten Morgen, Herr Hölderlin« geschildert). – Neben die Namen
dieser beiden Aussagenden, neben Bachmann und Hölderlin, sind nun viele Namen zu setzen. Unzählige.
Nennen muß man als das wohl aufrüttelndste Beispiel
neuester Dichtung Namen und Werk von Paul Celan.
Ich begnüge mich aber mit dem Hinweis auf Kafka, auf
die Verdichtung der Anrede im Bild, und darauf, wie fast
unerträglich kühl und emotionslos diese Bildersprache
redet. Und dann, demgegenüber Franzens Brief an den

Vater Kafka,[16] von aller Bildhaftigkeit befreit, eine
Anrede – und die Antwort ist ausgeblieben: Das war der
Tod.

Deshalb, übrigens, hat es auch etwas Schamloses an sich,
daß dieser private Brief – wie gesagt: Anrede diesmal,
reine Anrede, und nichts von Aussage – in die Öffentlichkeit geleitet worden ist, wohin er nicht gehört.
Anrede hat, ich wiederhole mich, draußen nichts zu tun.
Sie muß im privaten Raum bleiben, sonst erkältet sie sich
und geht, aller Therapie trotzend, zugrunde, mit ihr der
Anredende, und Franz Kafka hat es gleich vorgelebt, daß
es geschieht, und wie unweigerlich, und wie rasch. –
Vielleicht, aber das ist Hypothese, sie soll dennoch hier
vorgebracht werden, vielleicht, daß es etwas gebracht
hätte, wenn der Verfasser dieses Briefes zu einem verläß-
lichen Kollegen von mir gefunden hätte. Heut vor nicht
weit von siebzig Jahren. Wobei »verläßlich« hier zu
heißen hat: unambitioniert, an Literatur, an deren Ver-
fertigern und am eigenen Ruhm so aktiv wie möglich
*des*interessiert. Und vor allem, wichtiger noch: total
verschwiegen. Niemand hätte je erfahren dürfen, daß ein
gewisser Kafka František in seinem Sprechzimmer geses-
sen hat, auch Kafkas Sachwalter nicht, Max Brod, der
zuletzt.[17]

Dann hätte der Arzt die Kunde des Briefes wahrgenommen, eine Expression, die mehr eine Exklamation war.
Und hätte, da der Vater nicht hören mochte – jedoch, der
Vater hat eben nicht hören können, er hat nicht gewußt,
wie man das tut: hören, dann einem so schwierigen Sohn
auch noch antworten –, da der Vater nicht gehört hat,
hätte der Arzt zuhören dürfen; der Arzt in Vertretung
des Vaters und an dessen Statt. Ein solches Anstatt kennt
der Mathematiker unter der Bezeichnung »Hilfskonstrukt« als ein Deutungssystem auf Zeit, geeignet, um

das Zurechtkommen mit Problemen möglich zu machen, die anderswie nicht zu bewältigen sind. Freud hat diesen Vorgang, die Errichtung eines Hilfskonstruktes, als Übertragung beschrieben,[18] und Leute, die nicht imstande sind, wahrzunehmen, was für Aufgaben einem Arzte zugeworfen werden können, ob er es will oder nicht, stoßen sich daran, daß bisweilen der Arzt ein Vater sein muß, wenn dem Vater Ohr und Auge für das Anhören der Anrede verschlossen bleiben, und der Mund gleich mit – der Mund, der antworten sollte. Gewiß, nur ein bewegendes Wort, das auf eine Sache weist, die noch nicht da ist, aber werden kann – und sollte –, so ein Wort erzeugt erst die Situation, die dem Verfasser, der im Brief einen verstummten Vater sucht und nicht findet, die Ahnung erweckt, hier könnte einer sitzen, hier in diesem Raum ein Arzt, der hat mich nicht gezeugt und ist doch mein Vater. Oder repräsentiert ihn. Oder ruft ganz frühe Reminiszenzen zurück – an Tage, da, ich hoffe es, auch mein Erzeuger sich noch hatte trauen dürfen, mein Vater zu sein.

*

Und nun, mit dem bleichen jungen Besucher Kafka im Sprechzimmer, sei der Vorgang von Verstehen und Deuten weiter erläutert. Es wird Zeit, endlich darauf einzugehen, daß die hier vorgelegte Unterscheidung nicht so ganz den sonst geläufigen Abhebungen entspricht, und weshalb sich diese Darstellung nicht auf die spätestens seit Dilthey übliche Ordnung beschränkt, welche besagt:

> Die Natur erklären wir, das Seelenleben verstehen wir.[19]

In der Tat: Von Verstehen ist in diesem Buch schon viel – wenngleich bei weitem nicht genug – die Rede gewesen, der Begriff »erklären« ist bisher nicht aufgetaucht. Er wird auch im weiteren nur selten zur Sprache kommen. Für die hier anzustellende Untersuchung nämlich, und für die Schlüsse, auf die sie hinarbeitet, bringt die Abhebung des Verstehens vom Erklären keine relevanten Probleme; gewiß aber löst sie diese nicht. Der ordentliche Philosophieprofessor Dilthey ist eben dem Seelischen nie als Anrede begegnet, nur als sordinierte Aussage kultivierter und sehr zahmer oder von ihm gezähmter Dichter hat er es an sich herankommen lassen. Die Seele hat von ihm nichts gefordert, sie hat artig auf ihn gewartet, auf seinen hermeneutischen Zugang. Auf das, was Dilthey und seine Gefährtenschaft dem öffneten, was ihnen dann als ihre – mit Dilthey – »innere Erfahrung« einfließen durfte.

Das war die Zeit eines anderen Verstehens damals. Es ist auch die Zeit eines anderen Erklärens gewesen in den Tagen der Maienblüte eines noch unschuldigen Scientismus, der an Kraft und Stoff geglaubt hat,[20] was die vernünftigen Naturwissenschaftskundigen unsrer Tage längst aufgegeben haben und nur noch in den Köpfen einiger wissenschaftlicher Psychologen oder Journalisten seine Retraite gefunden hat. In Köpfen, deren Träger eine Hoffnung bergen, die allen anderen Kundigen längst abhanden gekommen ist – zum Glück der anderen Wissensbereiche und zum Unglück für die Menschenkundigen und deren Opfer: die Hoffnung, der Mensch – und »Mensch«, das geht hier gar keine aufgeblasene Edelpuppe, sondern eine ganz nüchterne Bezeichnung an – der Mensch habe nicht jederzeit seine Kniffe parat, um dem Untersuchtwerden, den Interrogatorien vorzubeugen, noch hat er sich ihnen nicht aussetzen müssen.

Jedoch, das Erklären *hat* seinen Ort, der Mensch als eine

Sache der Naturwissenschaft. Wie sehr, und wie imperativ so etwas zu fordern ist, erläutert ein sehr einfaches Beispiel.

Ich huste, ich fühle mich unbehaglich und kann nur schwer sagen, weshalb, wie und inwiefern. Aber ich weiß, ich bin krank. Wenn jemand kommt, mir die Temperatur mißt, meine Atmung abhört, mich in den Finger pickt und mein Sputum unters Mikroskop hält – so endet seine Untersuchung, und enden die Schlüsse, zu denen er kommen wird, nicht in einer Deutung, wiewohl auch mein Arzt systemtranszendierend interpretiert, wie es hier beschrieben wurde. Vielmehr geht diese ärztlich intendierte Interpretation in eine andere Richtung als die Arbeit des Interpreten einer Aussage. Mein Husten, mein schlechter Zustand, meine unangenehmen Gefühle, das alles ist ihm nicht Aussage, sondern zunächst Symptom, danach Indiz. Der Arzt, der mein Mißbefinden per Diagnose erklärt, kann – und muß auch – beweisen, was ihn zu seinen Schlüssen geführt, man darf auch sagen: ihn dazu *berechtigt* hat, sie zu ziehen.

Wenn er zu etwas berechtigt ist, so besagt das: Er hat ein *Recht*. Das Recht zu einem Schluß, dann zu einem *Be*schluß, zu einer Beurteilung meines Zustandes; zu einem Urteil, welches er, nach freilich eifrigem Deuten, am Ende fällt. Womit wir unvermittelt unversehens in die Sprachformeln des Richters, des Strafrichters, geraten sind. Und dort gehört er hin: der Spruch dessen, der erklärt, einher mit der Instanz, die für zuständig gilt, um zu erklären. Diese Instanz hat nicht nur recht, sie muß (*das*) Recht haben. Wehe, sie hätte nicht recht und würde keine oder falsche Schlüsse aus meinem Husten, meinen unguten Gefühlen ziehen. Dann stürbe ich an einer Pneumonie, weil der Richter, der über meinen Zustand urteilt, falsch – unrecht – geurteilt hat. Oft darum, weil er, vorschnell und aus falschen Prämissen – zumeist weil der Gegenstand seines Richtens ihm unsympathisch ist – auf Seelisches schließt. Dieses Seelische, gespürt nicht aus erhöhter, sondern ausbleibender Sympathie, das ist das Verderben, und für beide Beteiligten gleicherweise. – Das Seelische, nämlich die Anrede, die Antwort erwartet, zeigt sich, wenn es dem Erklären in den Weg gestellt wird oder ungerufen über den Weg läuft, immer als das Störende, und nur als dieses. Es kann nichts anderes, es kann auch nicht mehr als dies: das Erklären stören und damit, und vor allem, das Erklärende stören.

Wenn daher von Leuten, die zum Erklären angestellt sind, von Seele, von Seelischem geredet wird, so findet sich da sogleich eine Situation berufen, die ein eingeführtes modernes Gebrauchswort als Patt umschreibt: Leute, die von etwas reden, das sie stört, befassen sich mit dem, was sie stört. Aber sie gestehen nicht, daß es sie stört. Das ist ein schwieriger, es ist auf weite Strecken unerfüllbarer Auftrag. Am ehesten läßt sich noch mit ihm zurechtkommen – erfüllen kann man ihn nicht, nur mit ihm zurechtkommen, und das ist schon viel –, wenn man sich dies vergegenwärtigt und immer wieder eingesteht. Der redliche Pawlow hat das noch getan, Freud hat es getan. Die zeitgenössischen Seelenerklärer tun es nicht mehr. Die haben die Seele beständig im Mund. Sie verwechseln Seele mit Kaugummi.

Unerwartet, will es scheinen, hat sich über alledem ein Tertium comparationis vorgestellt. Ein Mittel, eine Kategorie genau gesagt, dienlich und berufen, um die Vorgänge, die wir bisher beschrieben haben, um das Verstehen, das Deuten und das Erklären voneinander zu unterscheiden, sie auch gegeneinander abzuheben. Dieses Mit-

tel, einen verbindenden und einen scheidenden Begriff
enthaltend, trägt den genauen Namen: *Rechthaben*.

Vor dem Rechthaben, an den genau voneinander separierbaren Einstellungen ihm gegenüber, lassen sich die
Prozesse nebeneinanderstellen, von denen soeben die
Rede gewesen ist. Das sei alsbald getan. Zuvor muß aber
noch ein weiterer Vorgang, der in diesem Raum sein
Recht beansprucht, kurz geschildert sein. Dies ist der
Vorgang, den wir Erkennen oder, zutreffender, genauer
auch, *Erkannthaben*, immer schon gekannt haben, zu
nennen genötigt sind.

Die Rede ist nicht von Erkennt*nis*, diesem Vorgang
oder Zustand unerwartet sich einstellender Erleuchtung
(die, wenn das Licht innen aufgeht und nach innen
scheint, *Einsicht* heißt), sondern von einem Prozeß, der
von dem Erkennenden weg auf einen Anderen gerichtet
ist, und diesem Anderen bleibt beides, Antwort auf
Anrede wie Deutung von Aussage zweimal gleicherweise entschieden versagt. Diese Art von Versagung ist
es nämlich, die als Bedingung dem Erkannthaben vorausgeschickt wird. Und sie dient dazu, die erkannt
habende – die schon längst, vor jeder Beziehung bereits
erkannt habende – Stelle zu autorisieren, daß sie über
den Andern zu sagen weiß, was sie zu sagen (schon
zuvor) beabsichtigt hatte. – Ich weiß, wer du bist; ich
habe sogleich, du bist eben ins Zimmer getreten, schon
gewußt, was für ein Jemand du bist; ich weiß, was du
denkst; ich weiß alles über dich; ich weiß sogar, was du
tun wirst; ich weiß alles, was du nicht weißt: So
beschließt das Erkannthaben. Und es hat immer recht.
Es sorgt dafür, daß es recht hat. Es hat alle Macht über
die erkannte Person, um zu machen, was zu machen
nötig sein sollte, damit es recht hat. Das Groteske am
Erkannthaben ist: Es braucht nichts zu machen. Es

braucht nur nach seiner Weise zu reden, und schon hat es den Beweis seines Rechthabens zur Hand.

Vielfältig sind die Bereiche, in denen Leute recht haben können. Und beweisen können, daß sie recht haben, weil sie ja erkannt haben. Alle Aussagen über andere haben recht. Sie sorgen dafür, daß sie recht haben. Sie tragen ihren Beweis in sich. Geh hin, sage dem Andern, er sei gar nicht so gut, wie er meine, vielmehr sei er (im Grunde) tief böse – geh hin, versuch es, wenn du's nicht lassen kannst. *Seine* Sache ist es ja, zu beweisen, daß er auch tief innen gut ist. Und das bringt keiner fertig. Also hast du recht, hast immer recht gehabt. Du hast richtig erkannt, kaum hast du den Andern gesehen. Quod erat demonstrandum.[21]

Dadurch haben die Voraussetzungen sich eingestellt, damit anhand des Ordnungsprinzips um den Zustand Rechthaben oder aber Nichtrechthaben herum die Vorgänge kategorial gegeneinander gestellt werden können, von denen hier die Rede ist.

Vorgänge	*Stellung gegenüber dem Rechthaben*
Verstehen	kann weder recht noch unrecht haben
Deuten	muß nicht, will nicht recht haben
Erklären	sollte bedingungslos recht haben
Erkannt-haben	hat immer recht, hat a priori recht (oder behauptet es von sich; oder traut es sich zu; oder maßt es sich an)

Wo *verstehen* spielt, wo Antwort auf Anrede hin sich einstellt und also Antwort die Expression zur Anrede hat werden lassen, da kann von Rechthaben, und auch von Unrechthaben, die Rede nicht sein. Es kann gar nicht aufkommen. Es hat keinen Ort, an dem es sein Rechthaben belegen könnte. Ihm bleibt aber auch jede Situation

versagt, in der die Antwort auf ihr Recht, auf ihr Haben
des Rechts, einen Regreß nehmen könnte. Vor allem: Es
hat Rechthaben nicht nötig. Recht hat im Verstehen
nichts verloren. Und das Verstehen kann daher vom
Recht, vom Rechthaben nichts gewinnen. Es wüßte,
selbst wenn es wollte, mit ihm nichts anzufangen. Allzu
verschieden, kategorial zu weit entfernt voneinander sind
die Begriffe, und sind damit die Hinweise, die sie vermitteln: Verstehen und Rechthaben.

Was das *Deuten* angeht: Es sollte darum besorgt sein,
daß alle die Aussagenden, deren Expression auf Verwirklichung durch Deuten wartet, gewiß werden, daß die
Deutung, die sie vernehmen, nicht für sich beansprucht,
recht zu haben. Daß jedes Deuten die Bedeutung an seine
Aussage nicht fixiert, sondern nur anlehnt, um auf Zeit
die Aussage zu verwirklichen, ehe es sie wieder freigibt.
Daß Deuten nicht recht haben *will*, ein für allemal, daß
es vielmehr wünscht, daß die Deutung eröffne, daß sie
anrege, erschließe. Daß sie aus einer Sache eine andere
Sache mache. Oder vorschlägt, welche Sache man aus
dieser Sache machen *könnte* (könnte, nicht muß). Daß
sie nicht die Deutung noch gar deren Inhalt gewiß werden lasse, sondern nur dies eine zu äußern wünsche:

  daß deuten vorschlagen ist.

Wer vorschlägt, hat nicht recht. Er will nicht recht
haben. Schon die Bereitschaft, auf seinem Rechthaben zu
beharren, der Gedanke daran, man könne, man wolle
auch recht haben, zerstört das Wesen des Deutens, welches ist: anregen zum Weitermachen, zum Weiterdeuten
oder, und dies vorzüglich, zu neuem, durch das Deuten
seines Interpreten ermutigtem Aussagen.
Wenn Deuten beansprucht, es habe recht, so wird es

hölzern, und zwar morsch hölzern. Und beides verholzt:
das Deuten gleich mit der Aussage, durch die es angeregt
worden ist. Deshalb sollten auch beide Instanzen, aussagende gleichwie deutende, sich gegenwärtig halten, daß
das Deuten nur ein anstoßendes Vorschlagen ist. Ein
Hinweis darauf, daß man aus der Aussage etwas (anderes) machen, sie nämlich (in eine andere Sprache) übersetzen kann, sollte. Aber es muß mitnichten *diese* Übersetzung in *diese* Sprache sein. Wichtig ist vielmehr, daß
der/die Aussagende merkt: Da ist *etwas*, man kann etwas
daraus machen; und es wird erst etwas daraus, wenn
etwas (anderes) daraus geworden ist – dies ist zu wissen,
damit das Deuten aufgeht.

Dann das *Erklären* und dessen Verhältnis zum Rechthaben. Dieses Verhältnis ist ebenso einfach wie eindeutig,
und ist genau verbindlich so zu beschreiben:
Der Sinn des Erklärens öffnet sich in seinem Rechthaben.
Wer erklärt, muß recht haben. Tut es aufs Rechthaben
hin und muß – vor allem – beweisen, daß er recht hat,
und womit sein Rechthaben zu belegen ist. Das Beispiel
des Kollegen, der meinen Husten und mein schlechtes
Befinden mit Pneumonie erklärt (und nicht mit Tuberku-
lose, nicht mit Hysterie, nicht mit Fremdkörperaspira-
tion, nicht mit Mediastinaltumor), genügt, um zu zeigen,
wo die Relevanz des Erklärens wesentlich gesehn werden
will: in der Verpflichtung zum *Recht*haben, welche ein
Recht auf Recht*haben* ist.
Rechthaben, das repräsentiert also eine Kategorie, die
durchaus ihren Platz zu beanspruchen hat. Ohne daß es
auf Rechthaben Regreß nimmt, bleibt das Erklären leer,
ohne dieses raubt es dem Erklärenden den Sinn seiner
Verrichtung, und das ist: seine Verantwortung.
Allein, das Berufen von Verantwortung weist auch schon

auf die Problematik des Erklärens – auf die problematische Situation, in die es geraten ist – in die wir, eine vertrauensselige Öffentlichkeit, froh, diese Verantwortung nicht übernehmen zu müssen, das Erklären, mit ihm das Erklärbare, mit ihm die Innung derer, die ihr Rechthaben durch Erklären beweisen durften, versetzt haben, aus unserer Schuld wohl eher als aus der ihren. Die Schuld liegt darin, daß das Gemeinwesen insgesamt sein Recht *auf* Recht(-haben) unbesonnen an die Naturwissenschaftler delegiert, auf sie abgewälzt hat, nachdem alle Institutionen, denen zuvor das Rechthaben aufgetragen gewesen war, ihre Kompetenz abgegeben hatten – oder wir ihnen die Ausübung ihrer Kompetenz verweigert hatten. Solchen Institutionen wie den Kirchen und Synagogen, die wir in ihre Beträume eingesperrt haben, woselbst wir sie nach eigener Laune auf kurze Stunden an wenigen ausgewählten Festtagen besucht haben, wie Gefangene in den Zellen. Institutionen wie die Rechtslehre, die sich allzuoft, und mit allzuwenig – um so leuchtenderen – Ausnahmen von Verweigerung, der Staatsraison willfährig gezeigt hat. Institutionen wie die Philosophie, die zum langweiligen, recht- und verantwortungslosen akademischen Tüftelfach verkommen ist. – All diese Aufgaben haben wir, um sie, und die Pflicht zum Rechthaben damit, nicht selber übernehmen zu müssen, an die Wissenschaftler, reiner gleichwie angewandter Richtung, gehen lassen. Und wir hielten sie für Gelehrte.

Das mythisierende, gläubige Vertrauen in die Spezialisten, und darein, daß sie recht haben müssen, ist gewichen. Das weiß jetzt auch die Öffentlichkeit und nutzt es aus. Tschernobyl und Schweizerhalle haben das Erwachen gebracht. Sie haben die Grenzen des Rechthabens aufgewiesen. Glück wohl für alle Teile, für die Leute von der Naturwissenschaft wie für uns. Der Radau gegen die Träger dieser Verantwortung – der Verantwortung zum Rechthaben und in ihm – ist voll falscher Töne. Wenn wir das bloß einsehen wollten, daß man nicht seine Verantwortung so lange delegieren kann: die Verantwortung zum Rechthaben, wo es seinen Ort und Sinn beansprucht, ohne daß wir irgendwann den Preis dafür bezahlen müssen. Nun wurde es ein hoher Preis für hohe Schuld.

Bleibt das *Erkannthaben* und dessen Position gegenüber dem Rechthaben. Vom Erkannthaben weiß man, es hat immer recht. Ohne zu prüfen oder prüfen zu lassen. Ohne zwingenden Beleg. Und das Erkannthaben sorgt auch jederzeit dafür, daß es recht hat. Es behauptet, daß es durch die Schale hindurch direkt auf den Kern schaue. Dabei schaut es nur an. Anschauen wird aber (wie im Kapitel über den Bösen Blick erläutert) eo ipso zum Durchschauen. Erkannthaben hat recht, weil es weiß, wie der Andere ist, was für einer er ist. Es weiß: Der Andere ist anders. Anders als er meint, anders als die anderen meinen, daß der Andere sei.

Manche Leute sind der Auffassung, Psychotherapie erkenne den Menschen, oder habe ihn erkannt. Zu diesen Leuten sind – leider – auch viele zu zählen, die sich selbst für Psychotherapeuten halten und als solche deklarieren. Unserem Beruf kann kaum Fataleres passieren. Da Psychotherapie, namentlich psychoanalytischer, das heißt Freudscher Richtung, doch wesenhaft ist: Verstehen als Antworten und Deuten.

Wie und inwiefern Psychotherapie ausüben sich im Verstehen äußert, das läßt sich, möchte ich meinen, aus der eben unternommenen Darstellung des Verstehens ableiten. Es geht nun noch darum, in Kürze das Wesen der Psychotherapie als Deutungskunde zu entwickeln.

Im Grunde kann dabei alles, was uns aus den klassischen Schriften der Hermeneutik vertraut ist (oder, weil oftmals schwierig ausgedrückt, vielen von uns nie ganz vertraut hat werden wollen), auf Psychotherapie übertragen werden. Was bisher hier zum Deuten gesagt wurde, hat für sich nun den andern Weg gewählt, den umgekehrten gewissermaßen: den Weg gegen die Richtung, welche gemeinhin von den Kollegen eingeschlagen worden war. Alle Meister einer psychotherapeutischen Auslegungslehre haben, sofern sie diese sachbewußt zu betreiben trachteten, die Anwendung der philosophisch begründeten und von der Philosophie entwickelten Deutungslehre auf die Psychotherapie gelehrt. Hier sollen nun die Einsichten, die ein psychotherapeutisch inspiriertes, an der Psychotherapie erprobtes Deuten vermittelt, in Richtung auf übergreifende, außerpsychotherapeutische Regeln weisen.

Dem, was bisher vorzulegen versucht wurde, braucht weiter nichts mehr beigefügt zu werden. Es sei nur, um der Verdeutlichung willen, nochmals vorgeführt; aber nicht nur hier und jetzt eben, sondern jedesmal neu in unserer Arbeit. Wer sich dies vergegenwärtigt, darf es sich leisten, daß er verzichtet auf alle die leer erbaulichen, am Ende immer peinlich herauskommenden Auslassungen über den Arzt als Menschen, über die Sendung des Arztes, sowie – am unangenehmsten – den Menschen, nein: auch noch Mitmenschen im Patienten, oder auch den kranken Menschen (als gäbe es das: den kranken

Menschen; der ist nur vorstellbar vor dem Hintergrund
einer Auffassung, die den Kranken im Grunde für ein
Tier hält!). – Wer Vorschläge zu hören bekommt – ernste
Vorschläge als Deutungen zu dem, was an Aussage über-
bracht worden ist – und keine Befehle der Art übernehmen
men muß, was für eine Deutung er als die treffende, die
richtige, zu akzeptieren hat, der *ist* Mitmensch. Ist es von
der Situation her und ohne jede wohlwollende Deklaration. Und darf es sich deshalb ersparen, eine solche
anzuhören.

Deuten *übermittelt* Bedeutung, es *verleiht* sie. Aber es
spürt sie nicht auf, wie der Polizist oder Jagdhund die
Fährte des Wesens aufspürt, das diese Funktionäre am
Ende des Weges, wenn die Verfolgten gestellt sind,
sogleich zur Strecke bringen. Deuten trägt Bedeutung
hinein in die Aussagen, es holt sie nicht aus ihnen heraus.
Und diese hineingebrachte und da drinnen als Vorschlag
offerierte Deutung weist, als eine unter unzähligen vorstellbaren Deutungen, auf eine unter ebenso unzählbaren
Bedeutungen hin. Und wenn sie, diese Deutungen, von
den Aussagenden angehört werden können, dann sind sie
nicht nur richtig, sondern sie wirken auch. Aber nur –
und ausdrücklich sei es wiederholt – nur einzig originäre
Deutungen zu Aussagen, und nur Deutungen, welche
auf diese besondere Aussage dieser besonderen Person
bezogen sind.
Und dann gelingt es, daß eine Sache *Bedeutung annimmt*
– und nicht: Bedeutung hat, womöglich je schon hatte –,
auch wenn sie zuvor keine Bedeutung gehabt hat, vielmehr für bedeutungslos galt oder als unbedeutend abge-
tan worden war. Und: daß sie Bedeutung nur empfangen
kann, wenn der Deutende sie vorlegt und der Aussa-

gende bereit ist, sich mit ihr auseinanderzusetzen. Sich
auseinanderzusetzen mit ihr – nicht aber sie fügsam
anzunehmen.

Ich gebe die Hoffnung nicht auf, daß vielleicht jetzt
doch, allen Versuchen, so etwas lächerlich zu machen,
zum Trotz, begreiflich werden kann, welcher Art die
Bedingungen sind, unter denen beispielsweise ein Begebnis wie die Fehlhandlung *Bedeutung gewinnen kann*.
Und sie gewinnt einzig durch die Deutung, die ihr
verliehen wird. Und sie gewinnt hier und eben jetzt, da
das Deuten darauf weist, es könne dem bisher Bedeu-
tungslosen Bedeutung zukommen. Zukommen deshalb,
weil der Fehlhandelnde so hoch eingeschätzt wird, daß er
nicht weiter als eine dümmliche, von den Launen des
Zufalls abhängige Kreatur gelten muß (wer weiterhin
dümmlich kreatürlich bleiben will, der bleibe).

Und nun sei es einem jeden anheimgestellt, was er vor-
zieht: ob er alle Vergessensakte, alles Versprechen, alle
fehlerhaften Handlungen weiterhin irgendeinem bösen
Geist oder dummen, unbeseelten Zufall überläßt, als
dummes Opfer dieses dummen Zufalls – oder ob er sich
bereit zeigt, angeregt von der Deutung, dahin zu kommen, daß er beschließt: Meine Fehlhandlung ist meine
Sache. Sie ist ein Anteil von mir – *geworden* durch die
Deutung. Und der Fehlhandelnde, der bin *ich*. Damit
habe ich aufgehört, den Strömungen der fremden Beein-
flussungen ausgesetzt zu sein. Und wenn nicht aufgehört, so habe ich doch die Bereitschaft übernommen,
Verantwortung für etwas zu tragen, was zuvor irgend
etwas, irgendwem in die Schuhe geschoben werden
konnte. In die Schuhe, mit denen dieses Etwas, dieser
Poltergeist davonschleicht und irgendwann danach
zurückkehrt – wann, das bestimmt aber er, der Poltergeist, das kann nicht ich bestimmen.

Was für die Fehlleistungen gilt, bleibt unverändert zutreffend für den großen Bereich der Psychosomatosen. Wenn Sie weiterhin Ihre Grippe-Zustände dem sieghaft willkürlichen, unberechenbaren Walten einer grausam nach eigener Laune zuschlagenden Natur und den Gelüsten der Viren A und B überlassen wollen, tun Sie es. Sollten Sie aber bereit sein, eine Aussage dazu abzugeben, und überdies noch bereit sein, sich mit einer Deutung auseinanderzusetzen, zu dem Thema, was es sein könnte, das Sie zum Opfer der Grippe macht, und wann so etwas geschieht: Nun, Sie werden erfahren, wie anders dann Ihre Stellung zum Virus, gleich ob A oder B, wird – und unerklärlich, weil dem Erklären unzugänglich: Ihre Anfälligkeit für A, B, und was das Alphabet noch anzubieten vorhat, wird sich verringern.

Wo er aber endet, der Zugriffsbereich der Deutungsarbeit, das weiß ich nicht. Das weiß niemand. Allerdings, es braucht auch niemand zu interessieren.

Endet er, hahaha, nach deiner Ansicht auch nicht beim Krebs? – Die hämische Frage, man hört sie schon durch den Raum schallen, die altbekannte Siegerfrage. Die Frage des Siegers – ja, wenn man nur würde sagen können, worüber der Sieger siegt, wenn er so fragt.

Seine Frage sei beantwortet: Nein, dieser Zugriff endet auch nicht beim – hahaha – Krebs. Weil Auseinandersetzung mit ihm, diesem unbeschreiblichen, dunklen Vorgang, den die Ärzte des Mittelalters mit dem Sternbild des Cancer in Verbindung gebracht haben – woher der Name –, dessen Träger so verändern kann, daß sie, wenn der Versuch einer Bedeutungsgabe, das Ringen um sie, ernsthaft geschieht, bisweilen auch den Krebs verändert. – Freilich muß diese Auseinandersetzung sich in der Stille vollziehen, sie darf nicht vor der Öffentlichkeit geschehen – nicht also auf dem Papier von Bestsel-

lern wie den Büchern von Zorn und Noll.[22] Weil damit,
in solchen – fast muß man sagen schamlosen – Auftrit-
ten vor dem Publikum das Wesentliche abhanden
kommt. Und das ist das Ringen mit der eigenen, der
persönlichen, der hier jetzt für dich, für mich geltenden
Bedeutung dieser Sache, die dein, mein Krebs genannt
wird. Aber wenn dieses Ringen im stillen stattfindet,
dieses Erfahrenwollen von Bedeutung, kann es schon
geschehen, daß der Krebs – was immer das sein mag,
niemand weiß, was durch diesen Namen benannt wird –
sich besinnt, und daß er einhält oder doch langsamer zu
schleichen anfängt. Ich glaube jedenfalls, belehrt von
Erfahrungen um mich herum und von ihnen beein-
druckt, Verläufe von Neubildungen solcherart verändert erlebt zu haben. Beweisen kann ich es nicht, dergleichen entzieht sich der Beweisbarkeit – in Richtung
Verifikation und Falsifikation gleicherweise.[23] Wollte
ich mich in die Region des Beweisens wagen, ich müßte
recht haben. Damit verlöre ich die Beziehung zum
Partner.

Und wenn am Ende die Krankheit, Krebs oder was auch,
mich fällt – irgendwann fällt der Tod uns alle: Dann ist es
ein anderes Gefälltwerden, wenn ihm Auseinandersetz-
zung vorausgegangen ist; wenn Auseinandersetzung es
begleitet.

Wie Freud es, einmal mehr, gezeigt hat. Und nicht nur
gezeigt, auch vorgelebt, als er seinen Kieferkrebs mehr
als anderthalb Jahrzehnte mit sich getragen hat: genügend Zeit, um sich mit seinem kanzerösen Gefährten
auseinanderzusetzen und mit dem Tod – seinem Tod –
zugleich. Ich bin schließlich kein Stück Vieh, so tönt es –
dem Sinn nach exakt – durch Freuds Äußerungen zu
seinem Krebs hindurch; ich weigere mich, so ein blöd
vor mich hinlebendes Wesen zu sein, oder jetzt, durch

Krankheit, eins zu werden, daß ich mich so ein paar hergelaufenen, wildgewordenen Zellen einfach ergebe.

Wenn Sie mich nun fragen, was das sei, Wahrheit am Krankenbett, so antworte ich Ihnen: *Das* ist sie, die so sehr zerredete Wahrheit. Dieses: Mein Krebs ist meine Sache. Und ist sie dadurch, daß ich ihn *zu meiner Sache mache.* Und zwar dadurch, daß ich mir zu vergegenwärtigen trachte, was das denn von mir will, das da, was die Leute, Doktoren und Laien, Krebs nennen. Was also das Leben von mir will und ich von ihm. Und was der Tod will. Und was ich von ihm.

Wogegen die ärztliche Erklärung »Du hast Krebs« *nicht* als Wahrheit am Krankenbett gelten darf. Vielleicht muß man sie sogar die Lüge am Krankenbett nennen. Lüge deshalb, weil die Deklaration unterstellt, sie wisse, was sie sagt, oder so tut, als wisse sie es.

Wenn er, dieser Kieferkrebs von mir, auch keinen *Sinn* macht, aber Sinn hat, eine *Bedeutung* kann ich in alledem für mich erkennen: so Freuds Haltung, wie sie sich durch seine Briefe und aus den Gesprächen mit seinem ärztlichen Begleiter heraushören läßt.[24] Bis zuletzt, als er allzu gebieterisch wurde, der Krebs das Leben unlebbar gemacht hat.[25] Und dies war dann der Moment für seinen Träger, sich ihm zu ergeben.

Das kann man Bedeutungsvermittlung nennen: ein Verleihen von Bedeutung am Ausgesagten, und in einer andern Dimension. Systemtranszendent also. Wobei zu beachten bleibt, daß das Deuten nur so operieren darf: als Auseinandersetzung mit Vorgeschlagenem. Nicht, und bitte niemals, als ein Auf-den-Kopf-Zusagen von Deutungen, die keine sind, sondern Urteile, und erst noch Verurteilungen! Siegesbewußt daherkommende Exklamationen im Sinn und Stil von: Gelt, ich hab dich erwischt! Ich hab dich bei deinem Krebs erwischt, oder ich hab dich, zum Beispiel, bei deiner Fehlleistung erwischt. Und erwischt hab ich dich dank und mit Dr. Freud. Jetzt hast du dich entblößt. Jetzt hast du gezeigt, wer du bist – was für einer du bist: So klingt es oft, viel zu oft, und pervertiert dann den Sinn dessen, was Deutungsarbeit (psychoanalytisch gesehen) ist und sein darf und jedesmal werden kann. Die so vorgehen, daß sie sagen, sie hätten dich erwischt, haben damit die Aufgabe des Deutens, seinen inhärenten Sinn, verlassen, pervertiert, und das Deuten unterderhand in eine Sache des Erkennens – des Schon-längst-Erkannthabens – umgebogen. Wie Uri Geller gerade Löffel zu unbrauchbaren Gebilden verbiegt, nur nicht so witzig, vielmehr hintergründig drohend: einem Richter vergleichbar, der Recht schon gesprochen hat, längst bevor die Auseinandersetzung sich einstellen durfte, die Erwägung mit ihren Ungewißheiten. Nur ungerechte Richter wissen, sie haben recht, noch ehe sie ihr Tagewerk begonnen haben.

Wenn Kollegen, die geprüft haben, welche Intervention in der Psychotherapie hilft und was nicht hilft, oder wenig hilft, und dann feststellen, daß Deuten zu jenen Vollzügen zu zählen sei, die wenig helfen[26], so rührt das daher, daß sie mit Deuten dieses voraus schon Bekannte des (längst schon) Erkannt- und also Durchschauthabens im Auge hatten. *So ein* Deuten kann nicht helfen. Aber es ist auch kein Deuten. – Rechthaben und Unrechthaben, Rechttun oder Unrechttun, Recht gegen Unrecht: Es kommt dann das Sprechen von Recht oftmals in einer Form hervor, die erschreckend zeigt, wie gefährlich es werden kann, wenn man das Recht bemüht in Situationen, die, der Rechtsprechung verschlossen, dennoch der Anmaßung des Rechthabens verfallen.

In Situationen wie dieser: Jemand ist krank und trachtet nun, unterstützt vielleicht von einem Therapeuten, diesem Prozeß durch Deuten eine Bedeutung zu verleihen aus der Absicht und mit der Hoffnung, mit einem schlimmen Schicksal auf diese Weise besser zurechtzukommen. – Dann taucht jemand auf und deklariert den Zustand als organisch, also materiell bedingt, mithin der Deutung unzugänglich, mithin auch bedeutungslos.

Gut bis zu diesem Punkt; dagegen läßt sich offenbar wenig tun. Wir leben in einer Zeit, die nur Tatsachen gelten läßt, harte Fakten, wie man genau treffend zu sagen gewohnt ist. Aber damit hat es noch nicht sein Bewenden; mit der Härte dieser Fakten wird dann auch noch alles andere totgeschlagen. Und so wird es denn üblich, daß diejenigen, welche mit ihren Fakten das Bemühen darum, einer Sache Bedeutung zukommen zu lassen, umbringen, sich auch gleich noch zu Richtern machen und beschließen, durch Deutung habe man dem betreffenden Patienten unrecht getan.

Sic: unrecht getan. Weil die Bemühung des Geistigen – und Bedeutungssuche darf wohl als geistiger Akt bezeichnet werden – dem Materiellen als Unrecht vorkommt.

Das Zauberwort *organisch*, also materiell aufzeig-, und nicht nur aufzeigbar, sondern auch begründbar, dieses Prachtwort hat es an sich: Es erspart alles, Auseinandersetzung und zugleich die Anstrengung des Denkens. Der Stoff verdrängt den Geist, er verdrängt ihn nicht nur, er triumphiert über ihn und macht ihn sich hörig. Lachhaft, wer sich der Gewalt des Stoffes nicht beugen will.

Uns nicht gebeugt, ihrer umwerfenden Übermacht widerstanden haben wir in einer Situation wie dieser: Als eine Pensionärin im Altersheim persistent und anschei-

nend hoffnungslos unbeeinflußbar ihren Zimmernach-
barn, einen aufrechten betagten Gentleman, beschul-
digte, daß er sie um ihr Geld, ihre Brille – und was eine
Greisin sonst noch so braucht, um ihr kleines Leben
erträglich zu halten –, daß er sie auch um dies wenige
noch bestehle. – Ach ja, das kennt man doch, wenn eine
graue Hirnrinde durch Senium verschmälert ist, und die
Alte verlegt ihre Sachen, dann hält sie diese, um Schuld
zu delegieren, für gestohlen; natürlich verdächtigt sie,
nichts liegt näher, die Person ihrer nächsten Umgebung –
was soll da dein Deuten? – Gesunder Menschenverstand
gefälligst!
Wirklich: Was soll es? – Dies sollte es: noch nicht
einmal, was man gemeinhin »deuten« nennt, aber doch
ein Überführen von einem Raum in einen andern Raum,
mithin das, was hier, in diesem Kontext, als deuten
aufgefaßt wird. Nämlich die Einladung an den Heimbe-
wohner nebenan, der bisher, nach Manier eines pensio-
nierten Offiziers, distanziert grüßend die Tür der alten
Dame passiert hatte, auf die Dauer einer gemeinsamen
Tasse Tee in deren Zimmer einzutreten. Diesem, nach
vielen Monaten schweigsamer Nachbarschaft allerersten
Gespräch folgten dann weitere Halbstunden von Mitteilung und Austausch, von Welt- und Küchenpolitik zwischen den zwei greisen Heimgenossen. – Was soll ich
Ihnen sagen: Die Verdächtigungen haben aufgehört, und
aufgehört hat die quälende Unruhe der alten Frau. Hat
ihr Wahn. – Willst du etwa behaupten, du habest folglich
die Großhirnatrophie behoben? – Ich will das nicht
behaupten, gewiß nicht. Nein, dieses Hirn, welches weit
über acht Jahrzehnte hindurch Eindrücke gespeichert,
welches Gedanken und Wünsche geformt und manche
Tat beschlossen hat, soll sich jetzt in sich zurückziehen
dürfen. Selbst wenn ich könnte: *dagegen* würde ich

nichts tun. Aber um so eindringlicher soll gefordert sein, daß so ein altes Gehirn sich nicht nur noch in Haß und Zorn erhitze. Und dies scheint fürs erste – niemand weiß, für wie lang, und niemand weiß auch, auf wie viele ruhige Lebensjahre – geglückt zu sein. – Und willst du behaupten, der Bestehlungswahn sei eigentlich als Liebeswahn zu deuten? – Auch das behaupte ich nicht. Nie weiß ich, wie etwas »eigentlich« sei, oder zu deuten sei. Deuten ist für mich vorschlagen. Mein Vorschlag war hier: Diese intensive Beziehung einer sehr alten Frau zu einem noch älteren Mann muß nicht eine Beziehung aus Haß bleiben.

Vielleicht kann man ganz anders deuten, was die Botschaft eines hochgespielten Verdachtes sagen will. Es kommt mir im Moment, also jetzt, da ich mit zwei alten Leuten in einem kleinen Zimmer Tee trinke, belanglos vor. Daheim kann ich darüber nachdenken, was solch ein Verdacht sonst noch bedeuten mag. Und auf Besuch im Hirnforschungslabor werde ich mit großem Interesse durchs Phasenkontrastmikroskop schauen und mir die Feinstruktur einer durch Senium reduzierten Hirnrinde erläutern lassen. Auf vielen Gebieten kann man von vielen Seiten her vielfältig Erkenntnis gewinnen.

Man braucht sich nicht gegenseitig Kompetenz streitig zu machen, wenn es um gänzlich verschiedene Bereiche mit verschiedenen Denk- und Arbeitsweisen geht. Aber man sollte gewisse Grundsätze vernünftigen Denkens niemals preisgeben – auch nicht, wenn noch so schlagende Fakten das Denken überflüssig zu machen verheißen – oder vorgeben, sie machten es.[27]

Denk-Ersparnis mutet jemand uns zu, wenn er Schizophrenie als Hirnkrankheit deklariert und dazu seine Deklaration mit Befunden von Reduktion der Hirnsubstanz unterlegt. Das soll, nach Absicht des Kollegen, der

Beweis sein: Die Röntgenbilder, die er vorweist, lassen keinen Zweifel zu: Diese Gehirne sind atrophisch. Und also, wenn doch die Substanz verloren ist, was will dann euer Verstehen, was euer Deuten? – Unvermutet, unangemeldet schleicht sich so ein Imperativ, ideologisch ausgefüttert, in eine Beobachtung hinein. Befund und Ideologie: Atrophie pocht auf Moral.

Aber ein anfechtbarer Befund! So etwas passiert, wenn man über dem Beobachten das Denken vergißt – oder gar verbietet: Die Atrophie nämlich, solche Höhlen im Gehirn (Erweiterung der Hirnwasserkammern), solche Löcher im Kopf können nämlich, dies vermerkt der betreffende Autor selber, nur bei Kranken beobachtet werden, die alleingelassen in Anstalten vegetieren. Übrigens: Nur diese lassen es wohl auch zu, daß man sie, einfach so und ohne jede therapeutische Notwendigkeit oder auch nur Rechtfertigung, der unangenehmen und überflüssigen Auffüllung ihrer Gehirne mit Luft aussetzt, einer Maßnahme, von der man im voraus weiß, sie hat keine therapeutischen Konsequenzen. Und was da wie ein biologisch bedingter Prozeß aussieht (»biologisch bedingt«: welch mystisches Zauberwort mit der Attitüde, es stamme aus den Höhen der Vernunft!), das müßte doch erst selber den Gedanken zulassen, daß in der belebten Natur jedes Organ und ein jedes System – aber ohne eine einzige bekannte Ausnahme – atrophisch wird, wenn man es nicht gebraucht. Und weshalb das Gehirn von dieser Regel abgehen sollte – ausgerechnet das sensibelste Organ, das wir beherbergen –, das ist schwer einzusehn. Nicht machen also die Löcher, die das Röntgenbild zeigt, etwa die Krankheit Schizophrenie, sondern die Verwahrlosung, der man diese Patienten überläßt, stanzt solche Löcher ins Gehirn. Die Verwahrlosung und die Gefühllosigkeit.

Löcher im Kopf, geboren aus Löchern im Denken: So kommt's heraus, wenn man die Mühe scheut, und das Risiko damit, sich dem Deuten, dem Verwirklichen von Äußerungen zuzuwenden, und so die Expression unverwirklicht sich selber überläßt, einsam im Raum schwebend, verloren – und die Patienten mit. Weil ihren Expressionen keine Bedeutung zugedacht wird, verharren deren Träger in Bedeutungslosigkeit.

*

Mit alledem dürfte es kaum gelungen sein, alle die Sieger über ein Bemühen um das Auffinden von Bedeutung zu einem vielleicht ergiebigen Gespräch eingeladen zu haben. Einem Gespräch, in dem es darum ginge zu erwägen, ob es irgendeinen Wert haben könnte, wenn man Expressionen zu Aussagen werden und Aussagen durch Deutungen, Vorschläge also, zu einem Anteil an gelebtem Leben sich entwickeln läßt.

Vielmehr werden die Meister der Beobachtung sieghaft weiterfahren. Hahaha. Und Aids, hahaha: Soll Aids auch auf deine Deutungen warten?

Nun denn: Aids. Ich habe bis heute noch keine Aids-Patienten empfangen. Aber auf diese Aufgabe werde ich vorbereitet. Wurde ich letztmals heute, am Tag, da dieses Kapitel zu Ende geht, in gleich zwei Gesprächen vorbereitet. Das erste mit einem deklarierten und bewußten Homosexuellen, der auch Praktiken betreibt, welche Aids-Gefährdungen mit sich bringen. Er hat Angst vor Aids, sagt er.

Nicht kann es hier um Beruhigung, um Beschwichtigung gehen. Jedoch darum, die Angst zu deuten – es zu tun, ehe man abklärt, wie »berechtigt« diese Angst ist –, als gäbe es das: berechtigte oder dann unberechtigte Angst.

Aber daß Aids meinem Analysanden, damit der Art, wie er sein Leben führt, eine Bedeutung zu geben vermöchte, die ihm sonst abgeht, daß so ein Leben lebbar und so ein Tod sterbbar ist: Das wurde – zum Glück – so nicht angenommen, mit diesem Vorschlag, aber es hat eine Auseinandersetzung angeregt, die, obgleich noch nichts gewiß, weniger noch geändert ist, doch schon eine Beruhigung erzeugt. Durch deutenden Hinweis auf mögliche Bedeutung. Ich vermute, daß damit jetzt an die Stelle dieser gefährlichen Praktiken andere Freuden treten können, ohne daß das Gefühl von Verzicht auf Lebenswerte allzu bedrängend wird.

Und nochmals Aids: Jetzt als Thema von einer Besucherin vorgebracht, die eben daran ist, sich behutsam aus ihrer Depression zu erheben. Nun fällt ihr ein, wie da vor Zeiten, als sie nicht depressiv war, etwas gewesen ist, ein kurzes, offenbar erotisches Begebnis, von dem kaum gesprochen wird, auch nicht gesprochen werden muß. – Zu Ende dieser Sitzung gesteht die Patientin (ich bitte den lachenden Sieger, dies wahrzunehmen), daß es an ihrer Unruhe nichts geändert hätte, wenn man ihr ein negatives Resultat ihres Aids-Tests vorgelegt hätte.

Aber jetzt diese Unruhe: Welche Bedeutung Aids hat – Aids als Ganzes und Aids für uns alle, Aids für unsre Zeit –, das weiß ich nicht. Ich zweifle, ob jemand das weiß, gewiß nicht der verdiente Dr. Gallo. Von ihm erwarten wir anderes (wenn die Lösung des Aids-Problems nicht aus einem ganz anderen Winkel kommt). Jedoch: Aids hier, Aids jetzt, allein als ein Drittes neben meiner Patientin und mir, das wartet auf Deutung.[28] Ich versuche diese Deutung der Aids-Furcht – diese Deutung zu einer Aussage über Aids:

In Ihrem so lange in Depression erloschenen Leben mit seiner unterdrückten Liebe könnte Ihnen das verzehrende Feuer von Aids das Feuer repräsentieren, das lodernde Feuer der Liebe. In Aids substantialisiert, weil es in anderer als dieser Erscheinung keinen Zugang zu Ihnen findet.

Dies ist, bitte sehr, ihr Aids, meiner Patientin ihres. Es ist nicht euer Aids.

Ansätze zu einem experimentellen
Beleg der These:
Verstehen heißt antworten

Aufgabe und Bedeutung des Experiments liegen darin, in Wörtern oder Formeln Ausgedrücktes wiederholbar zur Anschauung zu bringen.

Sofern diese Beschreibung des Experiments zutrifft, kann die nun anhand eines einzelnen Beispiels vorzulegende Methode des *kommunizierenden Zeichnens* als ein Experiment aufgefaßt werden. Was im folgenden abgebildet wird, ist eine Zeichnung, und das Bild liegt vor, als gäbe es eine Aussage wieder, den gezeichneten Text auf einem Blatt Papier, wie irgendein Stilleben von irgendeiner Hand – einer nicht sonderlich einfallsreichen und geschickten, auch ungeschulten Hand – wie es solche unzählige gibt, hingesetzt als Zeichen, welches sich zur Deutung anbietet, auch wenn es vielleicht die Mühe dafür kaum zu lohnen scheint.

Aber das ist anders bei diesem Blatt. Der Dialog, den dieses Bild anbietet, unterscheidet sich von der inneren Auseinandersetzung, wie eine solche etwa aus van Goghs Stilleben geläufig ist – jenem Wechselspiel aus introjizierter Anrede mit ebenfalls introjizierter Antwort, dem gegenseitigen Einanderstören, bisweilen -zerstören der expressiven Kräfte. Von Kräften, die in ihrer Flammenschrift unsere Deutung herausfordern. Dieser innere Zweikampf bei van Gogh ist hier, auf dem Bild vor uns, aufgeteilt in zwei: in das Zusammenkommen zweier verschiedener Leute, die da, miteinander umgehend, dieses Bild zeichnend zustande gebracht haben – und deshalb nicht mit derselben Leidenschaft zu fechten brauchten. Hier haben zwei sich über das Papier zu Anrede und Antwort gebeugt. Eine Person redet an, die andere antwortet. Dies ist es, das ruhige Anreden und Antworten, zerlegt in zwei, die jeder den andern gelten und sich gegenseitig bestehen lassen. Dieses andere Entstehen, aus zwei Händen, die sich ergänzen, läßt das Bild versöhnlicher erscheinen – harmloser als die Schlachtfelder van Goghs, und seine Bilder sind immer Schlachtfelder, können nichts anderes sein, ganz ohne Ansehung ihres Inhaltes. Van Gogh: Ein Stuhl zeigt ein Schlachtfeld – drei Sonnenblumen in der Vase: Sie tragen Schlachten aus, und das tut auch noch ein Billardtisch im verlassenen Bierlokal, selbst ein Paar abgetragene Pantoffeln läßt diese innere Auseinandersetzung ahnen. Belanglos doch und total nebensächlich, was darauf abgebildet ist. Die Striche kämpfen bei van Gogh, sie weigern sich, zu Linien zu werden. Es ficht gegen sich, es ficht gegen es, und am Ende ist daraus – zufällig und wohl auch widerwillig – etwas wie ein Bild geworden. Das ist van Gogh. Die Auseinandersetzung zwischen zweien, ausgetragen von einem: Man wolle das nicht vorschnell Spaltung nennen (und an Spaltungs-Irresein denken), es ist das Wesen des Kreativen, daß die Anrede sich selbst antwortet, noch ist ihr Text nicht nach außen gedrungen, noch hat niemand auch nur die Chance gehabt, zur Antwort anzusetzen. Was herauskommt – und sich wie Anrede gebärdet –, hat seine Antwort längst schon einbezogen und läßt Aussage wahrnehmen, unfähig und unwillig, sich der Antwort von außen zu stellen, gleich wie sie lautet, gleich von wem sie kommt.

Wie versöhnlich sieht dagegen dieses Blatt aus. Und das ist, was es so unbedeutend macht: daß nichts von hinein-

genommener Auseinandersetzung in ihm spricht. Daß
alles ruhig, in stillem Rhythmus hingelegt ist, anvertraut
diesem Bogen Papier. Das Bild, wenn es fertig vorliegt,
präsentiert einen Ort des Verstehens, das Medium, über
welchem zwei Partner sich getroffen haben, und nur auf
kurze Zeit. Zwei – zum Glück gleicherweise von Ambi-
tionen freie – Zeichner, deren einer mit dem Verfasser
identisch ist, haben es gemacht. Keinem von beiden
eignet die zerklüftete Stirn, die ihrem Schöpfer van Gogh
auf all seinen Selbstbildnissen sichtbar so rätselhaft vorkommt, daß er sich selber durch sie hindurch suchen
muß und niemals findet. Hier jedoch, auf diesem Blatt
vor uns begegnen einander zwei durchschnittliche
Köpfe. Und dennoch, einer von ihnen – es war mein
mitzeichnender Partner, der sich unter der Therapie
überraschend zu einem guten Maler entwickelt hat –
spürte in sich widerstrebende Kräfte, die er nicht hat
benennen, auch nicht orten können.
Und jetzt, da es als Gemeinschaftswerk meines Patienten
und meiner vorliegt, als bescheidenes, für uns dennoch
wesentliches Dokument einer Austragung: Jetzt kann es
als Aussage gewertet, mithin auch gedeutet werden. Nun
ist es losgelöst von uns beiden. Es gehört uns nicht mehr.
Jetzt kann jeder mit ihm anfangen, was ihm beliebt; es
deuten, wenn es ihn dazu anregt, oder es ungedeutet zur
Seite geben.

Und gleich noch eine Negation zum Anfang: Dieses Bild
steht nicht verkehrt. So, wie es steht, steht es richtig.
Richtig für den Aspekt, unter dem es sich mir vorstellte,
als es aus gemeinsamer Bearbeitung durch zwei Hände
gewachsen ist. Auch mir hat es damals kopfgestanden,
aufrecht dagegen für den andern Zeichner, den bestimmenden, und das war der Patient, mit dem es in Zusam-

menarbeit, Strich für Strich, Linie gegen Linie, gewachsen ist, bis es fertig war.[29]

Dieses Bild ist also kein Bild. Von der Absicht her, unter der es geworden ist, sollte es nichts darstellen – und soll es dies auch jetzt, da Sie es betrachten, nicht; lediglich Striche abbilden: die bildlich festgehaltenen Verläufe unserer Bewegungen auf-, zu-, gegen- und voneinander. Das, was von diesen Bewegungen zurückgeblieben ist – jetzt, da wir beide längst andern Aufgaben verpflichtet sind –, das ist hier zu sehen: Striche, die erst aus dem Prozeß des kommunizierenden Zeichnens zu Linien sich entwickelten: zu gerade ausgezogenen, geschweiften, gebogenen und gezackten Linien. Zu Linien vornehmlich, die im Lauf der Minuten, während derer wir beide uns über dem Blatt und vermittels seiner zu verständigen trachteten, von seiten meines vor-, dann mit- und nachzeichnenden Gefährten immer deutlicher, namentlich entschiedener geführt wurden.

Was hier zu sehen ist, präsentiert sich somit als Beleg einer auf kurze Zeit medialisierten Beziehung. Nicht aber finden sich hier – und dies ist die dritte Negation – Abbilder von Gegenständen; jedenfalls: nicht von der Absicht her, die uns über diesem Blatt zusammengebracht hat. Sollte dennoch jemand auf kopfstehende Blüten, Blätter, Gräser, auf ein Gefäß, das sie umfaßt, zu schließen versucht sein, so tut er es, wie man sagt, auf eigenes Risiko, und jeder Vergleich mit bestehenden oder gewesenen Gegenständen wolle bitte als rein zufällig angesehen werden.

Sinnvoll jedoch, gemäß dem Sinn, welcher die Regeln des Verstehens, seiner Gestalten und Variationen bestimmt, kommen Duktus und Rhythmus der Linien hervor; sinnvoll präsentiert sich diese Resultante aus wortlos gebärdeter Zwiesprache. Als etwas wie ein Foto, worauf die

Augenblicke der Spontanbewegungen fixiert bleiben, die mein Gegenüber und ich im Vorgang von Einander-begleiten, -erweitern (noch nicht -stören) vollführt haben, vergleichbar der Verständigungs-Choreographie, mittels derer zwei von Taubheit betroffene Gesprächs-partner miteinander verkehren. Damit das Zeugnis dieser Kommunikationsmotorik über die Zeit hinaus sich bewahre, in der sie gespielt hat, dafür haben die beiden in stumme Zwiesprache Einbezogenen sich mit Zeichenstif-ten bewehrt, gewissermaßen zur Verlängerung ihrer gestikulierenden Hände. So blieben die Linienzüge der Bewegungen dem Papier überlassen, durchaus vergleich-bar dem Vorgang, nach welchem im Elektrokardio-gramm das ständige Wechselspiel der Induktionsströme, synchron ausgesendet von der linken und rechten Herz-seite – ein Spiel, das unablässig läuft, ein Leben lang, aber im allgemeinen ebenfalls von niemandem aufgezeichnet wird –, während einiger kurzer Momente für immer über dem Papier verbindlich fixiert bleibt: als das in Kurven erstarrte Relikt einer Verständigung; oder des Versuches zu einer solchen.

Hier wurde also nicht in Worten geredet, sondern durch Zeichen, mittels Linien, von denen es gewöhnlich seine, des Partners, Hinweise waren, welche die meinen ange-regt haben; angeredet. Und auf sie hat dann meine Hand geantwortet. So ging das weiter. Die Antwort von mei-ner Seite hat danach die Natur von Anrede übernommen, und es ergab sich ein Verstehen, das an- und fortdauerte, bis es sich erschöpft hat. Was hier heißt, bis das Bild – wie gesagt: nicht die Darstellung von irgendwelchen Objekten, sondern eine Sammlung von Zeichen des Ver-stehens, der Übereinstimmung, der Fortführung – nach Dafürhalten meines Partners an ein Ende gekommen war.

So präsentiert sich jetzt das fertige Bild als Beleg frei ausgetragener Verständigung. Das ist: einer Verständigung, in welcher von beiden Seiten her Anrede und Antwort als äquale wechselseitige Stimulation aufkommen. Und weil hier Äqualität durchwegs den Rhythmus des Geschehens bestimmt hat, ist kaum auszumachen, welcher Anteil des Gespräches – hier des fertigen Bildes – jeweils von meinem Gesprächspartner ausgegangen, welcher von mir gekommen ist. Auch damit illustriert also das Zwiegespräch in Linien den Vorgang, der sich beim verbalen Dialog zeigen läßt. Für diesen wie jenen gilt ja: Wenn ein Dialog in Worten gelungen ist, so fällt es danach den Partnern immer schwer, zu memorieren, wann welcher von ihnen was gesagt hat. Und wie er es gesagt hat. Das Gespräch verwächst, verschmilzt, während es sich zuträgt, und erst recht, wenn es vorüber ist, zur dialogischen Einheit, zu einem Ganzen, das die Beiträge derer, aus deren Wechselspiel es gewachsen ist, am Ende vollkommen gegeneinander verwischt; so sehr, daß man nicht mehr sagen kann, wer jeweils was zur Entwicklung und dem Verlauf der Einheit beigetragen hat, deren Resultat man Verständigung nennt.

Was diese Zeichnung anbetrifft, so weiß ich aber, daß ich mich, als sie entstand, namentlich zu Anfang sehr zurück- und also sorgfältig ans Begleiten gehalten habe. In facto: Ich habe den Linienführungen meines Patienten behutsam fast ausschließlich Parallelzüge – zur Bestätigung seines Vorgehens, zu seiner Begleitung – beigefügt. Danach habe ich erweitert, zum Beispiel

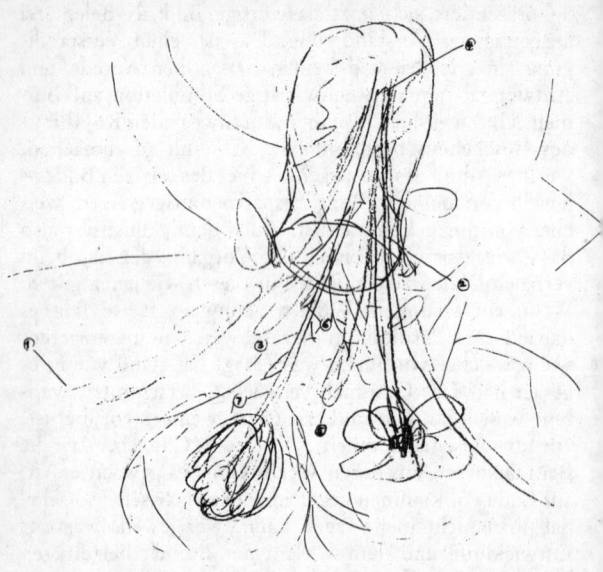

die bogenförmigen dünnen Zutaten auf beiden Seiten außerhalb des Bildes hinzugegeben (Ziffer 1). Dies tat ich, um den leeren Raum aufzufüllen und die Bewegungen meines Partners freier werden zu lassen, damit dieser weniger bedrängt werde durch die saugende Leere des weiten weißen Raumes. Jede leere Fläche hat es an sich, daß sie endlich ist, jedoch sich vergrößert, sich ausdehnt, wodurch sie etwas ungemein Herausforderndes, man muß sagen: Beängstigendes in die Situation bringt – die Grenzenlosigkeit in der Endlichkeit. Cézannes Aquarelle, auch fast alle Picassos mit ihrem vielen Weiß,

welches dem Nichts eine provokante Etwas-Qualität
gibt, zeigen, und Rorschachs Auffassung von der Bedeutung der Zw-Gestalten bestätigt es,[30] daß die Leere, als
Abbild von Raum- und Zeitlosigkeit, mit ihrer Unend-
lichkeit an Offerten und damit – jetzt interpretiere ich –
Versuchungen eine Bedrängnis mit sich bringen, die den
einen lähmt, während sie andere zum Bewegungs- und
Gedankensturm aufstachelt.

Aber jetzt muß endlich begründet werden, was denn
dazu veranlaßt hat, in dieser Behandlung, ziemlich zu
deren Anfang, Papier und Stifte vorzulegen: Nicht ist
dies geschehen, um Kreativität, Kunst gar, in die Therapie hineinzutragen. Nach meiner Erfahrung ergibt sich
das Kreative zumeist von selber als erfreulicher Nebenef-
fekt der Therapie in deren Verlauf, und es entwickelt sich
um so reicher und eigenwilliger, je weniger der Analy-
sand dazu bewegt wird, seine schöpferische Kraft zur
Wirkung zu bringen. Eine gute Therapie soll möglichst
wenig »veranlassen«. – Hier war ein anderes Problem
vorwaltend, und dieses war gegeben durch die Neigung
des Patienten, sein eigenes Anreden durch eigene Antworten zufriedenzustellen. Also etwa zu unternehmen,
was soeben durch Hinweis auf van Gogh angedeutet
wurde und sich beispielhaft auch in dem »Reklame«-
Gedicht von Ingeborg Bachmann vorgelegt findet. Wer
in sich redet, sich mit sich selber anredet, sich mit sich
beantwortet, verläuft sich am Ende völlig in sich selber.
So, wie es Ingeborg Bachmanns Schicksal war. Und
dasjenige van Goghs.

Herausholen dieses hineingenommenen Dialoges, Juxta-
position des zirkulären Selbstgespräches und Zurückgeben desselben an die Zwiesprache: Das ist eine Aufgabe,
eine von den wichtigeren Aufgaben, der Psychotherapie.
Zumeist braucht man nichts vorzukehren; man kann

zuhören und warten, bis der Zirkel sich von selber
öffnet. Es spricht aber wenig dagegen, daß der Therapeut
sich aktiv in die Position der antwortenden Stelle versetzt, und da hat sich mir die Methode des Kommunizierenden Zeichnens[31] angetragen und sehr bewährt. Dieses
Verfahren regt an, ohne daß es zu viel fordert, und vor
allem: Es zeigt am Ende, wie die innere Austragung zur
paarweisen, wie damit das Spiel aus Anrede und Antwort
schließlich zur verselbständigten Aussage werden kann.

Wie dann, nach nur wenigen Minuten, das Bild fertig
war, erwies sich mit Abschluß gemeinsamen Zeichnens
auch schon diese merkwürdige Wandlung als vollzogen:
Was entstanden war im Kurvenverlauf eines kontinuier-
lichen Duettierens der Gebärden, sich entwickelnd aus
Begleiten und Erweitern, das lag nun, als es sich, beendet
und im Bilde festgehalten, präsentierte, vor in der Gestalt
einer Aussage; von uns beiden losgelöst, dieses Blatt
voller Zeichen, sequestriert und nicht mehr uns gehö-
rend, als wäre es nicht soeben aus unsern Händen her-
ausgewachsen. Und nun, weil zur Aussage geworden,
erwartete es Deutung. Hier also Übersetzung aus den
Gesten, wie sie aufs Papier fixiert vorlagen, in den flüch-
tigen wörtlichen Ausdruck.
So stellte sich sinngemäß die Forderung ein, daß ich
zunächst mit Worten wiederzugeben versuchte, was wir
vor uns in der Hieroglyphenschrift von Zeichen zu lesen
bekamen. Soeben hatten wir da zusammen etwas
gezeichnet, aber es lesen, das konnten wir nicht. Was
Bollnows Wort über den Schriftsteller sagt, gilt für jede
kreative Gestalt und deren Kreation. Auch wenn diese
Gestalt sich in zwei Personen dichotomiert hat. Somit
auch für dieses vor uns liegende Blatt.[32] Und ein Bild –
jedes Bild – will ja gelesen werden wie ein Schrifttext,

gedeutet wie dieser, in keiner Hinsicht anders. Ungedeutet bleibt seine Aussage verschlossen hinter den Figura-
tionen eines nichtssagenden, belanglosen Gebildes. Dies
gilt für – nochmals – jedes Bild, ohne Ansehung namentlich dessen, ob es sogleich etwas Dargestelltes erkennen
und beschreiben läßt, oder ob es seine Aussage in Linien-
verläufen äußert, die sich gegenständlicher Zuordnung
verweigern. Es gilt gleicherweise für Bilder jeden Ran-
ges, belanglos ob Rembrandt, Picasso oder Bodenheimer
plus Gefährte.

Ich deutete also meinem Gegenüber, was ich zu sehen
bekam – was wir beide eben miteinander fertiggebracht
hatten. Zunächst schilderte ich, wie die Linien des Bildes
verlaufen; eines Bildes, das keines sein sollte und nur
zufällig eins geworden ist. Wie die Züge der Zeichenstifte
aus zögernden initialen Exkursionen (Ziffer 2), aus
Bewegungen von Verständigung, die als Strichelein auf
dem Blatt liegengeblieben sind, im Verlaufe des Wechselspiels von Anrede und Antwort, als Dokument des
Verstehens mithin, zusehends sicherer, nämlich aufzeigbar fester und länger durchgehalten dem Papier anvertraut wurden (Ziffer 3). Danach deutete ich auf die
Verteilung der Zeichen im Raum und fuhr dem Duktus
der Liniengebilde nach: wie da von einem nahezu punkt-
förmigen Zentrum auf der Seite des mir gegenüber sit-
zenden Partners aus (Ziffer 4) die geschweiften Linien
gegen mich, also nach außen zu, dorthin, wo der Andere
zu finden ist, sich ausbreiten. »Fast wie ein Blumenstrauß«, wagte ich deutend beizufügen (»*fast* . . .«). Daß
diese Linienkombination in der Mitte des Bildes, wenn
man sie interpretieren will, einen Strauß darstellen
könnte – als Strauß gelesen werden *könnte*, nicht muß –,
mochte als behutsam vorgebrachter Witz angehen,
zugleich aber und vor allem darauf weisen, daß unsere

Aufmerksamkeit vorzüglich dem Spiel von Zeichen zu gelten hatte und eben nicht der platten Frage, womit deren Bildcharakter zu identifizieren sei, noch gar, was dieses Bild zu bedeuten habe. – Zu bedeuten hat das Bild nichts. Kein Bild hat je von sich aus etwas zu bedeuten gehabt. Nichts außer dem, was die Beschauer in es hinein deuten und immer neu und womöglich jedesmal anders hineindeuten.

Über meine Bemerkung (»fast wie ein Blumenstrauß«) hinaus sollte der beiläufige Hinweis auf einen Blumenstrauß *an*deuten, und eben nur andeuten, welche *Be*deutung man (neben einer Menge sonst möglicher Bedeutungen) einem Bouquet geben kann, dem Blumengebinde – *jedem* Gebinde – dem gezeichneten gleichwie dem gepflückten oder gekauften, wenn es eingestellt in die Vase oder präsentiert von der Hand seines Spenders vorliegt: wie es sich von innen-unten erweitert, Händen vergleichbar, die sich aus- und entgegenstrecken, auf den Betrachter oder Empfänger zu. Und diese Hände vielleicht auch ersetzen müssen; alles ersetzen, was Hände tun können und auch sollen. So wird die Deutung übertragen auf das straußartige Gebilde auf dem Papier, welches mein Partner, seinem Zeichen-Gefährten entgegen, sich hat öffnen lassen.

Nun lag es nahe, daß im Anschluß daran mein Finger den Linien entlangfuhr, die mein Partner zunächst stets in sich selbst hat zurückgehen lassen, kaum auslaufend alsbald um 180 Grad gekehrt (hier mit Ziffer 5 angezeigt), zurückgehend an ihren Absender, bei dem es ihm – und schon deute ich, beschreibe nicht mehr – sicherer scheinen mochte als bei irgendwelchen andern Leuten. Retour also, um Anrede zu vermeiden, um sich der Antwort zu entziehen. – Treffendes Detail: die zackigen

Linienzeichen, aus- und abrupt zurückfahrend (Ziffer 6), vom Aspekt her Dornen vergleichbar, welche gegen jede Annäherung, gleich mit was für Vorhaben, absichern. Wie danach die Linien sich zusehends entschiedener, kühner formten; wie sie draußen blieben, immer ausgeprägter und nachhaltiger im Verlauf dieses Gesprächs mit Zeichen, je länger dieses anhielt, und nicht mehr zurückmußten (Ziffer 7), bis sie, angeregt vielleicht – vielleicht, ich weiß es nicht, ich schlage es vor – von meinen erweiternden Zutaten, durch diese auch ermutigt, sich entschlossener öffneten.[33] Will sagen: Wie sie eindeutiger dem Beschaut-, damit auch dem Risiko des Verletztwerdens sich stellten und mithin, mag sein, darauf vertrauten, daß hier und jetzt ein Blick, eine Berührung, selbst eine Verletzung, zu ertragen sein würde, oder jedenfalls ein Risiko wert wäre. »Vergleichbar einer Blume: unten Dornen, danach Knospe, schließlich die Blüte, wie sie aufgeht und offen bleibt.« Diese Deutung ist dann schon nicht mehr von meiner Seite gekommen, sondern von dorther, wo diese Linienverläufe, die man als geschlossene und geöffnete Rose interpretieren kann, ausgegangen sind.

Wer jetzt Überlegungen anzustellen genötigt ist, welche in Richtung des Auffindens von anthropo-kosmologischer Einheitssuche gehen, dem kann es nicht verwehrt werden: Ein zackiges Linienbild, ausgehend und unangekündigt zurücklaufend, wie es Annäherung zunächst andeutet und diese dann um so überraschender, schmerzlich stechend widerruft, kommt, wenn man die Bewegungen der Hand auf einem Stück Papier festhält, während sie solche Figuren ausführt, exakt heraus wie die Gestalt eines Dorns – und dann bildet sie einen Dorn ab! – Während die weichen, runden Linien zum Abschluß von Gesten, die nach außen gehen, dem Part-

ner entgegen, sich, überraschend vielleicht, auf dem
Papier zu einer Kombination zusammenfügen, die man
als Darstellung einer geöffneten vollen Rose mit ihren
weichen, runden Blütenblättern sehen kann. Zacken und
Rundungen: Wenn die Bewegungen erstarrt sind, wenn
sie festgehalten bleiben, bilden sie sich ab wie Gegen-
stände, die genau dem Ausdruck der Gesten entsprechen, mittels derer sie aufs Papier übertragen worden
waren.
Woher es doch kommen dürfte, daß wir einander bisweilen Rosen schenken: zackige Dornen unten und darüber
runde Blüten, um – ich interpretiere – gestaltgewordene
Abbilder unserer Bewegungen vorauszuschicken, damit
sie uns die Ausführung solcher Bewegungen ersparen.
Von Bewegungen, die – da wir, ungleich den Tänzern,
nicht gewohnt sind, durch Gebärden miteinander umzu-
gehen – an deren Statt in Blumen Gestalt angenommen
haben. Von Bewegungen also, die, müßten sie von uns
ausgeführt werden, doch nur wie Faxen aussähen, jedenfalls als Faxen wahrgenommen würden. Und so sind es
Blumen!

Das Bild, als es nach kurzem fertig vorlag, ist noch eine
Stunde lang vor uns liegengeblieben. Stets gegenwärtig.
Wie ja öfter etwa ein Traum oder eine Eingebung, zum
Anfang eines Gesprächs berichtet, zwischen den Part-
nern liegenbleibt – eine Stunde, auch länger; wie ein zur
Aussage gewordenes Dokument, welches belegt, daß es
möglich ist, Anrede mit Antwort durch Einander-beglei-
ten und -erweitern auf eine kurze Zeit zur Einheit des
Verstehens zusammenzubringen; und auch zeigt, wie so
etwas vor sich geht.
Die hier beschriebene Szene hat sich eingestellt in der
Initialphase zur Therapie eines Mannes, der zu mir

gekommen ist, weil er allzu ausgeprägt auf Abwehr und prophylaktischen Angriff ausgerichtet war, ohne daß er es sich vergegenwärtigt hätte. Nur die Ergebnisse dieser Haltung, schwere Ehe- und Geschäftskrise, waren ihm merkbar. Es bedurfte nicht vieler Hinweise darauf, daß diese Krisis hier, sichtbar zwischen uns gelegt, die Situation besser abgebildet hat, als Erläuterungen dies vermöchten. Die Situation, und gleich auch Vorschläge zu ihrer Änderung. – Das Evidenzerlebnis hat sich von selber eingestellt. Daraus ist freilich mitnichten eine abrupte Änderung, ein rascher Kurswechsel ins Spiel gekommen. Gewiß nicht, und eine solche war am wenigsten beabsichtigt. Die Lebenskrise wäre sonst in eine weitere, nämlich eine Krise der Identität übergegangen. Und jede Krise, die man vermeiden kann, soll man auch vermeiden. Aber mit diesem Vorgehen ergab sich ein Hinweis auf Mögliches, oder eher weniger: die Andeutung eines Hinweises.

Psychotherapie – bitte dies zu bedenken – *ist* Hinweis, oder ist Andeutung von Hinweis. Selten ist sie mehr, ungern ist sie mehr. Was aus dem Hinweis, aus dessen Andeutung wird, das zu besorgen ist Sache des Analysanden. Ihm steht es zu, den Hinweis, die Andeutung aufzunehmen und als Anregung weiterwirken zu lassen. Damit bleibt ihm die Gewißheit: Er ist es gewesen, der die Änderung herbeigeführt hat. Er, nicht der Therapeut. Und so, meine ich, soll es sein. Sapienti sat, nochmals.

Was da soeben vorgelegt wurde, ist gewiß ein höchst einfaches Modell von Verstehen und Deuten, reduktiver geht es nicht, in der Tat. Und der Zufall hat gut gezogen: Ich hatte beschlossen, in dieses Buch als Beispiel eines solchen Deutungsaktes die Erfahrung einzubringen, die

sich als letzte vor dem befohlenen Abschluß des Manu-
skriptes einstellen werde. Es *ist* die letzte geworden.
Datiert ist sie vom 13. 3. 87.*

Was, mit diesem Datum versehen, vorliegt, liefert also
eine exakte Abbildung dessen, wie die Paarung von
Anrede und Antwort, wenn sie aus der introjizierten
Zwiesprache herausgeholt wird, dem Redenden einsich-
tig werden und so sich zur Aussage verselbständigen
kann; einer Aussage, die dann der Deutung zugänglich
wird. So sollte wahrnehmbar werden, wie die beiden
Prozesse, das Antworten und das Deuten, wenn jeder zu
seiner Zeit seine Angebote verwirklicht – die Anrede
zuerst, danach die Aussage –, als psychotherapeutisch
wirksame Agenzien aktiv werden können. Unter der
Voraussetzung allerdings, daß sie beide behutsam und
zurückhaltend, die Antwort von Anfang an das Ausmaß
ihrer Intensität erwägend, die Deutung sich auf ihre
Aufgabe – Vorschlag zu sein – besinnend, ins Spiel
gebracht werden. Jede andere Form von Deutung, wie
originell auch und wie geistvoll, wie selbstgewiß sie
auftritt und wie sehr sie den Interpreten selber beglückt,
muß versagen und schadet mehr, als daß sie hilft. Das
einzige Kriterium, mittels dessen der Wert einer Deutung sich messen läßt, wird offeriert aus der Vielfalt von
Regungen, die von ihr erweckt werden. Der Vielfalt von
Regungen sollte eine Vielfalt an möglichen Deutungen
entsprechen. Diese Vielfalt belegt zugleich die Substan-
tialität der Aussage, ihren Reichtum. Es bedarf jener
Gelassenheit, d. i. der Bereitschaft, seinen eigenen Beitrag ans Deuten als Anregung – und nicht als Urteil – zu
werten, die der Beziehung Substanz und etwas von

---

* Die erste Fassung dieses Buches erschien im Herbst 1987.

Dauer mitgibt. Nicht kommt es auf den Rang der Deutung an, nicht auf das, was sich so gemeinhin als Rang gewertet wissen will: als das selbstgewisse Deklarieren, *meine* Deutung sei *die* Deutung.

Wenn das Deuten keine weitere Abwandlung zuläßt, ist es dürr geworden. Wenn es Bewunderer anzieht und deren Gemeinde nötigt, anerkennend und immer zustimmend vor dem Deuter und seinen Deutungen zu verharren – statt die Verrichtung des Deutens von diesem zu übernehmen und sie kreativ und mutig weiterzuführen, auch, ja namentlich den Deutungen des Erstdeutenden entgegen, vor allem jedoch unbekümmert darum, wie andere zuvor gedeutet haben, jedoch bereit, das eigene Deuten zu verantworten: es dem Gespräch zu bewahren, es nicht sogleich vor jeder ausfragenden Autorität fallenzulassen – dann ist es im Nachbeten erstarrt. Wir haben gegenwärtig reichlich Beispiele von erstarrten, nachgebeteten Deutungs-Systemen. – Deuten muß, um etwas nicht nur in Gang zu bringen, sondern auch in Gang zu halten, immer weiter spielen. Es muß sich immerfort erneuern, und stets sollte es, während es schon weiterdeutet, seines Charakters als eines bloß anregenden, nie, niemals zufriedenstellenden Provisoriums gegenwärtig bleiben.

»Des Deutens ist kein Ende.« So donnerte vor Zeiten Karl Jaspers, womit er die Endlosigkeit, den immer offenen Schluß unserer Versuche bloßzustellen gedachte gegenüber den Endgültigkeiten *seiner* Deutungen.

Wie recht hatte doch Jaspers. *Wie* recht! – Das ist es: Jaspers hat immer recht. Jaspers behält recht.[34] Seine Kalendersprüche, morgens genossene Weltdeutungen, fahren fort, Herz und Nieren zu stärken. Aber sie führen nicht weiter. Nicht übers Divinisieren des Praeceptors hinaus.

Die Verstehens-(Antwortens-)Methodik und aus dieser sachzugehörig sich ergebende Deutungsarbeit wollen Anleitungen zum Nichtrechthaben sein. Das kommunizierende Zeichnen zeigt, wie es zugeht und wie es herauskommt, wenn man Schritt für Schritt, Zug um Zug die Ansprüche auf das Rechthaben transzendiert.

*

Schließlich sei noch eine Erfahrung zur Erläuterung des Themas »Verstehen heißt antworten« hier vorgelegt, zum Verweis namentlich auf die Grenzen von Verstehen; dennoch eine, die – scheint mir – nicht fehlen sollte. Ich stelle mich damit Ihrem Tadel, wissend, ich kann nicht recht bekommen. Und bitte Sie, mich zu belehren, was Sie an meiner Stelle getan hätten. In einer Situation wie dieser:

Spätabends in der Poliklinik, und ich noch allein mit einer Patientin, die unangemeldet eingetroffen ist, als alle schon weg waren, ich eben weg wollte. Hätte ich bloß nicht den ohnedies hoffnungslosen Versuch gemacht, zum Feierabend in meine Papiere noch irgend etwas wie Ordnung zu bringen.

Aber jetzt steht sie da, und ich stehe da. Kurz davor ist die Patientin aus der Psychose herausgekommen. Aber manchmal, jetzt eben zum Beispiel, lebt sie noch – oder wieder – in ihr drinnen. Dann sorgen die Stimmen dafür, daß sie all das zu hören bekommt, was sie längst nicht mehr hören mag und anscheinend doch anhören muß; was sie nicht loswerden kann – und auch nicht loswerden soll.

Stimmen: Das ist nicht ein Symptom; es sei denn, was man Sprache, auch was man Gedanken, Gewissen, Gefühle – von Liebe gleichwie Haß – nennt, wolle man als Symptom bezeichnen. Vielleicht sollte man. Die

Regungen, die hier zu Stimmen sich verdichten, kommen
Sofie mit Vorstellungen und Forderungen, die sie jetzt,
da sie in den Kreis ihrer früheren Gesellschaft zurück-
kehren sollte, weder befriedigen noch beantworten kann.
In diesem Zustand stellt sich etwas wie der unausgespro-
chene Wunsch ein, es möchte wieder sein, wie es war, als
sie ganz in jener andern Welt gelebt hatte, mehr in
Einklang mit den Stimmen als jetzt, da die Voces sie
gleichsam zurückrufen. Zurück dorthin, wo es verführe-
risch scheußlich war. Die Situation erinnert tragisch fatal
an die Schlußszene aus C. F. Meyers »Hochzeit des
Mönchs«: Warum man sie, die Ertrinkende, denn aus
den Fluten gerettet habe, fragt dort die schwerbeleidigte
Diana – und weshalb ihn den sichern Mauern des Klo-
sters entrissen, fügt der unglückliche Astorre bei, der
frühere Mönch, aus dem ein Ehebrecher geworden ist.
Ähnlich klagt es aus vielen Psychotischen, wenn sie von
der Tiefe ihrer psychotischen Abgewendetheit, ihren
Fluten, ihren Mauern, den einsperrenden, aber auch
absichernden, herausgehoben wurden: Warum habt ihr
mich nicht verrückt bleiben lassen?
So könnte Sofie jetzt fragen. Statt dessen sagt sie – und es
will dasselbe meinen: Jetzt geh ich heim, mich umbringen.

Die das äußert, ist eine Psychotica – oder sie war eben
noch eine. Und sie sagt es mit jener besonderen fanati-
schen, kalten Leidenschaftslosigkeit, die jedem nur halb-
wegs Kundigen ein Alarmzeichen setzt.
Gewiß, ich könnte sie jetzt sogleich hospitalisieren. In
der geschlossenen Abteilung. Aber dann ginge mit
Bestimmtheit alles wieder los, nur viel schlimmer, hoff-
nungsloser nämlich, als zuvor. Überdies besteht kaum
Gewißheit, daß eine solche Maßnahme sie davon abhal-

ten würde, ihr Vorhaben wahr zu machen, sich also in der Klinik umzubringen. Im Wachsaal, was nicht selten vorkommt. Aber wenn sie es auch nicht täte, so wäre es um Sofie, die zukünftige Ärztin, geschehen. Ihre Zukunft würde in der Region, in der diese Szene sich abspielt, zerstört sein.

Und das alles spätabends allein in der Poliklinik.

Verstehen heißt . . . – zum Teufel mit all den Thesen, hier und jetzt, nachts mit einer Suizidentin!

Was sich daraufhin zuträgt, geschieht nicht gänzlich unüberlegt. Der Täter, oder Untäter, und das bin ich, dürfte daher kaum die Rechtswohltat des Artikels 11, Schweizerisches Strafgesetzbuch, für sich in Anspruch nehmen, laut welchem wegen Bewußtseinsbeeinträchtigung oder mangelnder geistiger Entwicklung meine Fähigkeit, gemäß Einsicht in das Unrecht der Tat zu handeln, herabgesetzt, folglich meine Schuld geringer war. Nichts von Beneficium ignorantiae aut stultitiae.

Für das, was ich jetzt tat: Ich habe ihr eine Ohrfeige gegeben. Jedenfalls einen ziemlichen und mitnichten nur flattierenden Klaps auf die Wange.

Womit es gesagt ist, und zwar eindeutig: Ein Mann hat eine Frau geschlagen, auch noch ein Arzt seine Patientin.

Jetzt allerdings, nachdem es geschehen ist, gilt: Verstehen heißt antworten. Und gilt sogleich und bedingungslos. Weshalb ich meine Brille abgenommen habe und die Betroffene einlud, mir zurückzuliefern, was ich ihr eben angetan hatte. Ich habe dir eine Ohrfeige gegeben – bitte sehr. Allerdings: Dies verändert nicht, noch verringert es die Wucht des Angetanen, und gewiß macht es dieses nicht rückgängig. – Aber: Ich habe keine Ohrfeige bekommen.

Und in der nämlichen Nacht hat Sofie sich nicht umgebracht. Sie hat sich bis heute nicht umgebracht, sondern
lebt als bewährte und sehr geschätzte Ärztin. Ihre Therapie hat erst im Gefolge dieser spätabendlichen Szene
richtig angefangen. In jenem Augenblick, als ich kein
Wort für ein Wort, keine Antwort auf eine Ankündigung
gefunden habe. In einer Situation von Nichtbeantwort-
barkeit, d. i. einer Situation, in der ich nur unrecht haben
konnte. Und das war vielleicht das Gute an ihr, das
einzige, immerhin ein wesentliches Gutes – daß ich im
Unrecht war.
Jetzt aber warte ich auf einen Wink der Leserin oder
eines Lesers, denn ich weiß immer noch nicht, was ich
statt dessen hätte tun sollen.

Wer will, kann selbst dieser Handlung die Bezeichnung
»Interpretation« anhängen: im Sinne des hier Vorgelegten als Übersetzung von einer Sprache in eine andere
Sprache. Hier somit: als Interpretation von Worten –
drohenden Worten, gefährlichen Worten – hinüber in
eine Geste, eine, sagen wir, ungewöhnlich zu nennende
Geste.
Eine Geste, die durch Sofie, die Betroffene, als von Sorge
intentioniert wahrgenommen worden und so auch in
ihrer Erinnerung verwahrt geblieben ist.
Jedoch, das halte ich nicht für wesentlich. Diese
Geschichte erzähle ich, um auf eine weitere Position
aufmerksam zu machen, die dem Deuten bisweilen – und
gar nicht selten – ebenfalls zugehört. Und eine Position,
die man orten und benennen sollte, damit man als Deu-
tender ihre Gefahr erkennt: daß nämlich deuten auch
rechtfertigen sein und dann unversehens so tief sinken
kann, daß es eine Ohrfeige in sein Systemgebilde ein-
baut.

Deshalb muß verdeutlicht sein: Nicht die Ohrfeige war schlecht. Sie war nebstdem noch lebensrettend; ich kann das nicht beweisen, aber ich vermute es. Bedenklich ist jedoch das Deuten drumherum.

*

Wo alles sein Ende findet, Deuten und Verstehen: Im Tram, und es ist besetzt, stehen wir nebeneinander, Hans und ich. Da steigt einer zu. Und was auch Thomas Szasz über das Kunstgebilde dessen sagen mag, was wir Schizophrenie nennen – das da *ist* eine: Laut herausfordernd redet der Unbekannte die versammelte Zufallsgemeinschaft der Passagiere an; drohend verkündet er ihr, wie verworfen sie sei, und steigert sich, zunehmend wirr, monomanisch, in seine Erregung.

So, jetzt zeig, was du kannst, Psychiater, brummt es aus meinem Begleiter; hier, bitte schön.

Ich zeige aber nicht, was ich kann. Ich antworte nicht, ich deute nicht. Ich wende mich ab und schweige.

Vielleicht wäre antworten besser gewesen. Nicht wirksam für den Moment, gewiß nicht. Nur störend vielmehr, peinlich für mich, daher ein Riesengaudi für das Publikum. Aber mit dem Aspekt auf längere Dauer hätte es wohl wirken können, wenn jemand just in dieser Situation die Anrede aufgenommen und dem Anredenden gleichsinnig repliziert hätte.

Ich wollte aber meine Ruhe haben.

Sagen ist bewegen

Da schau – sagst du. Und streckst deinen Finger aus: den rechten Zeigefinger halbhoch von dir weg, als letzten spitzen Ausläufer deines gereckten Armes.

Ich soll schauen, und du sagst nicht was noch wohin. Da ist dieser Finger, in dem du endest. Von dort an spürst du dich, und bis dort spüre auch ich dich und mich, wenn ich dich anrühre. Bis dahin kannst du drücken oder kratzen: bis in das Ende deines Fingers. Deine Kraftlinien laufen in ihm zusammen, im äußersten Punkt deiner Fingerspitze.

Aber sie gehen über ihn hinaus, sie laufen weiter in einer Linie, welche die Gerade des Armes, des Fingers schließlich, fortsetzt in die Weite, bis an einen Ort, der irgendwo außerhalb von dir diese Linie schneidet. Dort ist etwas zu sehen: an diesem Ort der Brechung. Dort läuft deine Zeigelinie aus. Die Kraft des weisenden Fingers, die Kraft von »da, schau«.

Die Wirkung dieses Fingers, des zweiten an der rechten Hand, ist es, die den Adam belebt; sie überträgt ihm, so bildet Michelangelo es ab, den Gottesgeist. Und seitdem ist dem ausgestreckten Zeigefinger diese Kraft mitgegeben. Die Kraft des Zeigens.

Da schau: Dein Finger bewegt meinen Blick – und lenkt ihn. Ich fahre mit dem Blick der Linie nach, die von ihm wegläuft. Nach dort, wo das »schau« mich hinführt.

Und unvermittelt lachst du: Nein, du hattest nirgendwo hinzuweisen beabsichtigt. Nicht dorthin, wo in der Weite der Blick einen Punkt sucht, an dem er sich bricht. Nicht also an den »gemeinten« Ort. Vielmehr, deinen

Finger willst du mir zeigen. Da schau: Ich habe Schwarzes unter dem rechten Zeigefingernagel.

Jetzt lache ich auch. Jetzt gibt es nichts mehr zu sehen und nichts zu sagen. Deshalb das Lachen. Lachen unterdrückt das Problem, aber löst es nicht. *Problema*, das Vorgelegte, bleibt vor mir liegen: Du weisest mit dem Finger, bewegst also meinen Blick von dir weg – und zugleich zeigst du mir deinen Finger, zweimal Verschiedenes, und zweimal mit demselben Text, im zweimal sinnvollen, auch für zwei verschiedene Aufforderungen und die von ihnen angeforderte Ausrichtung meines Blickes – sinn-entsprechenden – Satze: Da schau.

Die zwei Worte allein können nichts anweisen, sie müssen gerichtet werden. Ohne Finger leisten sie nichts – und mit Finger: Es gibt Leute, die sehen sogleich den Finger an und bleiben an ihm haften, ihre Blicke sind unfähig oder unwillig, sich weiter mitführen zu lassen als bis zur Spitze des Fingers. Andere übergehen die Zeigefingerspitze. Sie fahren der weisenden Linie nach, und oft verlieren sie sich in der Leere der Ferne; und dann kann es bisweilen schon geschehen, daß sie nichts gefunden haben, was es zu erblicken gibt. Jenseits des Fingers, bis hinaus ins Unendliche, hat dann nichts sich gezeigt, woran der Blick könnte haften bleiben. Das Auge verliert sich längs der Zeigelinie ins Leere hinaus.

Allerdings, manchmal sind manche an einen Punkt gelangt, einen Ort in der Verlängerung des Fingers; an ihm bleibt der Blick haften, dort endet dann auch die Aufmerksamkeit, und sie alle, deren Blick durch Hinweis und Zeigewort in die nämliche Richtung gewiesen wurde – nach dort, wo die Linie hinführt, die in der Verlängerung des weisenden Fingers weiterläuft –, sie alle haben dann einen Ort gefunden, einen gemeinsamen, sie verbindenden Ort: *ihren* Ort. Der wird zum Ort der

Verständigung, und die daselbst sich treffen, ahnen –
beweisen können sie es nicht, aber sie ahnen es –, daß an
diesem Ort, und durch dessen Vermittlung, Verständigung sich substantialisiert hat.

Die Verständigung ist es also, und nur sie, nichts sonst,
die dem Ort da oben, wohin die Blicke der Fingerlinie in
die Ferne folgen, Substanz gegeben hat. Substanz, nicht
aber Materie: Verständigung duldet keine Materialisierung, es sei denn reduktiv vermittels Symbolismen (im
Ehering zum Beispiel, oder durch das Freundschafts-
mal). Zunächst aber, Verständigung ist auf Materialisation nicht angewiesen. Ihre Substantialisierung ist es, die
ihr den tragenden Grund, und auch ihre Relevanz, gibt;
Substantialisierung trägt sich zu an dem Ort, wo alle sich
treffen, die dorthin schauen, wohin sie gewiesen
wurden.

Sollte es sich nun aber bei irgendeiner Instanz ergeben,
daß dort oben, irgendwo in einer Brechung der Linie,
welche vom Zeigefinger ausgeht und weiterweist, im
anfokussierten Punkt der verbindenden Orientierung,
nichts Greifbares zu finden ist, nur vielleicht ein Regen-
bogen oder auch etwas wie das Gebilde, das man als Fata
Morgana beschreiben könnte, so hätte dennoch die
Triade aus zeigendem Finger mit sprechendem Hinweis
und schließlich dem Blick, der beiden folgt, etwas dorthin gesetzt, wo die Augen sich treffen. *Weil* sie sich
treffen, ist es dort, und jetzt sitzt es dort! Und mit ihm
besteht der Weg dorthin, und auf seiner Strecke eröffnet
er manch neuen Aspekt und erweitert er jeden alten,
sofern der in seiner Linie läuft. Und gibt auf seiner Route
jedem längst gewohnten Objekt, weil es sich aus unge-
wohnter Perspektive betrachtet weiß, einen neuen, oft
verblüffend andern, ungewohnten Aspekt: dem geläufig-
sten, seit langem bekannten Objekt!

Der Sinn für diese Ausweitung des Blickes – und des Wortes, und damit des Raumes – angeregt und ausgerichtet von dem Finger, der dorthin weist, bleibt jedoch denen entzogen, die dem Ruf »schau« nicht weiter zu folgen vermögen als bis zum Fingernagel, bis zum Schwarzen darunter. Und sie sind es, die recht haben; nachweislich haben sogar *nur* sie recht – diejenigen, die unfähig oder unwillig sind, anderswo hinzuschauen als bis auf den Punkt, an dem das Schauen sich objektivieren läßt. Und das ist der Fingernagel. Es gibt den Fingernagelbeschauern nichts Reales, nichts Nachweisbares, nichts, woran sich festzuhalten, außer diesem Nagel, und folglich keine gültige Schau, wenn es keine Nagelschau ist. Da schau – schau doch selbst. Und greif. Nun sage: Was kriegst du zu fassen, außer den Nagel – was gibt es folglich an Faßbarem, wenn nicht den Nagel?

Wie recht die haben, die so argumentieren, das können sie sogar tierexperimentell beweisen, um zu belegen, daß die Haltung des Zeigefingers, und wenn diese von einer noch so dringlichen Aufforderung zum Weiterschauen begleitet ist, nur diesen Finger – und einzig diesen, und sonst nichts – zu meinen hat: Der Hund nämlich hält es genau wie diese Leute; auch er wendet seine schnüffelnde Schnauze nur dem hochgereckten Finger zu, niemals über diesen hinaus, und wenn er kann, so schnappt er auch nach ihr – der Hund nach der Spitze des Fingers. Dieses Schnappen der Hundeschnauze, den Biß im Zeigefinger kann man als Sieg der experimentellen Psychologie über die spekulierende (= nachdenkliche) Menschenkunde bezeichnen. Und auf das klare Resultat dieses Experimentes verlassen sich Leute, mit dem Hund identifizieren sich all die, die sich weigern, einem ausgestreckten Finger zeigende, deutende, über sich selber hinausweisende Wirkung zuzudenken: Wirkung wie ein

Strahl, ausgehend von der Spitze dieses Fingers. Ihnen, die am Fingernagel, an dem schwarzen Rand, der ihn gegen die Leere des Raumes abschließt, haftenbleiben, wird jede Bedrängnis erspart, namentlich die Ungewißheit darüber, ob das, was *sie* schauen, wenn ihnen gesagt wird: »schau«, nun Wahrheit sei oder Wirklichkeit – und wie die beiden Qualitäten – Wahrheit, Wirklichkeit – sich zueinander verhalten möchten; und ob sie sich nahe seien oder aber feindlich gegeneinander. Namentlich ersparen sie es sich, dem Finger etwelche Kraft zuzuerkennen; andere Kraft als die, welche nötig ist, um die Hand zu heben. Das Vermögen, mit dem Finger dieser Hand etwas zu schaffen, das keine ableitbare Beziehung zu ebendiesem Finger herstellen läßt, bleibt unbeweisbar, daher unverbindlich. Und weil unverbindlich, deshalb auch unverpflichtend. Bei alledem brauchen sich die Realisten – diejenigen alle, die sich von ihrem gesunden Menschenverstand, den man, so belieben sie zu sagen, auch Wahrheitsliebe nennen kann, und von nichts sonst lenken lassen – nicht einzig auf ihre Experimente mit schnappenden Hunden zu berufen, wenn sie beweisen wollen, daß sie recht haben und also gut daran tun, sich mit denjenigen Bereichen zu befassen, und auf sie zu konzentrieren, die greif- und fühlbar sind. In der Tat doch: dem Finger weiter folgen als dahin, wo er aufhört weh zu tun, wenn man ihn beißt (und nur dadurch beweist doch, so darf man sagen, der Finger seine Realität: damit, daß er sich zurückzieht, wenn er gebissen wird, damit auch seine Relevanz), so etwas kann doch nicht als würdiger Gegenstand ernsthafter wissenschaftlicher Beschäftigung gelten. Man bleibe beim Faßbaren, dann darf man gewiß sein, man hat sich nicht exponiert, sich nicht heraus-gestellt aus der Innung derer, die jederzeit jedermann Rechenschaft von dem geben, was sie tun, und wozu.

Der Finger: Wenn man sich mit ihm befaßt und über ihn
hinaus weder schaut noch ruft, dann bietet er so viel
Erforschbares und Erforschenswertes. Man kann seine
Kraft messen, auch seine Geschicklichkeit; seine Befähigung zum Bauen und Zerstören.
Man hüte sich vor solchen, die sich verführen lassen, dem
Fingerzeig zu folgen, statt den Finger zu untersuchen –
den Finger selbst, den man greifbar vor sich hat. Es bleibt
auch weiterhin im Bereich des Unfaßbaren, Unbeweisba-
ren, wer den Verführungen des ausgestreckten Fingers
und seines sirenösen Begleitrufes »schau« nachfolgt. Man
kann das jederzeit beweisen: Ausgestreckte Finger sind
noch nie imstande gewesen, Schlösser zu bauen, große,
feste, haltbare Schlösser aus Stein. Das einzige, was solche
weisende Finger vermögen, ist: Sie spinnen Luftschlösser;
Gebilde wie Musselin aus Vorstellungen, Gedanken,
Träumen. Verboten der Gedanke – verboten, weil lächerlich –, es könnten Luftschlösser nicht nur wohnlicher, sie
möchten erst noch anregender sein als die finsteren,
steinernen Burgen – und am Ende noch haltbarer als die
Herrschaftsburgen aus Stein, weil plastisch und weich,
nicht starr. Und deshalb braucht keine aufgebrachte
Untertanenschaft sich der Bedrückung durch die Zinnen
und Verliese der Zwingburgen zu entledigen.[35] Luftschlösser, aus Luft gebastelte Gebäude, sind besser und
haltbarer als die größten, imponierendsten Zwingburgen;
Luftschlösser, die nicht im Frondienst von Händen errichtet werden, sondern sich von selber erheben, wenn
der Finger auf sie zeigt, und die Stimme ruft: »da schau« –
nein: *Dieser* Gedanke braucht von ernsthafter Wissenschaft nicht einmal untersagt zu werden, es genügt, wenn
man ihn lächerlich macht. So ein Gedanke, daß der Hinweis, dieses »schau«, das den Finger begleitet, Wesentlichkeit schafft, und daß Wesentlichkeit stärker ist als

Wirklichkeit, der ist allzu lächerlich. Ein Gedanke, lächerlich genug, um auch noch Luftschlösser mit nackten Kaisern zu besiedeln. Nackte Kaiser aber, das sind jene Herrscher, die sich neue Kleider aus der Luft und aus Vorstellungen und Überlegungen, aus Gedanken, Wünschen, Hoffnungen anmessen lassen – solche Dummköpfe von Kaisern, wo doch jedes unschuldige Kind sieht und ruft: »Er hat ja gar nichts an!«

Nun, daß der Kaiser zeigen könnte, wer er ist, von der Wesentlichkeit seiner Person her ist, und was er seinem Volk gilt, und daß er seine Herrschaft rechtfertigt durch sein Wort und durch sein Maß, nicht aber durch den starren, schweren Eisenpanzer noch durch die teure, farbige Pracht seiner Gewänder und das Gewicht seines Schmucks, diese bedrückende, flitterhafte Materialisierung seiner Gewalt in ihrer stoßenden Stofflichkeit, die um so gewaltiger und erdrückender wirkt, je ärmlicher die Tücher sind, mit denen sein Volk sich zudeckt: diese Vorstellung ist lachhaft, sie ist verboten, und die Wächter, die den Herrscher umgeben, halten sich bereit, zu garantieren, und durch Materialisation des Wirklichen zu beweisen, daß Einheit besteht zwischen der Autorität der schweren Krone und ihrer Realität. Realität *ist* Autorität. Realität garantiert Autorität. Dessen ist offenbar nicht nur die feudalistisch autoritäre Weltauffassung gewiß, sondern in voller Treue deren Ableger in der Wissenschaft: die realitätsgetreue, psychologische Forschung. Sie ist, wie das Kind des Untertanen, auf die Unschuld der Untertanenseele ausgerichtet. Und sagt, diesem Kinde gleich: »Der Kaiser hat doch gar nichts an.« Der würde ein allzu guter Kaiser sein, der es sich leisten könnte, nackt vor seinem Volk zu erscheinen – und bliebe dennoch Kaiser.

*

Was aber soll der ausgestreckte Finger? – Er weist in einen Bereich hinüber, welcher der Realität entzogen ist. Wenn er zeigt, und dazu zeigt der Zeigende »schau«, dann hat er durch sein Wort und sein Zeigen noch nichts geschaffen, er hat aber etwas *in Bewegung gebracht*. Und er hat auch *zusammengebracht*: Zusammengekommen, vereinigt sind all die, deren Blicke dem Finger nachziehn. Dort ist vielleicht noch nichts – aber dort könnte man hingehn. Also *ist* etwas dort: ein Ziel. Alles, was dem Finger folgt, ist in Bewegung geraten. Und was sich der Zeigelinie in den Weg stellt, auch dieses wird bewegt. Was zuvor still war, und fernab unbewegt, wird jetzt angestoßen und gewinnt Bewegung auf den zeigenden Finger zu.

Damit wird es – vermöge dessen, daß es vom Finger und von dem Ruf »schau« aus der Ruhe seiner Inexistenz gehoben und von der Ferne her nach hier gebracht worden ist – zu einer Sache, aus dem Nichts vielleicht. Und zu einer Sache, das heißt: zur Sache dessen, der weist und ruft. Und zur Sache derer, die der Weisung und dem Ruf folgen; über die Fingerspitze hinaus. Zur Sache beider Anteile, des Rufenden und der Berufenen. Zu unserer Sache.

Wer zeigt und wer dieser zeigenden Bewegung folgt, kann sich danach nicht mehr entziehen. Kann sich nicht mehr auf das Schwarze am Nagel zurückziehen. Muß sich beziehen: auf das Gezeigte, welches, indem man es zeigt, sich selber zeigt.

Von dort draußen, von jenseits des Fingers, gibt es kein Zurück mehr bis auf die Grenze des Fingernagels. Der Raum zieht Rufende und Berufene hinaus, mit der Macht, die die Realisten aus der Sicherheit, mit der sie sich am Fingernagel, diesem letzten Ausläufer der ihnen gewissen Realität, festhalten, einen Horror vacui nennen

mögen, in die Leere: um sie aufzufüllen. Sie voll werden
zu lassen mit der Sache, die aus der Bewegung entstanden
ist.

Das alles ist nicht Realität, was da berufen und beschaut
wird. Es ist daher nicht nachzuweisen, ist nicht vom
Rechthaben zu belegen. Und wenn jetzt der Realist
kommt und sagt: Da ist doch gar nichts – seht her, ich
bin das Kind, das unschuldige, vom Psalmisten des Posi-
tivismus, von Andersen persönlich berufene, und ich
habe den Mut der Unschuld, und ich sage: »Der Kaiser
hat doch gar nichts an – seht hin, er ist splitternackt« –
nun, dann ist nichts da für diesen Realisten. Und das
bringt ihm dann den Sieg, nicht nur der Realität über die
Spintisiererei, des Nachweislichen über das Vermutete
oder bloß (einfach so, ins Blaue hinein) Behauptete,
sondern der Wahrheit über die Täuschung; falls nicht gar
über die Lüge.

Was die Wahrheit anbetrifft: Von dieser weiß der Realist,
sie kann nur dort gezeigt, auch dort allein bewiesen
werden, wo sie zu greifen ist. Folglich am Finger, und
nicht über diesen hinaus. Der Nagel ist schwarz: So die
Wahrheit. Alles darüber hinaus – dem Realisten ist es
nicht einmal Unwahrheit, es ist ihm das Nichts; es stört
ihn, es bedrängt ihn fortdauernd, dieses »dort« von
»schau«, deshalb muß er es ständig bekämpfen – dieses
dort oben samt denen, die nach dort zeigen. Obwohl
dort nichts ist. – Die Irrealität der Realisten ist eine
seltsame Sache.

*

Was sich nicht berufen, sondern feststellen, festhalten,
benennen und begreifen läßt, das gilt, je handfester, um
so sicherer. Sie ist etwas wie abendländisches Evangelium: diese Handfestigkeit. Ihr gilt die Tat mehr als

das Wort. Wort ist ihr Geschwätz, und aus diesem
wächst ihr wie von selbst die Lüge, unversehens, unbesehen.

Words, words, words.

Das ist es, was ich lese: Worte, Worte, Worte, nichts als
leere Worte: So die Antwort des Prinzen, wenn er vom
Schwätzer Polonius, dem Intriganten und wortreichen
Zwischenträger, gefragt wird, was er denn lese.

Aber wovon handelt es?

will Polonius wissen. Und gleich nimmt Hamlet das
Frage-Geschwätz des Alten auf; mit der Gegenfrage:

Wer handelt?

Da ist sie, die Lügenhaftigkeit des Wortes, zu Worte
gekommen im Geschwätz. Wenn man im Wort verharrt,
kommt die Lüge hervor: Ein Buch »handelt«. Ein Buch
redet, ein Buch kann also, das geht daraus hervor, nichts
anderes als lügen. – Nun denn: Wer handelt?
Worauf Polonius – Schwätzer, Wortreiche sind nicht
unter-, nicht kleinzukriegen, und dumm sind sie auch
noch, nämlich das Wort nehmend, als wär es Tat –
Polonius also will wissen, oder gibt vor, er wolle wissen:

Ich meine, was in dem Buche steht, mein Prinz.

Und Hamlet zurück:

Verleumdungen, Herr ...

Du hast es gehört: Words, words, words. *Words ≡ lies.*
Worte und Lügen sind eins. Das ist es: Worte, Worte – das
sind Verleumdungen. Ihr alle, ihr Schwätzer, mitsamt
euren geschwätzigen Wortsammlungen, den Büchern –
ihr lügt wie gedruckt, den Büchern gleich. Dabei ...

Dabei sollte er handeln, er besonders, der wortverach-
tende, handlungpreisende Dänenprinz. Man wartet, daß
er handelt. Er aber zögert, bis es zu spät und nichts mehr
zu tun ist. Words, words, words – aber die Worte
bringen nichts zustande, und namentlich keine Taten. –
Was aber die Worte angeht, Hamlet bringt sie ständig
durcheinander, er spielt mit ihnen (oder sie spielen mit
ihm – das ist nicht auszumachen) und travestiert sie in die
Komödie hinein; er beruft ihren Doppelsinn, ihre lügen-
hafte Doppelbödigkeit, und daran geht sein Mädchen
zugrunde; er erprobt die verleumdende Wirkung des
Wortes, das führt zu Mord und Selbstmord. Der Argwohn gegenüber dem bewegenden Wort, seine Verachtung zerstört eine Welt – und über deren Trümmern hat
nichts sich verändert.[36]

Aber nicht nur bei dem Zauderer Hamlet – der ein
Tätiger sein sollte (und kein Wortkundiger ist) – stoßen
wir auf die Geringschätzung des Sagens, namentlich in
dessen genauester und daher verbindlichster Gestalt:
dem Wort. Da heißt es an anderer, nicht minder reprä-
sentativer Stelle der abendländischen Literatur schon im
Prolog, es seien nun der Worte genug gewechselt,

Laßt mich auch endlich Taten sehn!

Abermals, wie eben gehört: Worte zählen nicht. Es ist
doch alles unglaubhaft, ja unglaubwürdig, was sich da
vermittels Worten an Artigkeiten hören läßt:

Indes ihr Komplimente drechselt,
kann etwas Nützliches geschehn.

Eben: Nützliches soll geschehen, und Worte sind
unnütz. Komplimente sind konventionelle Lügen. Dem
Abendländer gilt: ein Mann, ein Wort; und das will auch

heißen: ..., *ein* Wort! Mann ist ihm Mann und Wort
Wort, ein – wie der Mann des Abendlandes, weit in
emanzipatorische Zeiten überhängend, zu präzisieren
liebt – männliches Wort, ein mannhaftes gar. Und wenn
er noch so wortgewaltig daherkommt, Worte bleiben
ihm weibischer Ersatz für Taten, unnütz, am Ende
unvertraut, wo nicht verdächtig.

Wo das Wort unumgänglich ist, da kommt es dem
Tätigen – oder Tätigseinwollenden – zu, um Taten zu
erwirken oder um von Taten zu berichten, für sonst
nichts als aus *einem* Geist für tausend Hände. Für tausend werkende, schaffende Hände, die für nichts anderes
da sind als für das eine: das Wort zu bestätigen und
dessen Macht zu bezeugen. So kann ein Geist durch sein
Wort tausend Hände bewegen. Aber erst der Rhythmus
der Hände verwirklicht – und bewahrheitet zugleich –
das Wort. Die Tat bestätigt dem Tätigen das Wort, einzig
sie.

Das macht: Der Wortgewaltige ist ein Tatengewisser.
Wie sehr, und wie konsequent, erst aus seiner Ummün-
zung in die Tat das Wort dem Abendländer, namentlich
demjenigen, der sich *diutisk*, den Deutlichen oder Deutschen sogar dann nennt, wenn er längst daran ist, im
braunschwarzen Moor seines eigenen Tiefsinns einzusin-
ken, seinen Wert belegt, das findet sich erläutert, schließlich bestätigt am Bekenntnis des Wortkundigen, er
könne »das Wort so hoch unmöglich schätzen«. So
lautet Faustens, Goethes, erste Reaktion auf das Bibel-
wort. – Seltsam und auf einen Moment zu bedenken: Das
Wort, welches im Dithyrambus des Evangelisten zum
Grundelement allen Glaubens erklärt wird, ihm wird,
kaum ist es berufen, die Wertschätzung auch schon
wieder entzogen; entzogen durch das Wort, von dem es
zunächst heißt:

Im Anfang war das Wort, und das Wort war bei
Gott,

bis es sich erhebt zur vollkommenen, unbedingten Iden-
tifikation:

Und Gott war das Wort.

Gott *war* das Wort! – Gott lebt verwörtlicht. – Der Satz
ist umkehrbar. Man kann es andersherum formulieren,
es bleibt dasselbe: Das Wort lebt vergöttlicht. So sagt es
»das heilige Original«, der Prolog des Evangeliums.
Damit dann auch gewiß kein Zweifel noch eine Ein-
schränkung an der genauen Verbindlichkeit dieses Satzes
Platz beanspruche, wird der Kernsatz des Logos-Hymnus aus der Einleitung des Johannes-Textes erläutert und
bekräftigt durch Wiederholungen von eindrücklicher
Redundanz:

Dieses (Wort) war zu Anfang bei Gott. Alle Dinge
sind durch dieses (Wort) gemacht, und ohne dieses (Wort) gibt es nichts, was gemacht worden
ist.[37]

Dieserart ist die Einschätzung des Wortes nach Schrift
und Sinn des Evangeliums, und auf ihr gründet das
Gedicht der Offenbarung, auf welches der Dichter sich
beruft, wenn er sein Selbstbild sagen läßt, daß es ...

... nirgends würdiger und schöner brennt
als in dem Neuen Testament.

Aber eben: Kaum ist der Grundtext aufgeschlagen, um:

Mit redlichem Gefühl einmal
Das heilige Original
In mein geliebtes Deutsch zu übertragen.

Da stockt er schon! Wer hilft ihm weiter fort, dem Tatengewissen, dem Tatgläubigen? – Die Not stellt sich dem abendländischen Leser der Offenbarung alsbald ein:

> Ich kann das Wort so hoch unmöglich schätzen,
> Ich muß es anders übersetzen.

Und, vom Geist erleuchtet, setzt er hin:

> Geschrieben steht: Im Anfang war der *Sinn*.

Nicht das Wort, Sinn macht den Anfang. – Jedoch, kaum steht es da, dieses Wort, welches das Wort vom Wort ersetzen soll, schon kommen aufs neue Zweifel auf:

> Ist es der *Sinn*, der alles wirkt und schafft?
> Es sollte stehn: Im Anfang war die *Kraft*!

Aber auch dies will nicht zufriedenstellen, noch immer nicht, dieses Berufen der Kraft, auf die alles zurückzuführen ist. Ihn warnt etwas, daß er dabei nicht bleibe, bei diesem schroffen Namengebilde – »Kraft« –, dessen Träger nur zu spüren ist, nicht zu sehen oder zu hören und sich daher auch lediglich durch seine Wirkungen, nie aus Zuständen zu erkennen gibt. Jedoch, er bleibt nicht lange ratlos:

> . . . auf einmal seh ich Rat
> und schreibe getrost: Im Anfang war die *Tat*!

Da steht er denn vor uns, tatgewiß, tatengläubig: der Bewohner des Abendlandes, mannhaft, der Mann, und vom Wort befreit – durch die Tat.
Aber auf dieses Bekenntnis hat sichtlich ein Wesen gewartet. Bisher verborgen, macht es sich jetzt bemerkbar, jetzt eben, und dies nicht zufällig: Kaum findet sich die Tat an die Stelle des Wortes gesetzt und zum Wirkstoff des Anfanges erhoben, schon jault und stinkt sich

Gefährte Mephistopheles aus des Pudels Kern hervor. Die Offenbarung, mit ihr das Wort, welches Gott ist und zur Tat wird, verschwindet hinter dem Spott des Versuchers. Was sollen denn Namen, was können Worte schon gelten, so fragt Mephisto:

> Für einen, der das Wort so sehr verachtet,
> Der, weit entfernt von allem Schein,
> Nur in der Wesen Tiefe trachtet.

Und aneinander verschworen gehen die beiden, zu Tat und Untat vereinigt, ab, erst in die kleine, danach in die große Welt. Zurück lassen sie den Zuschauer am Schauspiel, ratlos nachsinnend darüber, was es sein könnte, das im Anfang steht: ob Wort, ob Sinn, Kraft oder Tat.

*

Im Anfang! – Wüßte man, was das ist, der Anfang, dieser Anfang, in dem das Wort war! – Ja, und wüßten wir, was mit dem berufen ist, das den Namen »Wort« trägt! – Zwei Hinweise: *Anfang* zunächst und dann sogleich *Wort*; ein hymnischer Prolog, und der Dichter, der ihn auf den Sinn seines Abendlandes, für den Gebrauch auf seinem dunklen Kontinent, den Ort der Tatgewissen, hinüberzukommentieren trachtet, indem er das Wort aus dem johanneischen Logos-Hymnus in die Tat übersetzt: Auch er weiß nicht, wovon der Evangelist handelt; er kann es nicht wissen. Man hat nämlich Grund, zu vermuten, daß der Foliant, dem Faust die Zeilen entnimmt, welche er als den heiligen Grundtext zu lesen wähnt, nicht das originale Buch, sondern einen hybridisierten griechischen, vielleicht lateinischen Bericht, eine Klosterhandschrift vermutlich, birgt, wenn nicht gar vom Büchergestell in Faustens Studio die deutsche Übertragung aus der Feder des Doktor Martin Luther sich als

»Urtext« dem Griff seines Lesers anbietet! – Keinesfalls dürfte sich dort, in der Bibliothek des Gelehrten, jenes Buch finden, welches, »in semitisierendem Griechisch geschrieben«,[38] das Zeugnis der Heilsgeschichte von seinen Ursprüngen her weitergetragen hat.

So stößt denn Faust zunächst auf die geläufige Wendung: Im Anfang war das Wort – und damit auf die Sinnbeengung, die einem Fehler gleichkommt. Auf die Unterstellung nämlich, wonach es das Wort – und das meint eine ausgesprochene oder hingeschriebene Formel, eine Mitteilung, eine Abstraktion – sei, das am Beginn der Welt stehe: *das* Wort, und es wird nicht gesagt, was für ein Wort!

Solch eine vage Äußerung *muß* bei Faust – und dem Dichter, der ihn zu seinem Botschafter macht – Mißbehagen erzeugen. Man kann doch das Wort, Hingesagtes mithin oder auch Aufgeschriebenes, so hoch unmöglich schätzen – words, words, words ...

Aber so kommt es heraus, so nachhaltig fatal, wenn man sich an falsch Überliefertes hält, an ungenau Übertragenes, an sinnzerstörend Benanntes. Auch wenn man Goethe heißt. Und dann das Wort für ein Wort nimmt – als gäbe es nur dies: *das* Wort, wie der Abendländer es gebraucht – um zu benennen, um festzulegen. Und als wäre solch ein Wort, ein Name für eine Sache, hier, im Evangelium angerufen. Ein Wort zum Ersatz für Taten, an deren Statt, nicht in der Wertigkeit der Tat, und doch von weiterer und viel längerer Wirkung als diese.

Allein, zwischen dem Wort aus der Welt des Goethe und dem Wort aus der Welt des Johannes steht mehr als ein Mittelmeer, und steht auch mehr als ein Mittelalter. Gewiß ist, die ersten Hörer des großen Hymnus, die Mitglieder der Johannes-Gemeinde in Ephesos, in der Mitte zwischen dem Herkunftsort ihres Sängers und den fernen Zielen der Apostelreisen gelegen, dort, wo die Muttergestalt Diana, die Vielbrüstige, mit der Mutter Maria, der Madonna, in eins verschmilzt, die haben noch die Vieldeutigkeit dessen geahnt, was die erste Zeile aus dem Logos-Hymnus zu sagen weiß:

Im Anfang war ...

Und dann sagt der Text dieses »in semitisierendem Griechisch abgefaßten« Evangeliums, im Anfang sei Logos gewesen.
Logos: Das läßt sich *auch* als das Wort übersetzen, genauer jedoch trifft man die Aussage, wenn man den griechischen Begriff – *logos* – mit Sinn übersetzt und folglich liest, es sei nach dem Wort des Johannes der Sinn an den Anfang der Weltordnung gestellt.
Man ahnt bereits: Goethes Unbehagen entzündet sich an einer ungenauen Übersetzung – einer allzu engen jedenfalls, die in falsche Richtung weist. Und schon der griechische Text des Prologs zum Evangelium Johannis läßt uns wissen: *logos* steht bedeutungsgleich für Wort wie für Sinn.
Jedoch, auch damit ist der Hintergrund des Logos-Hymnus noch nicht zureichend erschlossen. Der ihn mit sich getragen hat, hinüber nach Ephesos, Johannes, Sohn des Zebedäus, hat in Galiläa den Ruf empfangen, über seinen Fischernetzen auf dem See zwischen Kapernaum und Tiberias, und die Anregungen zu seinem Hymnus hat er von dort in Galiläa mitgebracht, aus vor-johanneischen Gesängen mithin, wie sie in jüdischen oder frühchristlichen Gemeinden seit langem tradiert waren.
Dort, im Geburtsland der Zebedäus-Söhne, welches auch die Kinderstube ihres Verkünders gewesen ist, dort hat man aber nicht griechisch geredet, sondern *aramä-*

isch, welches damals – und nicht etwa das Hebräische –
die Sprache »des Volkes auf der Mauer« war.[39]
Wenn man denn schon vom griechischen Text her
logos nicht einfach unbesonnen als Wort nach dem
Gebrauch der abendländischen Sprachen übertragen
darf, als Formel, die einen Namen für ein Gegebenes
sagt oder aufschreibt, um wie vieles weniger geht es
an, den semitischen Begriff in seiner Vieldeutigkeit
dort hinzusetzen, wo der europäische Leser das Wort
»Wort« zu lesen beliebt. Auf Aramäisch nämlich,
gleichwie auf Hebräisch, trägt sich dafür der Begriff
DAWAR an. Nicht etwa das bedeutungsengere Wört-
chen MILA, wie das moderne Ivrit (welches weitgehend
durch Übernahme indogermanischer Grammatik und
Syntax unter Auffüllung mit hebräischen Wortformeln
entwickelt worden ist), das Wort benennt, sondern mit
dem alten Begriff *dawar* ... Von DAWAR aber muß
man wissen, daß es in seinem Namen gleichrangig und
-wertig zumindest die vier folgenden Bedeutungen
umfaßt. DAWAR heißt:

Wort – Sinn – Kraft – Tat (dazu noch: Sache,
Angelegenheit).

Alle vier Übersetzungen sind gleicherweise richtig und
zutreffend. Dies nicht, weil das Aramäische und dessen
Parallelsprache Hebräisch so ungenau wären, sondern
weil sie so genau sind; weil sie ihr Vorhaben wahrmachen: wissen zu lassen, daß dies vom Grunde her eines
ist, und wenn genau und konsequent gedacht, viermal
dasselbe zu sein hat.

Wort = Sinn = Kraft = Tat.

Daß nur dies ein Wort ist, was von seinem Sinn her genügend Kraft birgt, um die Tat anzuregen. Weil nur das, was bewegt, nicht das, was festlegt, beanspruchen darf, daß man es *dawar* nenne.

Dies aber, dieses Umfassende, gehört an den Anfang. Am Anfang ist *dawar*. Und *der* Anfang. Von ihm geht alles aus, »und ohne diesen ist nichts von dem gemacht, was immer auch gemacht ist«.
Und da findet sich dann auch das geortet, was man *Anfang* nennt, und das ist jene Stelle, an die *dawar* (oder *logos*) sich gesetzt findet:

Im Anfang ...

Mit dieser Formulierung übernimmt der Evangelist eine Wendung, die ihm schon nahe vertraut gewesen ist – ihm und damit den Empfängern seiner Botschaft, damals und bis heute.
Im Anfang ...: Damit fängt alles an, was beansprucht, daß es umfassend den Menschen erfülle, beherrsche. So die Geschichte Mosis, so der Bericht von Jesu Herrschaft. Vorher war nichts; als es wurde, ist es von seinem Anfang an geworden mit Ausrichtung auf den Lehrer und dessen Lehre, und einzig um seinetwillen. Würde dieser nicht gekommen sein, die Welt hätte weder Kraft noch Bestand, noch könnte irgendeine Notwendigkeit rechtfertigen, daß sie geschaffen wurde. Die Ein-Herrschaft – eine jede – gibt der Welt ihre Berechtigung nur von dorther, daß etwas erstellt wurde, das sich ihrer bedient. Und das ist der Weltenbeherrscher. Ansonsten wäre nichts.
Einzig daraus ergibt sich, daß die Anerkennung einer Existenz ipso facto auch schon den Glauben an das einschließt, was die Existenz bewirkt. Die Existenz zur

Bestätigung einer Lehre und zu deren Erfüllung nötigt
den Glauben an diese Lehre auf: Darin liegt die Diktatur
jeder Einherrschaft in jedem Bereich und zu allen Zeiten,
ihre Tyrannis, in dem Junktim von Existenz-Anerken-
nung mit Glauben. So auch den Glauben an den einen,
einzigen Gott; den jüdischen gleichwie moslemischen
oder christlichen. Das bringt die Macht eines jeden
monotheistischen Systems und damit die latente Grausamkeit – eines jeden monokratischen, monarchischen,
monolithischen Gebildes. – Allerdings ist zu bedenken:
An sich müßte Existenz-Nachweis ja noch keinen Glauben einschließen; vieles in dieser Welt, in unserer Gegenwart existiert nachweislich, und dennoch wird man sich
öfters hüten, an es auch zu glauben – nur weil es existiert!
Beispiele erübrigen sich, sie sind unzählig und in allen
vorstellbaren Bereichen aufzufinden: Existenz ohne die
Befähigung, auch den Glauben an das Existierende ein-
zuschließen. Die religiösen Gebilde beanspruchen da
eine Ausnahmeposition: Sie setzen voraus, Gottes Existenz – als gegeben unterstellt – schließe notwendig den
Glauben an ihn mit ein. Dieser Anspruch leitet sich von
dort her, daß diese Herrscher, entgegen ihren Kollegen
auf den Thronen des Diesseits, ihre schicksalbestim-
mende Dominanz erst vom Tode an zu beweisen und
auch zu bewirken vorhaben. Und vor der Geburt, also
zweimal unter Verabreichung einer wirksamen Lethe,
des Vergessenstrankes: in der Muttermilch zuerst, und
dann, am Ende, auf dem Weg nach unten, am Acheron,
dem Hades zu.
Jedoch: Wenn Existenznachweis mit Schöpfungsbericht
wesenhaft verknüpft ist, so bleibt Glauben aufgenötigt.
Deshalb der Hinweis auf den Anfang, bei Moses wie
Jesus. Wegen dieser beiden Künder, für sie und einzig

um ihretwillen besteht die Welt, auf sie hin ist sie
gemacht worden.

Textgenau holt die neue bei der vertrauten älteren Über-
lieferung ihre Quelle, bis in die wörtliche Formulierung.
Der Evangelist beruft sich wortgetreu auf diesen Satz,
mit welchem das Buch Genesis eröffnet wird und an den
er anschließt. Bis dorthin, bis an den Anfang, muß man
zurückgreifen, wenn man weitermachen – oder neu
beginnen – will. Ob dieses verbatim entsprechende Zitat
»Im Anfang« bei Johannes als Memorial von Moses
gedacht ist, ob als Paraphrase, ob zur auslöschenden
Überdeckung des Vorausgegangenen, das ist schwer auszumachen. Zusätzlich böte eine vierte Erläuterung sich
an, besagend, der Evangelist füge mit seinem Berufen des
Anfanges einen Kommentar bei, eine Präzisierung zum
Text des Genesis-Buches; er wünsche seine Zuhörer
vernehmen zu lassen, was denn das alte Buch zu sagen
vorhabe, wenn es so anhebt: »Im Anfang . . .« – was er
sei, und wie zu denken, dieser Anfang. Wie etwas
anfange, und womit, wodurch. Um also an der Passage
»Im Anfang war das Wort« zu verdeutlichen, was es zu
besagen habe, wenn geschrieben steht: »Im Anfang schuf
Gott . . .«.

So sagt es Genesis 1:

> Im Anfang hat Gott das Himmelsgewölbe und das
> Land gemacht –
> B'RESCHIT BARA ELOHIM ET HASCHAMAYIM
> W'ET HAAREZ.

Jedoch, wie es zugegangen ist bei der Errichtung des
Universums, davon gibt der alte Schöpfungsbericht
nichts preis. Hier füllt das neue Buch, der Text des
vierten Evangeliums, die Lücke, wenn es sagt:

Im Anfang war ... DAWAR (oder, minder umfassend: LOGOS),

mithin: Wort = Sinn = Kraft = Tat.[40]

*

Goethe stellt den Begriff »Tat« für *dawar* ans Ende; sie
kommt als letzte – so, als ergäbe sie sich notwendig; fast
sollte man banal sagen: zwangsläufig, aus allem Vorausgegangenen und -gedachten. Für den Deutschen bedeu-
tet die Nennung der vier Begriffe eine Steigerung. Die
Tat plaziert er am höchsten. Wie anders für Johannes! –
Ihm steht *dawar* allein da, ihm sagt es alles. Danach stellt
das weitere sich von selbst ein. Es ist ja alles schon darin
eingeschlossen. Ohne DAWAR ist nichts gemacht. Wenn
DAWAR da ist, dann ist alles da, dann ist Leben da, und
Leben – so hebt Johannes an –, Leben ist das Licht des
Menschen.
Im Schein des Lichtgedankens, wie er aus dem Logos-
Hymnus, dem Johannes-Prolog, erstrahlt, kommt der
Schöpfungsbericht nach Genesis 1–2 zu neuer Beleuch-
tung. Was in der Einführung zum alten Buch dunkel
angedeutet bleibt, erhellt aus dem Bezug, den der Evangelist auf die Begebnisse des Anfanges vermittelt.
Dort, im Genesis-Bericht, steht aufgeschrieben: Gott
schafft, Gott nennt, Gott spricht, Gott sieht ... – nie ist
aber zu lesen: Gott baut, Gott formt (diese Wendung
findet sich erst in der zweiten Formulierung des Schöpfungsberichtes, dort, wo Eva aus der Rippe erzeugt
wird). – Der Moses-Gott ist, gleich dem Johannes-Gott,
nicht einer, der tatgewiß und -gläubig mit Händen werkt.
Er läßt die Dinge geschehen; er sieht ihnen zu, wie sie
aus sich selber werden. Was er seinerseits verrichtet, das
ist: *Er sagt*. Nichts als dies. Mehr nicht. Und mehr soll

nicht sein. Durch dieses Sagen wird alles erstellt, was gefordert oder notwendig sein möchte, damit eine Welt sich bildet: Wort – Sinn – Kraft – Tat, das heißt: Wort birgt Sinn trägt Kraft wirkt Tat. Alles aus sich selbst. Und so, bis alles erfüllt ist; bis es dasteht am siebenten Tag, von dem (Genesis 2,1–3) gesagt wird:

> Vollendet waren Himmel und Erde mit den Heerscharen darauf [...]. Da segnete ELOHIM, der Allgott, den siebenten Tag und machte ihn heilig; an ihm nämlich ruhte er von den Erzeugnissen [besser wohl, obgleich unschön: Erzeugungen], die er, der Allgott, hervorgebracht hatte, damit ...

Und dann kommt ein letztes Wort, ein schwieriges Wort. Hier nämlich, durch dieses Wort, das den Schöpfungsbericht abschließt (auf deutsch wird dafür ein ganzer Nebensatz beansprucht), stellt eine Gegebenheit sich ein, die erst das Wesen des Schöpfungsaktes rückblickend, rückwirkend und verbindlich umschreibt. Und – vor allem – verlauten läßt, wie dieses Geschehnis nach dem Bericht des Genesis-Buches vorzustellen ist. Dieses Wort, der Abschlußriegel der eigentlichen Genesis, liest sich auf hebräisch so:

LA'ASSOT

und heißt, auf deutsch übersetzt: um zu tun, oder: damit ... tue; auch: daß getan werde. Vom Kontext des Satzes her ist somit zu lesen:

> An ihm [diesem siebenten Tag] ruhte er – besser: feierte er – von der, oder dem, Erzeugnis, die, oder das er hervorgebracht hatte, er, der Allgott, *damit ... tue.*

Wie überflüssig steht diese seltsame Zufügung da, und
vor allem redundant. Derlei hilflos wiederholende Passagen (»hat getan, um zu tun«: so liest sich dieses Gebilde
in wortgetreuester Übertragung) sind sonst in den
Büchern des Alten Testamentes mit ihren konzisen,
meist allzu knappen Formulierungen nicht zu finden.
Die alten Texte sagen meist zu wenig, nie zu viel; weshalb auch mancher Kommentar verfaßt worden ist, um
diese Sammlung von Geschichten und Vorschriften zu
erläutern. Es würde doch ausreichen, wenn der Schöpfungsbericht so abschließen würde:

> Am siebenten Tag feierte der Allgott von sämtli-
> chen Erzeugnissen, die er hervorgebracht hatte.

Und Punkt hier. Und alles ist gesagt. Was folgt, scheint
den Fluß und den Sinn nur zu stören. – Dieser Eindruck
verstärkt sich noch, wenn man die Theologen zu Rate
zieht, die das heilige Original in andere Sprachen zu
übertragen versucht haben. Dann wird auffällig, wie
hilflos die Übersetzer allesamt sich gegenüber diesem
Zusatz zeigen, diesem Gebilde – einem einzigen Wort in
der Ursprache –, welches sich da, wenn schon alles
gesagt, der Bericht abgeschlossen ist, noch anheftet:
LA'ASSOT. Dieser dunkle Hinweis am Ende, dieses
LA'ASSOT bereitet den Übersetzern allesamt Mühe. So
schreibt die Zwingli-Bibel für LA'ASSOT: »... als sie
geschaffen wurden«, und wörtlich gleich läßt sich der
Luther-Text in seiner neuen Fassung vernehmen. Der
Sprachpurist Buber übersetzt: »... ihr Erschaffen-
sein«.[41] Diese Formulierungen akzentuieren nur die
Redundanz und lassen keinen Sinn, auch keine Notwendigkeit erkennen.
Ich versuche, diesen Annex anders zu lesen, genauer, wie
mir scheint, im Sinn und Einklang mit den Regeln der

Grundsprache und syntaktisch gleichwie logisch akkura-
ter. Dieses LA'ASSOT (= damit ... tue) läßt sich von
Grammatik wie Logik her sinnvoll auf das Erzeugen und
das Erzeugte beziehen (eher als auf den Erzeuger – dieser
ruht jetzt), und heißt dann: damit *dieses* tue, nämlich:
damit es, das Erzeugte, sich selber weiter erzeuge und
forme; aus sich heraus getreu DAWAR, dem schaffend
bewegenden Wort, welches den Anstoß gegeben hat und
nun, der En-Ergeia (dem innewohnenden selbstwirken-
den Werk) getreu, von sich aus das weiterführt, was
dawar oder *logos* ihm ein und für allemal mitgegeben
hat. Dieses erzeugend Erzeugte aber, das ist der *Mensch*.
Er ist beauftragt, *dawar*, das im Anfang war, weiter zu
führen.

Der Allgott hat DAWAR hingehaucht[42]: allem, was er in
diesen vorausgegangenen sechs Tagen mit Sinn erfüllt
hat, damit es sich fort und fort selber schaffe. Durch das,
was im Anfang war: als Himmel und Erde wurden und
als das Wort gewesen ist.

٭

Im Anfang: So ausführlich ist schon von ihm die
Rede gewesen, daß man unterstellen möchte, wir
wüßten, wovon wir reden, wenn wir »Anfang« sagen.
Als sei dies so gewiß und unbestreitbar, kaum des
Reflektierens wert: daß mit Anfang hier verwiesen
werde auf den Moment der Abfahrt, des Abfluges,
wie in unseren Transporteinrichtungen. Und vorher
war nichts ...

Diese Formulierung ist aber nachdenkenswert, der Satz-
beginn, sagend: Im Anfang war.

Ein weiteres Mal lassen uns auch alle die eben zitierten
Bibelübersetzer ratlos zurück. Einmütig gleichförmig
schreiben sie: »Im Anfang« – und scheinen nicht beunru-

higt davon, daß das Wort, mit dem Genesis anhebt, von
der Welt zu reden, nicht die gebräuchliche hebräische
Formel für »Anfang« (T'CHILA) benutzt, sondern daß
sie eine Wendung – B'RESCHIT – vorlegt, welche in der
gebräuchlichen Sprache der Juden nicht den Beginn eines
Zustandes oder Prozesses benennt, sondern steht für *die
Voraussetzung*, unter der eine Sache gesagt wird, *die
Bedingung*, gemäß welcher sie zu denken ist! – Oder
auch *die Hauptsache* (RESCHIT trägt in sich denselben
Wortstamm wie ROSCH = Haupt, Kopf). Nicht also
den Beginn, sondern *das entscheidend Wesentliche*, und
das ist doch dies, was dem Ganzen erst seinen Ort und
Sinn vermittelt: den eingegebenen Sinn, den man danach
durch alle folgenden Bücher mit ihren Berichten, den
Genealogien und Gleichnissen, mit all den Vorschriften
und Verbotssammlungen hindurch weiter wirkend findet, aber kaum je noch erwähnt, weil zu Anfang – nicht
der Universalgeschichte, sondern der beiden Bücher, als
deren Motto – so entschieden eindeutig aufgeschrieben
steht, was zu stehen hat: daß Gott die Voraussetzung ist,
die Grundbedingung, und die meint dasselbe wie
DAWAR, woraus die Welt wurde und um dessentwillen sie
besteht. Wer das nicht weiß oder nicht anerkennen will,
so die Forderung der Bibel in ihrem Alten gleichwie
Neuen Testament, daß Gott den Anfang von allem vorstellt, nicht weil er es mit Händen aus dem Nichts
gemacht hat, sondern weil er jedem Denken vorausgeht
vermöge seiner Identität mit *dawar*, also mit Wort, Sinn,
Kraft, Tat – und das ist allemal dasselbe –, der soll
sogleich das Buch zur Seite legen. Und mit dem Buch
zusammen alles, was an Verbindlichem daraus zu ihm
redet. Ohnedies kann er keinen Anteil daran haben: an
dem Buch und damit an der Botschaft, die es bringt.
Noch an den Wohltaten, die es verheißt.

Man bedenke also genau den Unterschied zwischen Anfang und Anfang: zwischen dem rein zeitlich vorgestellten Start auf der einen Seite und, andererseits, der Grundkondition jeglichen Denkens und sinnvollen Sagens. Diesen Unterschied zwischen der Sache und dem Denken *über* die Sache hat Kant deutlich und verbindlich vollzogen, man muß diese Grundsätze allen vernünftigen Operierens nur herbeirufen, dann wird es deutlich: Wenn von Anfang – der Weltenschöpfung gleichwie des Wortes – gesprochen wird, so besagt dies, hier sei die Rede von den Bedingungen. Von den Präliminarien. Die setzt man allem voran, was verpflichtend wird. In jeder Situation, die auf Beziehung gebaut ist. So hier: Zwischen der Bibel und ihrem Leser, der Vertrag, welcher der Lektüre vorausgeht, kommt zuerst. Und diese sind es, die Bedingungen, die das Buch an den Anfang stellt. Nicht jedoch ist es die Sache selbst.

Und deshalb nicht, weil in allem Wesentlichen, was den Menschen verbindlich angeht, die Sache – seine Sache, die menschliche Sache, man kann auch sagen: die Sache Mensch – erst dadurch wird, daß sie gesagt wird.

Sagen sagt: Tua res agitur – *dich* geht es an! – Sagen bewegt. Sagen zeigt: Dort ist etwas. Dort – wohin ich mit dem Finger zeige, und weil ich zeige. Vorher ist dort nichts gewesen, und jetzt hat das Zeigen, einher mit dem Sagen, es dorthin gesetzt. So vieles vermag das Sagen! – Wenn du dich nicht darauf verweisen läßt, dann siehst du es nicht – und dann besteht es auch nicht: *für dich nicht*. Und es wird dir nicht schwerfallen zu beweisen, daß es das nicht gibt, viel weniger schwer als all denen, die das auf sich beziehen – und sich darauf beziehen –, was dorthin gesagt worden ist.

Sinnvoll und inhaltsträchtig bleibt das Wort nur denen, die es selber sagen: die sich durch ihr Sagen in ein

Luftschloß führen lassen. Auch das Wort, vom Evangelisten berufen, führt in ein solch prächtiges Luftschloß; der Finger zeigt darauf, und dazu ruft der Apostel: Da schaut her, was ich euch zu zeigen habe; mein Finger begleitet das Wort zum Licht. Und so, einen Finger am Mund, den andern nach oben weisend, in Richtung »schau«, sind der Verkünder und seine getreuen Boten oft abgebildet. Jetzt weiß man, was das zu sagen hat.
Dort draußen, wohin sein Logos-Ruf dem ausgestreckt zeigenden Finger folgt, irgendwo fern, nicht hier, vollzieht es sich, und genauer ist es nicht zu sagen als so:

daß das Wort Fleisch geworden ist.[43]

Das ist der Name des Wunders – wenn es je Wunder gegeben hat: *Wort wird Fleisch*. Das meint: Sagen zeugt Leben. Es *erzeugt* Leben, um es zu *bezeugen*.
Manche wünschen, man soll ihnen dieses Wunder beweisen, durch welches ein Wort sich in Fleisch verwandelt. Das dürre Wort, einige nennen es das tote Wort, geht hinaus, und irgendwo in der Fortsetzung des zeigenden Fingers verwandelt es sich in ein lebendes Wesen. Statt es so umständlich und trocken zu formulieren, sagt die Sprache der Bibel in ihrer konkret genauen Verbindlichkeit: Wort wird Fleisch.
Beweisen läßt sich das nicht; um logischer Gründe willen geht so etwas nicht an, weil durch eine Forderung nach Beweis die Konkretion des Wortes – von *dawar* – kaum vollzogen, auch schon rückgängig gemacht, entleiblicht wird. Damit aber findet sich das Wort seiner Verwirklichung entledigt und aller Hinweiskraft beraubt.
Das Schwierige an der Sache: Man kann das denen nicht sagen, die Beweise fordern. Die nehmen es für Ausflucht und wollen nicht begreifen, daß *ihr* Wort, das benennende Wort, der Name für einen gegebenen Sachverhalt

– für ein Factum, welches so heißt, wie man es nennt, es könnte auch anders heißen –, dieses Wort, das nicht bewegt und nichts bewirkt, nur Realitäten feststellt, daß dieses Wort in einer anderen Welt wohnt als DAWAR. Das sachbenennende Wort, welches den Realisten dafür dient, genau zu umschreiben, was man zuvor gefunden hat und jetzt beweisen will, dieses Wort kann nichts erzeugen oder bewegen – nein: es *darf* weder erzeugen noch bewegen, sonst gibt es das, was den Realisten die Verläßlichkeit des Wortes ist, preis. Dann ist das Wort verloren, und der Realist mit ihm.

Und dort, wo beide verlorengehen, da fängt DAWAR – nenne es nun Wort, Sinn, Kraft, Tat –, dort fängt es an, dich zu bewegen. Dorthin, wo es »schau« heißt. Dorthin, wo der Finger zeigt.[44]

Fragebogerei oder:
Meinungsforscher sind
Meinungsmacher

Zumeist geschieht es unter Berufung auf Marcel Proust, daß man einen Fragebogen vorgelegt bekommt. Proust, der Sänger der Décadence und Chronist der ausgehenden Belle Époque: Es gibt in der Gesellschaft keine gültigere Legitimation als diese für ein solches Unternehmen und für dessen Befriedigung. Daß sie auf diese Weise zu finden sei, *le temps perdu*, die verlorene Zeit, welche Proust ein kurzes Leben hindurch gesucht hat, und zu finden gehofft durch das Mittel des Erschließens persönlicher, auch intimer, Geheimnisse: Darin könnte die Absicht des Fragebogens zu finden, damit auch zu begründen sein.

Worauf diese Absicht zielt, das ist bei Proust genau und sehr verbindlich aufgeschrieben:

> Wie ein Geometer, der die Dinge so vollkommen von jedem Gefühlsmoment entblößt, daß er nur ihren linearen Aufriß sieht, ließ ich mir entgehen, was die Leute sagten, denn was mich interessierte, war nicht, was sie sagen wollten, sondern die Art, auf die sie es äußerten, insofern eine Enthüllung ihres Charakters oder ihrer Lächerlichkeiten bedeutete, mehr aber noch ein Objekt, das mir ein einzigartiges Vergnügen verschaffte und deshalb stets in ganz spezieller Weise das Ziel meines Forschens gewesen war, nämlich das gemeinsame Element zwischen einem Wesen und einem anderen.[45]

Besser kann man es nicht sagen, auch treffender und
verbindlicher nicht, wie dieser Sinn, nennen wir ihn den
fragenden Sinn, geartet ist, der sein Wissenwollen mit
Fragebögen befriedigt. Es ist, so steht es geschrieben, der
Sinn des Geometers, dem die Landschaft Material zur
Messung und kartographischen Aufzeichnung abgibt.
Der Sinn auch dessen, der nicht zuhört, wenn gesprochen wird; nein: Das läßt er sich mit Absicht und
Methode entgehen, das Zuhören und folglich Antworten, um sich statt dessen einzig das aufzuschließen,
worin der Charakter sich enthüllt, besonders in seinen
Lächerlichkeiten, und es zu tun mit dem erklärten Ziel,
über das hinwegzusehen, was die Einzelperson in ihrer
Einmaligkeit ausmacht, um der Erschließung des umfassend Verbindenden, um jenes Aspektes willen, vor dem
am Ende alles gleich aussieht.
So ist es bei Proust zu lesen. – Mag sein, der Schriftsteller
kommt ohne eine solche Optik nicht aus, und der Fragebogen würde ihm seinen Dienst als eine Art Theodolit
antragen: Wenn man hindurchschaut, sieht man schon
die Landkarte; das Einzeichnen vollzieht sich dann fast
von selbst. Landschaft und -karte sind in eins zusam-
mengeschmolzen. Die lebendige, subjektive Aussicht ist
identisch mit dem geworden, was ihre kartographische
Darstellung zeigt.
Dies ist, was der Fragebogen vermag. Dies auch, was er
beabsichtigt. *Jeder* Fragebogen, gleich, wie er gestaltet
ist, und unbesehen der bekundeten Absicht, mit welcher
man ihn jeweils anwendet. Anders als so kommt der
Fragebogen schon gar nicht an sein Objekt heran. So ein
Fragebogen voller Fragen!
Und da liegt er nun also vor dem Probanden, der Bogen.
Lassen wir seinen Text und dessen Formulierung
zunächst ganz beiseite, sehen wir statt dessen nur auf

Intention und Wirkung eines solchen Fetzens, angefüllt mit Fragen.

Da sitzt man denn, die Frageliste vor sich, und nach jedem Fragezeichen soll eine Antwort abgelegt werden: Es kann nicht ausbleiben – und ist anders auch nicht denkbar – als daß die erste Intention, die in den Griffel fließt, nicht dahin geht, das Wort oder den Satz hinzusetzen, von dem angenommen wird, daß es oder er die richtigsten, zumindest die am ehesten sinngemäßen seien. Vielmehr wird zuerst die Erwägung angestellt, welche Antwort wohl als die beste *erwartet wird*. Das Bedenkliche an der ganzen Sache ist: Eine solche Erwägung trifft genau richtig, und sie gibt die beste Chance, daß das fragende Wesen befriedigt sei.

Daß diese opportunistisch ausgerichtete Erwartung auch noch als die richtige deklariert wird und daß sie auf den gewissesten Erfolg hoffen läßt, darin liegt die Fatalität des Fragebogens.

Aber nicht darin allein. Auch noch und mehr noch darin, daß der Fragebogen seine Antworten, und mit ihnen das Wissen und die Gewißheiten, welche er zu prüfen vermeint oder vorgibt, überhaupt erst *macht*. Jedoch: nicht nur »einfach so« macht, wie ein geschickt verfaßtes Schriftstück Ansichten in der Weise vorlegt, daß die Lesenden es in der Überzeugung weglegen, darin sei ihre, der Leser eigene Meinung ausgedrückt, sondern ganz anders macht: so nämlich, daß die Fragenserie in allen Befragten ständig, und von Frage zu Frage zunehmend, die Gewißheit erzeugt, es seien die da, die so eine Fragenreihe vorlegen (und erst recht natürlich diejenigen, die sie erstellt haben), im Besitze aller Gewißheit. Einer Gewißheit, welche dazu berechtige, ja berufe, ultimativ darüber zu entscheiden, was richtig sei und was falsch, was wahr und was unwahr – und folglich auch zu befinden, in welchem Verhältnis zu Richtigkeit und gleich auch Wahrheit diejenigen stehen, welche dem Verhör durch den Fragebogen ausgesetzt sind.

Das Merkwürdige an der Sache ist: Die Befragten machen sich diese Gewißheit der Fragenden auch noch selber zu eigen. Dieser Prozeß vermittelt den Inquisiven des Fragebogens eine diktatorische Macht.

Vielleicht melden sich bei den Leserinnen und Lesern, spätestens an dieser Stelle, Zweifel an; hoffentlich melden sich jetzt Zweifel an! – Zweifeln ist nicht verboten, vielmehr erwartet das deutliche Sagen Zweifel, es hofft auf sie. Nur das Sagen vermag ja Zweifel zu erzeugen. Aus dem Fragen dagegen können Zweifel nicht entstehen, naturnotwendig nicht: Das ist von den Bedingungen der Grammatik her so gefordert, weshalb auch niemand dagegen ankann. Das Fragen entbehrt der Gegebenheiten, aus denen der Zweifel wächst.

Sie wollen, bitte, sogleich die Probe aufs Exempel machen. Und sagen: »Ich zweifle an deiner Frage« – und alsbald merken Sie selbst, daß es nicht geht. Es ergibt keinen Sinn, wenn man so etwas sagt. Das Fragen entzieht sich dem Zweifeln, und dies ist es, was dazu führt, daß die Frage auch von jenen Zonen entfernt bleibt, wo Wahrheit, oder sagen wir: wo das Ringen um Wahrheit möglich und sinnvoll wird.

Zweifeln läßt sich nur an einer Sache oder an einer Aussage, das Fragen läßt Zweifel nicht zu. Es versagt sich jenem Grundrecht des Denkens, aus welchem, seit Descartes, die Hoffnung auf ein gelassenes, verantwortungsvolles Urteil einzig wächst.[46]

Was hier als für die Frage gültig angesprochen wurde, um wie vieles mehr muß es für einen ganzen Bogen voller Fragen gelten.

Aber noch ist ja der Zweifel nicht hinweg – der Zweifel,

von dem soeben festgestellt worden ist, daß ihn das sinn-
und verantwortungsbewußte Sagen ausdrücklich aufkommen läßt und daß es sich ihm stellt, statt ihn hinweg-
zufragen.

Ich stelle mich und verantworte meine Aussage sogleich,
indem ich einen Fragebogen selber reden lasse. Und um
der Fairneß willen nicht irgendwelche Produkte aus
einer drittklassigen Fragebogenküche, sondern eine
Stelle aus dem Quaestionarium des hochgeachteten Hans
J. Eysenck.[47] Geprüft werden soll in diesem Text nach
dem Wunsch des Fragers meine »Fähigkeit, das zu verstehen, was Sie lesen«. Und vorgelegt wird zunächst
folgendes Sprichwort:

(A) Segle, solange der Wind weht.

Daran schließen sich vier weitere Sprichwörter, eingeleitet durch den Vermerk: »Zwei der folgenden vier Sätze
haben etwa die gleiche Bedeutung wie das Sprichwort A.
Welche sind es?

Schmiede das Eisen, solange es heiß ist.
Man muß mit den Wölfen heulen.
Man soll das Heu einbringen, solange die Sonne
scheint.
Wer langsam fährt, kommt auch ans Ziel.«

So, jetzt geh hin und kreuze jene Sätze an, welche etwa
die gleiche Bedeutung haben wie das zuerst vorgelegte
Sprichwort. Richtig, brav so: Es sind die Sätze mit dem
Eisen und dem Heu! – Und wenn sich in Ihnen noch so
viel Widerstand regt gegen diese Vergewaltigung Ihres
freien Urteils, es nützt Ihnen nichts. Sie müssen mitma-
chen. Zu viel steht auf dem Spiel: eine Arbeitsstelle
vielleicht oder mindestens ein Fahrausweis, vielleicht
aber mehr, möglicherweise die Bewertung Ihrer geistigen

Zurechnungsfähigkeit, oder wer weiß, was. Sie müssen also, wenn Sie nicht sehr viel Charakter haben – *zu* viel vielleicht, mehr jedenfalls, als gut tut –, *mit den Wölfen heulen*, folglich einigermaßen freundliche Miene zum bösen Spiel, mithin zweimal ein Kreuzchen dort machen, wo Sie annehmen, der Fragebogenverfertiger wünsche eine Bekreuzigung von Ihrer Seite. Auch dann, wenn Sie versucht wären, in einem genaueren und wahreren Sinn Ihr Kreuzchen dort anzubringen, wo der Satz von den Wölfen und vom Heulen steht, es also dort hinzusetzen, wo weniger die Intelligenz als ein billiger Konformismus und Opportunismus gemessen wird.

Wer langsam fährt, kommt auch ans Ziel: wohl nicht an *das* Ziel, welches der Fragebogenfrager im Auge hat. Vielmehr an eines, das darauf wartet, daß es gesucht werde. Aber für so was, für den Ansatz zu einem Gedanken aus eigener Verantwortung, dafür hat so ein Fragensystem keinen Raum. Woher es denn auch kommt, daß die wirklich originellen Leute, aber auch jene, die sich in Situationen bewähren, welche der Examinator nicht vorausgesehen hat, gegenüber solchen Fragesystemen nahezu regelhaft versagen. Alles Wesentliche, Eigenständige, Mutige und Wahrhaftige fängt jenseits solcher schematisierter Fragen und zwangsläufig ins entsprechende Schema gezwängter Antworten an.

Mit diesem Hinweis auf Eysenck dürfte, so scheint mir, ein Beispiel von eher differenziertem, auch vergleichsweise taktvollem Fragen vorgelegt worden sein. Es gibt in den Batterien (sie heißen auch noch so scheußlich martialisch!) von Questionnaires und Inventories, und wie das alles sich nennt, unvergleichlich viel Schlimmeres, Taktloseres, Stureres, als in dem eben vorgelegten Befehl, Sinnverwandtschaft in Sprichwörtern aufzuspüren, verlangt wurde. Wir wollen nicht ins Primitive absinken, vielmehr oben bleiben: auf einem Niveau, welches die Auseinandersetzung lohnt und sie sinnvoll macht.

Wenn ich deshalb in dieser Auseinandersetzung von Hans J. Eysenck auf den Namen Ronald Laing übergehe, so darf ich wohl auf Zustimmung zählen, daß die Person, und was von ihr kommt, die Konfrontation wert sei.

Es soll also jetzt ein Fragebogen vorgenommen werden, welcher Laing, den berühmten Laing, den Antipsychiater Laing zum Autor hat, denselben Ronald Laing, dem wir solch bedeutsame Einsichten ins Wesen der Kommunikation und, vor allem, der Diskommunikation verdanken. Aus eben diesem Forschungsgebiet stammt ein Fragebogen (von Laings Hand), fünfunddreißig Seiten stark, welcher, nach Willen seines Verfassers »so schnell wie möglich« durch Anhaken beantwortet werden soll.[48]

Nun denn – auf los geht's los:

A Wie richtig, glauben Sie, sind die folgenden Feststellungen?
1. Sie versteht mich.
2. Ich verstehe sie.
3. Sie versteht sich.
4. Ich verstehe mich.

B Wie, glauben Sie, würde sie die folgenden Feststellungen beantworten?
1. »Ich verstehe ihn.«
2. »Er versteht mich.«
3. »Ich verstehe mich.«
4. »Er versteht sich.«

C Wie würde sie Ihrer Meinung nach glauben, daß Sie die folgenden Feststellungen beantwortet haben?

    1. Sie versteht mich.
    2. Ich verstehe sie.
    3. Sie versteht sich.
    4. Ich verstehe mich.

Das läuft so weiter, wie gesagt, 35 Seiten hindurch, und endet mit folgender Serie:

A Wie richtig, glauben Sie, sind die folgenden Feststellungen?
    1. Sie ist nett zu mir.
    2. Ich bin nett zu ihr.
    ...

C 3. Sie ist nett zu sich.
    4. Ich bin nett zu mir.
    ...

Uns ist gegenwärtig: Mit dieser Frageserie hat Laing etwas Besonderes und sehr Genaues im Sinn; Laing müßte nicht Laing sein, wenn es anders wäre. Was diese Fragekaskaden anbetrifft, so soll dadurch das Verwirrspiel der Sprache nicht nur merkbar, vielmehr soll es am Probanden direkt und unvermittelt wirksam werden. Laings »Knoten« sollen, dem Werk des Midas gleich, vor den Probanden erscheinen, als Abbilder der verworrenen Beziehungen – zu sich selbst gleichwie seinen Nächsten –, in denen er lebt. Die eindrucksvolle Wiedergabe der Verknotungen, in denen wir miteinander umgehen, sichtbar gemacht an den merkwürdigen und in Sprache gefaßten Vorstellungen, Hoffnungen, Befürchtungen, können vermittels Laings Jargon eine vielleicht heilsame Verwirrung erzeugen – aber nur dadurch, daß die Verwirrung den Leser in jenen Drehschwindel zwingt, welcher von der am Ende erfühlten Sinnlosigkeit all dieser

Wort- und Satzfolgen ausgeht. Das alles bedeutet ja zu guter – oder schlechter – Letzt nichts mehr, dieses ouroborosgleiche Gefasel, welches das ständige Danebengehen von noch so genau benennenden Worten zurückläßt. Und nun soll dieses Ragout von Sätzen mit den hämmernden Rhythmen, mit ihren beständig (fast) gleichen Texten unvermittelt einen Sinn bekommen – so viel Sinn, daß jemand mit Kugelschreiber anhaken kann, was jeweils für ihn gilt. Das geht daneben! – Und daneben geht auch, daß die Versuchsperson nicht sagen darf: Erbarmen, Herr Laing, ich bin verwirrt, ich kann nicht mehr weiter – ich bin verwirrt, und Sie sind verworren; aus Ihrer Verworrenheit kommt manche Einsicht, aber doch bitte nicht die Basis für eine Testsituation. Und vor allem: Mißbrauchen Sie nicht mich, meine Hilflosigkeit und mein Ausgeliefertsein für Ihre Experimente – Herr Ronald Laing, hochgeachtet als Anti-Psychiater!

Vielleicht könnte es damit sein Genügen haben, mit diesen zwei Beispielen. Es sollen aber noch zwei weitere Fragebogen-Exempel vorgelegt werden. Ebenfalls, zur Wahrung des Niveaus, wiederum ein solches aus der Feder eines Autors von anerkanntem Rang. Diesmal des Psychiaters Aaron T. Beck, der sich mit seiner kognitiven Therapie der Depression einen Namen gemacht hat. Und aus einem von Becks Büchern zum Thema Depression stammt die Wiedergabe des bei ihm gebräuchlichen Fragebogens, Beck-Depressions-Inventar[49] genannt. Depressions-»Inventar«, der Name sagt es, auch wenn die Übersetzung nicht ganz sinnentsprechend ist, das Wesentliche bleibt: Die Depression soll also inventarisiert werden. Schon das Vorhaben an sich klingt demjenigen, der täglich Begegnungen mit Depressiven hat, merkwürdig. Daß man so etwas wie die

Depression inventarisiert ... Aber lesen Sie, *wie* das geschieht:[50]

A 0 Ich fühle mich nicht traurig.
  1 Ich fühle mich traurig.
  2 Ich bin die ganze Zeit traurig und komme
    nicht davon los.
  3 Ich bin so traurig oder unglücklich, daß ich
    es kaum noch ertrage.

  . . .

E 0 Ich habe keine Schuldgefühle.
  1 Ich habe häufig Schuldgefühle.
  2 Ich habe fast immer Schuldgefühle.
  3 Ich habe immer Schuldgefühle.

Diesmal muß das Opfer vier Seiten durchhalten – ein Mensch in der Depression, wohlgemerkt! – So jemand muß also ankreuzen, ob, und falls ja, welches meßbare Quantum an Schuldgefühlen er hat. Wer aber, in der Depression gleichwie außer ihr, einem anderen als mit Schuldgefühlen Belasteter vorkommt, der *hat*, seiner Gewißheit entsprechend, *nicht* Schuld*gefühle*, er *ist schuldig*. Und wenn man hingeht und macht aus der Schuld mit alledem, was von ihr mit eiserner Klammer umfaßt wird, eine Reihe von meßbaren Größen: So hat man auch schon jede Chance gegenüber dem Depressiven verloren. Man kann sich dann noch auf ein Gesellschaftsspiel einigen – und der depressive Patient spielt mit, etwas anderes bleibt ihm in seinem Zustand schon gar nicht mehr übrig – dann merkt der Befragte bald, was man von ihm will. Und dieser Forderung getreu füllt er den Fragebogen aus. – Was jedoch die Depression anbetrifft: Sie wird, angesichts solcher Inquisiven, eine

Wandlung erfahren, nämlich einer indifferent-indolenten, einer verhalten resignierten Einstellung Platz machen, und der Fragebogenfrager wird dann nicht zögern, auch noch zu notieren, sein Patient sei von der Depression gebessert, womöglich geheilt ... Aber die Antworten: Die sind prachtvoll und also wunschgemäß. Der Befragte – und besonders, wenn es ein depressiver ist – weiß, wie es anzustellen ist, um zu den Bedrängnissen der Depression nicht auch noch diejenigen erleiden zu müssen, welche ihm vom Fragebogen zugemutet werden.

Der Rest sei der Leserin und dem Leser zur eigenen Erfahrung anheimgestellt. Nehmen Sie nun die Formulare vor, welche in den Untersuchungsstationen aufliegen, MMPI, FPI und wie sie heißen mögen:[51]

1. Ich habe die Anleitung gelesen und bin bereit, jeden Satz offen zu beantworten.
2. Ich gehe abends gerne aus.
3. Ich schließe nur langsam Freundschaften.
4. Ich bin immer guter Laune.
5. Ich schlage selten zurück, wenn man mich schlägt.
  ...
17. Ich kann so wütend werden, daß ich z. B. Geschirr zerschlage.
18. Es macht mir offen gestanden manchmal Spaß, andere zu quälen.
  ...
24. Ich glaube, daß man Böses mit Gutem vergelten soll, und ich handle dementsprechend.
  ...
28. Wird einer aus meinem Freundeskreis angepöbelt, so besorgen wir gemeinsam die Strafe.

29. Ein Hund, der nicht gehorcht, verdient
Schläge.
. . .

33. Wenn ich Zuflucht zu körperlicher Gewalt
nehmen muß, um mein Recht zu verteidigen,
so tue ich es.
. . .

Hübsch ist es, dieses Verwirrspiel, und genau berechnet
auf seine Wirkung hin. Zwischen Ziffer 5 und 17 sind
unverfängliche Fragen eingestreut, gut abgestimmt, um
die Probanden vom Thema wegzulocken und sie danach
unmerkbar dahin zurückzuführen, wo man sie haben
will. So geben sie eher ihre Selbstkontrolle preis und
merken weniger, ob sie sich verraten, und wann sie ins
Netz gegangen sind, und wie. Wirklich, ein Untersu-
chungsrichter alter Schule könnte für die Technik des
Kreuzverhörs davon lernen – aber dieses Formular liegt
in einem psychiatrischen Institut auf; an einem Ort, den
man in Not und aus dem Wunsch nach Linderung von
Leid besucht!
Vielleicht wird langsam ersichtlich, worum es geht: nicht
nämlich darum, wie genau so ein Fragebogen das aufschließt, was er vermittels Antworten zu erkunden vorhat, sondern *daß* er aufschließt – und wie er es tut.
Nämlich: beschämend zunächst, aber sehr bald die
Befragten schamlos machend. Wer solche Formulare
beantwortet, kann nicht anders als binnen kurzem seine
Scham preisgeben. Ich zweifle, ob dies die Aufgabe derer
sein soll, die sie benutzen. Zu deren Entlastung will ich
gern annehmen, daß sie sich nicht vergegenwärtigen, was
sie bewirken. Aber vielleicht tun sie gut daran, sich
selber einmal dem amüsanten Spiel auszusetzen, welches
der Fragebogen mit ihren Patienten anstellt, damit sie

merken, was *sie* anstellen, während sie so ein Papierchen vorlegen.

Wenn aber – so werden Sie wohl jetzt bemerken –, wenn nun aber das Gericht genaue Daten verlangt; etwa die Intelligenz betreffend. Dann bleibt doch gar nichts anderes übrig als solche Fragebogen in allen Variationen. – Nun, ich habe recht oft schon Gutachten schreiben müssen, ungern, aber oft. In den letzten Jahren habe ich es stets vermeiden können, Fragebogen in Gebrauch zu nehmen, und nie habe ich seitdem irgendwelche Schwierigkeiten mit den betreffenden Gerichts- oder Amtsstellen bekommen.

Sollte es nun doch einmal unumgänglich sein, daß so ein Formular zur Hilfe genommen werden muß, so würde ich zuvor letzte Klarheit schaffen und meinem Exploranden sagen: Sie müssen wissen, jetzt fungiere ich nicht als Arzt, sondern ich bin, indem ich Ihnen dieses Papier zum Ausfüllen gebe, ein Gerichtsbüttel. – Das *muß* die Probandin, muß der Proband wissen. Dann wissen die Prüflinge nämlich auch dies: daß sie das Recht haben, die Beantwortung der Fragen zu verweigern, ohne daß ihnen daraus irgendwelcher Schaden erwächst!

Und auch das müssen sie wissen: daß die Fragereien, namentlich die zurecht- oder zuunrechtgebogenen Fragebogenfragen Schaden stiften können. Man beantwortet etwas – und hat sich nicht Rechenschaft darüber abgelegt, was man beantwortet hat, und wie geantwortet. Aber jetzt steht's so da, schwarz auf weiß, nicht zu widerrufen, und das Schlimme ist: Aus dieser Frage, aus der Antwort darauf, werden subsequent weitere Fragen abgeleitet; im Netz dieser weiteren Fragen ahnt man: Jetzt, da ich das lese, wird mir gegenwärtig, ich hätte

vorher, zwei Seiten zurück, anders antworten sollen.
Das merke ich erst jetzt, da man mich behaftet. Behaftet
bei etwas, das ... – eben gelt, jetzt kommt es heraus,
jetzt kommt es ans Licht! – So wird dann der Schluß des
Fragebogenfragers, ausgesprochen oder unausgespro-
chen, lauten, der Triumph des Fragebogens. Oft, aber
nicht notwendigerweise dadurch, daß jetzt das befragte
Objekt als Lügner überführt dasteht, immer jedoch insofern, als das Opfer dieses Inquisitoriums sich irgendwann ausgeliefert erlebt. Und das ist die Situation, welche der Fragebogerei die Schwächen der Befragten offenbar macht. Als Augenblick der Wahrheit sehen und
bezeichnen die Fragekundigen diese Gegebenheit – ach,
was man so alles Wahrheit nennen und wie viel Men-
schenfleisch man unter der Fahne der Wahrheit auf gera-
den, geflammten und krummen Säbeln aufspießen
kann!
Wohlgemerkt: Ich behaupte nicht – ausdrücklich nicht –,
daß die Fragebogen, ihre Schöpfer und namentlich
deren Adepten, bösartige oder auch nur geringschätzige
Absichten mitbringen, wenn sie mit ihren Papieren
daherkommen. Sie legen sich einfach nicht Rechenschaft
davon ab, was sie tun. Die abendländische Frage-Gläu-
bigkeit hat den Waagebalken längst zuverlässig und sehr
stabil mit der Frage-Freudigkeit auf der Gegenseite aus-
tariert. So sehr, daß die Erkundigungen der Meinungs-
forscherei längst den Stellenwert gewonnen haben, den
man einstmals den Priestern der Pythia und deren dunklen Orakeln zugestanden hatte. Hier wie dort werden
Schicksale nicht vorausgesagt, sondern gemacht. Die
einst Pythia hieß, wird heute voll Achtung, gemischt
mit gläubigem Erschauern vor so viel Voraussicht, als
Frau Professor Elisabeth Noelle-Neumann angerufen:

sie, die alles weiß, was sein wird. Wie groß erst das
Erschauern, wenn die Pilger ins Delphi von heute wüßten, daß dort beschlossen – und nicht gewußt – wird, was
geschieht!

*

Die Fragebogen, inzwischen sind sie in der guten Gesellschaft, unter den Arrivierten und Prominenten längst
zum noblen, exklusiven Sport geworden, zu einer Vanity
Fair, auf welcher der siegt, der die anderen geladenen
Teilnehmer mit möglichst geistvollen, nämlich unerwar-
teten Backs aussticht. Schon wer öffentlich dazu eingeladen wird, wie früher in die elitären Tennis-, Golf- oder
Poloclubs, der darf sich als ausgezeichnet auffassen.
Und so geht das denn auch zu: Vor kritisch anfeuernder
Öffentlichkeit und vor dem kiebitzenden Publikum
unterziehen sich die Auserwählten ihrer Gewissensfor-
schung, auf der Bühne einer hochangesehenen Zeitung
oder auch glanzvoll versammelt zwischen den Deckeln
eines illustrierten Prachtbandes, der auf zweihundert
Seiten nichts bietet als Fotoposen der Befragten, stilvoll
neben deren Antworten auf ihnen zugesandte Fragebogen gesetzt. Öffentlich werden da intime Bekenntnisse
abgelegt. Auf Fragen wie: ob man an Gott glaubt; oder
wer man lieber wäre, wenn man nicht wäre, der oder die
man ist. Und so fort.[52]
Allesamt haben sie geantwortet, und sie schämeten sich
nicht. Obgleich sie spürbar gemerkt haben, wie schamlos
so ein Gesellschaftsspiel, ausgetragen vor lüsterner
Öffentlichkeit, die geil darauf wartet, ob und wo jemand
seine Schwächen oder Kleinheiten preisgibt, erscheinen
muß. Aber dem wissen sie sich zu entziehen, es müßte
nicht die Elite des Volkes sein! Und tun es so: Sie drehn
den Spieß – oder die Linse – um. Derart, daß sie in ihren

Antworten nie das preisgeben, was etwa einen verbindlichen Schluß auf ihre Überzeugungen oder Gemütsregungen zuließe. Statt dessen überbieten sie sich in geistvollem Wettbewerb mit Aperçus, deren verbindender Inhalt im Überraschungseffekt liegt – im Effet, wie beim noblen Sport. Allerdings, da geht es nicht nur um Sport. Die Befragten wünschen, weit darüber hinaus, klarzustellen, daß sie über Glaubens- und ähnliche Probleme, über Zweifel gar, hinaus und daher berufen sind, unter die Verkünder zu gehn. – Ob sie an Gott glauben? Gott soll an sie glauben, dann wird die Welt schon besser.
Dank dem Fragebogen.
Zum Schluß eine weitere, letzte Illustration zum Thema Fragebogenspiel: die Ehevermittlung durch die Methode der Inventories. Längst ist sie daran, die älteren Fräuleins zu verdrängen, welche mit oft beängstigender Menschenkenntnis in einem dunklen Raum, meist zuoberst in der abgeschrägten Wohnung eines Miethauses, ihre Klientinnen und Klienten empfangen, sie auch zusammengebracht haben. Lebenserfahrung und ein Sensus für das, was zusammengehen könnte, hat sehr oft das Passende zum Passenden geführt. Jetzt macht es der Test, der wird ausgefüllt und dann dem Computer eingegeben.
Ein Paar von solcherweise Zusammengebrachten sitzt jetzt bei mir im Sprechzimmer. Nicht allerdings jene Sorte Traummädchen und Traumjunge, wie sie im Prospekt des Ehe-Institutes das stete Glück versprechen, nicht also »sie Airhosteß, 25 Jahre alt« (mithin doch schon in der Mitte der Twenties, also höchste Zeit!) und er »Geschäftsführer, über dreißig«, beide natürlich blendend aussehend und begütert, folglich, so weiß man im voraus, fähig und bereit, fünfzig Ehejahre ohne Anflug von Schatten durchzulaufen. Nein, das Ehepaar hier und jetzt im Sprechzimmer ist zweimal an die

vierzig. Der Computer hat, so sieht es aus, rechte Arbeit geleistet und die Richtigen zueinandergeführt. Software triumphiert.

Wenn nur alles besser klappen würde. *Wie* schlecht es klappt, darüber geben sich die beiden Eheleute gar nicht genau Rechenschaft. Sie sehen nur die sexuelle Schwierigkeit und, daraus entstehend, die Kinderlosigkeit nach bald zwei Jahren Ehe. – Nun wollen wir gewiß nicht in Illusionen und falschen Vorstellungen leben: Dergleichen kommt kaum seltener bei Ehen vor, die ohne maschinelle Vermittlung geschlossen wurden. Was hier jedoch die Sache so schwierig macht, ist die Überzeugung von Mann und Frau, die Apparatur, die sie vereinigt hat, sei vollkommen verpflichtet, einher mit ihrer Vermittlerfunktion auch den Kindersegen zu liefern. So, wie sie zusammengekommen sind, genau so wollen sie weiterleben: durch Vermittlung von außen, ohne also selber etwas für den Verlauf ihres Eheschicksals zu tun.

Nach wenigen Gesprächen ergibt sich: Daß diese Art Segen ausbleibt, *das* ist der Segen, für das nicht Geborene, das nicht Gezeugte jedenfalls, wenn es ausbleibt, als Frucht eines solchen Paares! Die Frau ist deutlich geistesschwach, der Mann charakterneurotisch. Wahrhaftig: Ähnliches hat zu Ähnlichem gefunden, und vielleicht könnte trotz der Hemmnisse, die aus solchen Affektionen kommen, ein sinnvolles und ersprießliches Eheleben wachsen, ein Miteinander durch Jahrzehnte – freilich: ohne Nachwuchs. Das muß die Bedingung bleiben, sonst geht es schlecht aus.

Aber da ist nichts zu machen: Kinder müssen her – dafür hat man das Institut beansprucht! Unter diesen Umständen weigere ich mich, eine Therapie zu führen, deren einziges Ziel die Erfüllung von Kinderwünschen zu sein hat.

Und wirklich: Kaum zwei Jahre später begegne ich dem Paar: sie hochschwanger. Und fragt, siegesgewiß auf ihren Leib deutend: »So, Herr Doktor, was sagen Sie jetzt?«
Natürlich habe ich nichts gesagt, aber dies gedacht: Bitte behaupten Sie niemals, daß ich der Vater dieses Kindes sei ...

Zurück zu Proust und seinem Fragebogen:

Was ist für Sie das größte Unglück?

Wenig später:

Was wäre für Sie das größte Unglück?

Und weiter:

Was möchten Sie sein?
Wie möchten Sie sterben?
Ihre gegenwärtige Geistesverfassung?
...

Vive la décadence!

Fragen kann krank machen.
Sagen kann gesund machen

Die Handlung spielt auf der Intensivstation eines großen Spitals, irgendwo in der weiten Welt. Und eben ist einer von den Patienten daran, aus tiefem Koma zu erwachen. Er hat Glück gehabt – oder Unglück: Man weiß noch nicht, wie er selber es ansehen wird. Vor allem hängt die Entscheidung Glück/Unglück nicht unwesentlich von dem ab, was alsbald geschieht: ob nämlich die Ärztin vom Dienst kurz danach sich an diesen der Welt Wieder-gegebenen mit der Frage richten wird: »Warum haben Sie das getan?« – oder ob sie eine Frage, solcher oder ähnlicher Art, unterläßt.

Es handelt sich, das ist nicht schwer zu erraten, um einen Selbstmordversuch. Eben noch hat man den tief Bewußt-losen im Winterwald gefunden, unterkühlt und mit einer großen Menge Schlafmittel im Blut. *Und jetzt diese Frage!* – Hätte er jemanden gehabt, dem er auf derlei Fragen hätte antworten können, er würde das alles nicht getan haben. Hätte er sich nicht vor dem Befragtwerden gefürchtet, hätte er reden können – ohne begründen zu müssen, und *vor dem Fragen ist Begründen allemal gleichbedeutend mit Rechtfertigen* –, die ganze Szene, welcher wir eben beiwohnen, wäre ausgeblieben. Aber vielleicht, wenn der Erwachende davonkommt, kann aus dem verhängnisvollen Entschluß, und aus Rettung im letzten Augenblick, mag sein, zunächst gegen den Willen dessen, der noch röchelnd daliegt, eine Hoffnung, etwas wie eine Wiedergeburt werden; unter *einer* Bedingung: daß jetzt niemand daherkommt und fragt, weshalb . . .

Eine derartige – oder ähnliche – Frage bindet zurück an

all das, was mit dem Entschluß zum Freitod gleichbedeutend ist: in den Augen dieses Patienten, aber nicht nur in
den seinen. – Jetzt gibt es eine Chance: zu schweigen und
danach behutsam zu reden. Und nicht zu fragen. Und
nichts zu fragen. Diese Chance sollte genutzt werden.

*

Nicht weit vom Ort der ersten Handlung ist die zweite
plaziert. Eine Handlung allerdings, die keine ist, und
deshalb sitzt die jüngere Frau auch auf der psychiatrischen Abteilung desselben Krankenhauses. Diagnose:
Depression.
Die psychiatrische Systematik hat es sich zur Gewohnheit gemacht, im wesentlichen zwischen zwei Depres-
sionsformen zu unterscheiden: der endogenen und der
reaktiven. Als Albrecht Dürer vor vierhundertacht-
undsiebzig Jahren – 1514 – diesen Zustand gleich zweimal gültig im Bilde festhielt, einmal »Melencolia I« beti-
telt, das andere Mal mit dem Vermerk »mein frume
muter Barbara Dürerin« bezeichnet, hat er es unterlassen, derlei adjektivierende Hinweise – oder ähnlich lau-
tende – beizufügen. Er wußte, was er tat, als er es *nicht*
tat. Er mochte geahnt haben, daß die Abhebung des »von
innen Kommenden« gegenüber dem »von außen Zuge-
fügten«, also eben des Endogenen vom Reaktiven,
äußerst willkürlich ist und in der Unbedachtheit, mit der
sie vollzogen wird, etwas Anmaßendes an sich hat. Vor
vielen Jahrzehnten, als er noch Arzt in Heidelberg war,
hat Karl Jaspers das Schisma endogen/reaktiv ersetzt
durch das Begriffspaar uneinfühlbar/einfühlbar.[53] Damit
hat er die Sache, und den Anspruch, den sich der Dia-
gnostiker zuerkennt, eingegrenzt; er hat sie zurückge-

nommen auf die Masse an Möglichkeiten, welche dem
Arzt gegeben sind, seine Empathie wirken zu lassen –
und mehr noch auf die Grenzen, die der Einfühlensbe-
reitschaft gesetzt sind.

Man müßte freilich noch eine Stufe weitergehen, als
Jaspers gegangen ist, und sich dann besinnen, was man
jeweils für einfühlbar hält, was nicht – oder, richtiger
gesagt, welchem Sachverhalt man noch das Beneficium
zukommen läßt, daß es für einfühlbar (sive reaktiv)
gelten darf, und welcher Situation man diese Wohltat
vorenthält. Im Gefolge einer solchen Überlegung ergibt
sich dann unerwartet die Einsicht, daß durchaus persön-
liche Maßstäbe, zumeist auch noch ideologisch ausgerichtete, jeweils darüber bestimmen, was für reaktiv =
einfühlbar zu gelten habe, was nicht. Und wenn man sich
darauf besinnt, wie man zu solchen Schlüssen gekommen
ist, so ergibt sich, zunächst überraschend, die Erkenntnis, daß es *das Fragen* war, welches das ganze Spiel um
eine so ernste Sache in Bewegung gebracht hat. Das
Fragen, wenn es sich anheischig macht, die Natur der
Schwermut zu erkunden. Als wäre – betrachten Sie
Dürers Stich! – Melencolia nicht darauf aus, sich solchem
Vorwitz zu entziehen.

In dem Maße, wie die Patientin es fertigbringt, sich vor
der Ausfragerei zu bewahren, im selben Ausmaß wird ihr
Zustand erträglicher. Wenn sie imstande ist, den Fragen
entgegenzutreten, ihnen standzuhalten und zu sagen:
»Lassen Sie mich bitte in Ruh, Herr Doktor, vorgestern
ist meine Schwiegermutter gestorben«, und der Arzt
notiert befriedigt: »Schwiegermutter tot, also reaktive
Depression«, womit er die Patientin mit ihrem Kummer
über die Schwiegermutter allein und – wunschgemäß – in
Ruhe läßt, so ist einige Chance gegeben, daß die Kathar-
sis ihren Verlauf nehmen kann, ungestört von Frage-

reien, die sie hemmen, ja die Befreiung von dem selbstge-
wählten Einschluß ins Gehäuse verbieten.

Dies ist der Grund, der einzige, weshalb man der reaktiven Depression bessere Prognose zuschreibt: Ist diese
Diagnose gemacht, so ist die Umwelt – der Arzt damit –
zufriedengestellt, und niemand stört mehr durch ein
Fragen, das keine Antwort erwarten darf. Man braucht
die Antwort nicht – und muß also nichts fragend erkunden – um zu wissen, daß man nichts über die Patientin zu
wissen braucht.

*

Nur *eines* muß man wissen. Das ist: wie anzureden, wie
zu antworten. Dieses Wissen jedoch ergibt sich, situa-
tionsimmanent, aus den Voraussetzungen des Zusam-
mentreffens; man muß nichts dazu tun, daß es geschieht,
man braucht lediglich sein Aufkommen zuzulassen.
Genauer: es nicht zu verhindern. Dann kommt es von
sich aus dazu.

Die These, welche dieser Auffassung zugrunde liegt, ist
wie schon des öfteren so zu formulieren: *Verstehen heißt
antworten.* Statt weitere theoretische Überlegungen
anzustellen, will ich anhand einer weiteren realen Situation erläutern, was gemeint ist.

Nahezu blind ist die Patientin, die mir gegenüber sitzt.
Nicht dies hat sie freilich in unsere Behandlung geführt.
Gegen die fortschreitende Erblindung ist, so versichern
die Augenärzte, nichts zu tun. Aber die Frau ist in den
letzten Wochen völlig verstummt – sprachlos geworden,
richtiger gesagt. Statt in Worten zu reden, grimassiert sie
in häufigen, zunehmenden Paroxysmen vor sich hin.
Wer jetzt darauf aus ist, daß dieser Zustand bestehen-
bleibt, braucht nur hinzugehen und zu fragen: »Warum

grimassieren Sie?« – »Was bedeutet Ihr Grimassieren? Was wollen Sie damit sagen?« und ähnliches. Ein Grimassierverbot wird dasselbe bewirken, ebenso jede Art von Dekonditionierung. Stets wird sie weiter schweigen und dazu ihr Antlitz wetterleuchten lassen.

Aber etwas anderes läßt sich tun, etwas durchaus im Sinne der eben vorgelegten These Gehaltenes: Verstehen heißt antworten. Nämlich: antworten in derselben Sprache, in der man angeredet wurde. Diese Sprache spricht hier nicht durch Worte, sondern in Gesichtsbewegungen, Tics – mehr: Sie redet vermittels Grimassen. Die Grundthese, auf eine gegebene Situation übertragen, belegt sich selbst wie folgt: hier und jetzt *auf* Grimassen *mit* Grimassen antworten, *in* Gesichtssprache *auf* Gesichtssprache.

Genau das geschieht. Ich setze mich der Frau gegenüber. Und weil sie blind ist, und weil jeder Mensch ein Recht darauf hat, zu wissen, was um ihn geschieht, sage ich ihr, daß ich mit meinem eigenen Gesicht nun die Bewegungen vollführe, die ich aus ihrem Gesicht ablese. – Dies wird getan. Mitarbeiter sind zugegen. Mögen sie über mich denken, was sie wollen – jetzt geht es um Verständigung mit einer verstummten Frau, die am Erblinden ist. Und so grimassiere ich, genau so, wie Frau X es tut.

Während meine Fazialismuskulatur das Spiel wiederholt, welches auf dem Stuhl mir gegenüber sichtbar wird, gebe ich eine Deutung bei und sage etwas wie dieses: »Frau X, was *Sie* erleben, weiß ich nicht – brauche ich jetzt nicht zu wissen –, ich kann Ihnen aber sagen, was *mir*, mir selbst, widerfährt, wenn *ich* handle, wie Sie es tun: Unvermittelt kann ich nämlich fühlen, daß ich ein Gesicht habe, ich spüre es, dieses Gesicht. Jetzt weiß ich, wo ich nach außen eingegrenzt bin. Nun gehe ich mir nicht mehr verloren, und ich würde mich den Blicken der Umwelt weniger ausgesetzt fühlen, wenn ich – wie Sie – auf deren Blicke nicht mit meinen eigenen Blicken antworten könnte.«

Solches oder ähnliches habe ich gesagt. Es sind weniger, aber dem Sinne nach ungefähr diese Worte gewesen.

Nun muß ich erläutern: Hier ist in einem zugleich zweierlei geschehen – und dies in zwei verschiedenen Dimensionen oder Systemen. Erstens wurde auf Anrede geantwortet, durch den Akt des beiderseitigen Mienenspiels; dies war ein Prozeß systemgleichen oder -immanenten Verhaltens, ich nenne es *Antwort*. Zum zweiten ist *gedeutet* worden, also interpretiert, und dies sinn- und wortgetreu (*inter-pretari*) durch Hinübernehmen aus einem System (der Sprache des Gesichtes) in ein anderes System (die Wortsprache); also: systemtranszendent.

Was auch immer für ein Kommentar zu diesem Vorgehen zu finden sein mag, am Ende ist dieses wichtig: Frau X hat mit Grimassieren aufgehört und alsbald zu reden begonnen. Der Wahrheit die Ehre, damit allein war sie nicht geheilt. Wir hatten noch ein ganzes Stück Arbeit vor uns. Aber ein Hiatus zur Heilung war aufgetan und danach nicht mehr verschlossen.

Von meiner Deutung ist merkwürdigerweise nicht mehr gesprochen worden – von vielem sonst, nicht aber davon, ob Frau X das nämliche gefühlt hat, während sie grimassierte – und ob sie, ihrem Dafürhalten nach, grimassieren mußte, um sich selber nicht abhanden zu kommen – oder ob sie dabei etwas anderes erlebt hat. Ich weiß das bis heute nicht. Ich muß, ich will es nicht wissen. Freilich, deshalb kann ich auch nicht auf die Frage eingehen, ob meine Deutung richtig oder falsch gewesen sei. Da es keine Instanz gibt, die ein so gewichtiges Urteil abzugeben vermöchte, ist die Frage, noch

nicht gestellt, schon obsolet. – In einem andern Fall habe
ich, wenn man es puristisch nimmt, sogar ganz gewiß
falsch gedeutet: Einem Patienten mit extremem Schwit-
zen (und anderen sehr störenden Erscheinungen) sagte
ich: »Wenn Sie einmal weinen können, wird das vor-
übergehen« – es *ist* kurz danach vorübergegangen und
vieles andere ist im Gespräch zutage gekommen. Aber
weinen habe ich den Patienten jahrelang nicht gesehen! –
Die falsche Deutung hat etwas Richtiges – oder sagen
wir: etwas Sinnvolles – erzeugt. Eine richtige Deutung
kenne ich bis heute nicht.
Dem Schreibenden ist bekannt, daß es Leute gibt, die für
sich beanspruchen, sie wüßten, was das sei: eine richtige
Deutung. Kopfschmerzen z. B. deklarieren sie als zu viel
Kopf, als Kopflastigkeit. Außer es könnte auch umgekehrt zu deuten sein: Der Kopf schmerzt – er beklagt
sich, er werde zu wenig gebraucht und wolle gleichsam
sagen: »Es gibt mich (für dich), nutz mich doch.«[54] – Ich
vermöchte nicht zu entscheiden, welche von beiden Deutungen *grundsätzlich* die richtige sei; auch nicht, wo die
Grenze zwischen Interpretation und Über-Interpreta-
tion liege. In ärztlicher Deutungsarbeit geht es ja nicht
darum, schöpferischen Eigensinn und -willen zufriedenzustellen, sondern etwas in Bewegung zu bringen, wo
vordem nichts geschehen ist; wo statt dessen nur Störung
und Schmerz gewirkt haben. Es dürfte deshalb das Zuge-
ständnis förderlich sein, daß sich nicht entscheiden lasse,
was eine richtige Deutung sei, was nicht: förderlich für
den Kranken gleichwie für die Erkenntnis.
Eins scheint mir gewiß: Zustimmung seitens des Patienten darf allein nicht zum Maßstab von Richtig oder
Falsch gemacht werden. Und dies deshalb nicht, weil
jeder Mensch (*jeder* – und nicht allein der Patient im
psychotherapeutischen Gespräch) am Widerspruch viel

eher zu sich selber kommt als an gehorsamer Zustim-
mung. Unvergleichlich viel wirksamer – für jede Art von
Selbstfindung – als das einfache Ja ist stets das kreative
Wort: Nein, aber ...

*

Fragen kann kränken, sagen kann gesund machen oder
erhalten. Und nicht einzig im ärztlichen Sprechzimmer,
sondern durchweg. – Gehen Sie hin, wo Sie nicht hinge-
hören: lauschen an dem Ort, wo zwei ihre Liebe zu leben
versuchen, aber diese Liebe ist in Bedrängnis. Was sich
daran hören läßt, daß die beiden das Schweigen ihrer
Zweisamkeit nicht mehr ertragen. Jetzt muß es zerredet
werden – zerfragt – damit die beiden einander nicht noch
ferner kommen.
Und die Frage, mit der sie ihn zu sich zurückholen will,
in ihrer Not nicht spüren könnend, daß sie ihn damit
noch weiter abdrängt, ist immer dieselbe. Sie lautet:

Was denkst du?

Wisse: Wer nicht mehr, ohne zu denken – ohne irgend-
was oder an irgend etwas zu denken –, um die Liebe
herum träumen darf, denkt sich von der Liebe hinweg.

*

Fragen kann krank machen, sagen kann bewahren –
selbst wenn der Tod schon vor der Tür steht. Sogar
dann, wenn es der nukleare Tod ist, das Ende im ato-
maren Genozid. – Im Gespräch über diesen treffen wir,
es ist nach Tschernobyl, eine Familie an, irgendwo rund
um die Erde, und das Kind fragt:

Was passiert, wenn die Atombombe losgeht?

Dieses Kind hat Eltern, denen Wahrheit die Deutlichkeit der Realität ist, nicht die bewegende Wirkung des Wortes. Und aus dem heraus, was ihnen als Liebe zur Wahrheit gilt, antworten sie ohne weitere Besinnung dem fragenden Kind:

Dann sind wir alle tot.

Nur, die Eltern überhören, daß das Kind sich nichts hat vorstellen können: weder unter den Realitäten noch unter den Bedrohungen dahinter, noch unter dem Text und Sinn dieser Antwort. Atomare Bedrohung ist diesem Kind, was der Tod jedem Kind ist, und wenn es fragt, was es mit der Bombe auf sich hat, so fragt es, wie und was es sonst zu fragen gewohnt ist, um zu erkunden, wo seine Eltern sind und wer sie ihm sind. Das Kind will wissen, ob es sich seiner Eltern vergewissern darf. Und darauf kann die Antwort nicht heißen: »Dann sind wir tot«, sondern:

Dann sind wir bei dir.

Und sich, den Eltern, sagen sie damit: Auch wenn wir alle zugrunde gehen, es macht einen Unterschied, wie es sein wird, eh wir zugrunde gehen. Das Kind erkundet, was es von den Eltern zu erhoffen hat.
Versicherndes und bewegendes Sagen versagt auch nicht vor vernichtender Bedrohung.

Wer? – wie? – was?
der – die – das:
Ein Kapitel Sprachsoziologie

Die bürgerliche Evolution der Frau, längst fällig, nunmehr langsam wahr werdend, bringt uns, wie jede Evolution es ergibt, dahin, daß wir offen werden für Probleme, die zuvor nicht als Probleme, nicht einmal als Fragen und auch nicht als Gewißheiten (die man anzweifeln könnte) unter uns gewesen sind. Das am wenigsten Reflektierte, »das Zeug« entzieht sich der Vergegenwärtigung und damit dem Hinweis auf die Bedeutung, welche ihm, dem Zeug, als dem Erzeugt-Erzeugenden zukommt. So kann es kommen, daß vermeintlich zu Diensten Stehendes uns beherrscht, ohne daß wir dessen innewerden.

Ich will zeigen, was gemeint ist, an einem Bereich unserer Sprache, der sich der Reflexion entzieht, weil er zunächst »nur« durch den Klang auf Bedeutungsgemeinsamkeiten zu weisen scheint. Besondere Aufmerksamkeit verdient diese Gemeinsamkeit der Bedeutung deshalb, weil sie nicht durchweg für alle Sprachen, ja nicht einmal für eine Sprachfamilie gilt (in welchem Falle man von sprachimmanenter Gesetzlichkeit reden könnte), sondern nur für eine einzige, in diesem Fall für die deutsche Hochsprache der Gegenwart zutrifft.

Es geht hier um folgendes: um die merkwürdige, genaue *namensimmanente Gemeinsamkeit zwischen den drei Fragepronomina und den drei bestimmten Artikeln des Singulars*, wie sie im Titel als Reime mit ihren relativen Entsprechungen aufgezählt sind. Die drei elementaren

Fragen weisen von ihrem Klang her eine Verwandtschaft
auf mit den Benennungen der zwei Geschlechter: dem
männlichen, dem weiblichen und dem (noch) unbe-
stimmten »sächlichen« Geschlecht des Kindes.[55]
Das besagt: Die bestimmten Artikel der/die/das entsprechen lautgemäß den Fragepronomina wer?/wie?/was? –
Eine Zuordnung der beiden Dreierreihen zueinander
ergibt:

wer? reimt – und ist (irgendwie) zu beziehen – auf: der;
wie? reimt – und ist (irgendwie) zu beziehen – auf: die;
was? reimt – und ist (irgendwie) zu beziehen – auf: das.

Die Verwandtschaft vom Klang her ist doch wohl allzu
nah, als daß sie nur auf eine zufällige Isophonie zurückzuführen wäre.
Worauf könnte diese Triade hinweisen? – Statt eine
Antwort zu geben, wollen wir fürs erste eine weitere
Fassung des hier festgestellten Sachverhaltes versuchen:
Der männliche Artikel – das Wort, welches den Mann
benennt und als solchen bestätigt, und damit auch das,
was als ihm entsprechend, verwandt oder zugehörig
gedacht wird – klingt wieder an in der Frage nach der
Identität.
Der weibliche Artikel – die Frau bezeichnend und her-
aushebend, mithin auch das aufweisend, was ihr zuzuordnen ist – klingt an in der Frage nach der *Qualität.*
Und *der neutrale oder sächliche Artikel* – das Kind als das
sexuell noch nicht determinierte, damit auch unge-
schlechtliche Wesen, das Weder-Noch (*ne-utrum*) aufru-
fend – hat seine Entsprechung in der Frage zum *Wesen,*
jenseits und vor der Zuordnung zur Identität oder Qualität. – Diese Frage kommt vor jeder andern; sie
erschließt, daß – und ob also – etwas ist.

Wir wollen weiter und verbindlicher zu differenzieren versuchen:

Wer ist die Person da? – Antwort: der Mann / die Frau / das Kind XY. Die Frage, welche eingeleitet wird durch ein Wort, das auf den männlichen Artikel reimt, betrifft sämtliche drei Geschlechter. Die Person wird auf ihre Identität, darauf hin, daß sie dieser, diese, dieses Eine – und kein anderes – ist, durch »wer« bezeichnet. Im Namen, welcher Besonderheit, Einmaligkeit anweist, kommt die Antwort auf die Frage: wer?

Wie: Das bezieht sich zunächst nicht nur auf Personen, es fragt vielmehr der Art – Eigen-Art – von allem nach, was uns umgibt. Der Einzelne oder eine Gruppe von Leuten, das alles ist einbezogen in die Frage, welche gleicherweise für alle Gegen- und Zustände um uns herum Geltung hat. Die Antwort auf »wie?« nennt eine Stellungnahme; wertend oder nicht, aber bestimmend in der Qualität.

Was: So ruft fragend die Suche nach dem, was geschieht. »Was?« hat die umfassendste Spannweite. Diese Frage geht dahin, ob überhaupt etwas – oder jemand – ist. Die Sache und ihr Name: es ist beides in diese eine Frage, in dieses schneidende Wort mit dem offenen Vokal eingeschlossen. Man fragt deshalb auch: »was?«, wenn man nicht gehört hat. Und weil die Frage die Sache wie deren Benennung trifft, geht sie direkt an jene Person, welche angeredet wird (diese vielfache Verquickung macht, daß ein solches Fragen nach dem Wesen die Person selber in Frage stellt; daran liegt es, daß eine solche Frage als unhöflich gilt). Aus der Vielfalt möglicher Antworten auf »was?« ergibt sich die Schwierigkeit, welche daraus erwächst, daß das *Säch*liche als das *Sach*liche gefaßt werden soll. Die »was?«-Frage transzendiert das Persön-

liche ins Sachliche, also: über das Besondere hinaus in ein
Allgemeines.

Vom Sächlichen her kann jedoch die Person erst als
Menschenwesen bestimmt werden. Frage ich: »Wer ist
es?« so ist vorausgesetzt, hier sei von einer Person die
Rede. »Was ist dies?« grenzt ab, auch Personen gegen
Sachen (Antwort: Das ist ein Mann / eine Frau / ein
Kind).

Nun scheint diese Trias von Elementarfragen doch vollkommen willkürlich herausgezogen aus einer unbe-
stimmbar großen Zahl anderer möglicher Fragen, die
nicht minder in Grundsituationen vorstoßen als das fragende Erschließen von Identität, Qualität, Wesen. – Als
wären Bereiche wie Zeit, Ort und Erkenntnisgrund
weniger belangvoll, und das heißt: Fragen, welche diese
Bereiche zu erschließen bestimmt sind. Also: wann? wo?
warum?

Dazu ist zu sagen: Diese Fragen mögen vielleicht nicht
von geringerer Bedeutung sein, aber sie kommen doch
erst als eine sekundäre Erschließung daher. Wenn gefragt
wird, wo etwas sich aufhalte; oder wo es geschehen sei;
oder wo man etwas / jemanden finden könne, so ist doch
immer schon eine jener Bestimmungen vorausgegangen,
die dem Nachfragen des Ortes seine Unterlage vermitteln. Ehe wir wissen können, wo etwas / jemand sich
befindet, haben wir doch wahrgenommen, *daß* es diesen
(diese, dieses) gibt, daß es sich also *be*findet – ansonsten
es auch keinen Sinn hätte, es zu suchen. Wenn Ort ist
»die Art und Weise, wie ein Ding neben anderen
zugleich da ist« (Kant), so muß gefolgert werden, daß
der Bestimmung des Ortes mindestens zwei Klärungen
im Bereich der drei Elementarfragen vorausgegangen sein
sollten, die ehedem erläutert worden sind.

Dasselbe gilt für das Erschließen im Bereich der Zeit, für das Antworten mithin auf die »wann?«-Frage. Wo? und wann? – beide Fragen betreffen durchaus notwendige Vorgänge: Sie erschließen nicht, jedoch begrenzen sie in Raum und Zeit; sie bringen gleichsam das Diffuse zum Niederschlag und machen es damit sicht-, faß-, beschreibbar. Aber es gibt Grundsätzlicheres zu tun in unserer persönlichen Sphäre, als es die soeben genannten Prozesse verrichten: nämlich das Behaften (das »Nehmen-bei« nach L. Binswanger[56]). Und dieses wird möglich und nötig durch wer? / wie? / was? – Nicht jedoch durch die Erfahrung, daß etwas sich hier oder dort findet, noch durch die Kenntnis dessen, daß es sich soeben oder vor hundert Jahren zugetragen hat.

Bleibt die Frage: warum? Das ist ja nun die Einleitung zu einem Prozeß, der nicht erschließt, sondern eröffnet – verwundend eröffnet. Wie »sachlich« auch immer das Wissenwollen, warum etwas ist oder nicht ist, daherkommt: stets trifft es die Person, an welche die »warum?«-Frage sich richtet, als Infragestellen ihrer selbst und nicht allein der Sache, die sie vertritt. Was auf »warum?« zu antworten ist, macht das Antworten zum *Ver*antworten, somit (was dasselbe ist) das Begründen zum Rechtfertigen. »Warum ist das so?« läßt sich nicht abtrennen von: »Warum sagst du das?«

Dieser Sachverhalt ist dem Kind, das »warum?« fragt, geläufig gegenwärtig. Das Fragealter ist auch das Trotzalter, beide sind zeitlich und ursächlich eines. Fragend vergegenwärtigt sich das Kind, daß es den unermeßlich hohen Vater eingrenzt – und daß die Grenze dort liegt, wo dieser Befragte entweder vor Ungeduld platzt ob diesem Insleerefragen, oder wo er sein Nichtmehrwissen eingestehen muß. – Es gibt aber noch einen andern, quasi experimentellen Beleg dafür, daß die Frage »warum?«

kein elementares Erschließen vermittelt, sondern einen Herrscheranspruch des Fragenden: Der Leser wolle bei nächster Gelegenheit seinen Gesprächspartner fragen: »Warum spielst du mit dem Kugelschreiber?« (»Warum hältst du die Hand am Kinn?«, »Warum . . .?«) – und er wird in zehn von zehn Fällen dies erleben: Noch ehe eine Antwort formuliert ist, wird der Kugelschreiber auf den Tisch zurückgelegt (die Hand vom Kinn genommen); und dies nicht von neurotischen oder allgemein selbstunsichern Leuten, sondern von jedem Gesprächspartner. Man kann freilich nicht sagen: Diese Reaktion liegt in der Sache, weil sie nämlich von der Sache unterderhand in die Person verlegt wird. »Warum?« ist immer unsachlich, ohne daß es sich zu der Person, zu seinem Persönlichwerden also, bekennen würde.

Diese Umstände – meinend die Klarheit und Eindeutigkeit der drei zunächst herausgestellten Fragen gegenüber den Nebulositäten der andern Fragen, die benebeln, auch wenn sie klären sollen; benebeln, indem sie auf Belangloseres zurückfragen –, diese Umstände machen es aus, daß wir uns auf die hier genannte Triade beschränken können, ja es tun müssen, wenn wir das Problem rein vor uns halten wollen.

Alles, in der Tat: alles, was im Gespräch die Frage nach Zugehörigkeit, Abgrenzung, Gemeinsamkeit, Distanz zu erläutern hat, kann sich ergeben aus den drei Grundfragen. Wo du stehst und wann es gewesen ist, daß du dies getan, jenes gelassen hast, und warum ja oder nein, das alles beeinflußt nicht unmittelbar unser Gespräch.

Das gibt uns Anlaß, zum Ausgangspunkt zurückzukehren und zu sagen: Die Mittel, die der genauen Determinierung für eine Verständigung vorauszusetzen sind, beziehen genetisch ihre Namen von den drei Geschlechtern, oder jedenfalls lehnen sie sich an diese an. Drei Geschlechter geben sich also her, um drei Signifikanzen zu benennen.

Liegt dieses dreifache Bezugnehmen im Wesen der Sache? oder ihres Namens? oder der Gesellschaft?

Die Antwort ist schon angedeutet worden. Sie ergibt sich daraus, daß solche Relationen nur für wenige Sprachen – hier ist an der deutschen Hochsprache exemplifiziert worden – Geltung haben. Für die Verständigungsmittel also bestimmter Gruppen in bestimmten Gesellschaftsformen und Klassen mit gewissen Regeln der Verständigung. Andere Sprachen, selbst germanischer Zugehörigkeit (das Jiddische etwa oder gewisse schweizerische Dialekte, auch das Englische) folgen gänzlich verschiedenen Regeln.

Indessen, allein die Gegebenheit, daß *eine* Sprache solche Entsprechungen namhaft macht, reicht aus, darüber nachdenken zu lassen, daß der Sprache die Potenz innewohnt, mit Verweis auf die drei Geschlechter drei Attributionen vorzunehmen.

Nun ist zu vermerken: *Diese drei Bestimmungen* – wie erinnerlich nach Identität, Qualität, Wesen – *stehen jenseits irgendwelcher Wertung.* Nichts und niemand könnte etwelchen Anlaß finden, sich durch die drei umschreibenden Erschließungen und Bestimmungen etwa herausgehoben oder dann diskriminiert zu fühlen. In der Triade, vielmehr, liegt völlige Wertgleichheit; man darf sogar sagen: Wertfreiheit. Die Identität ist nicht bedeutsamer als die Qualität, und beide entheben nicht vom Fragen nach dem Wesen.

Mit wie viel Recht – man kann auch fragen: aus welchem Grund – werden diese drei Zuordnungen, diese Verbindungen von Bestimmungen, mit den Geschlechtern gegeben? – Darauf kann man nicht anworten; es läßt sich nur feststellen. Und es reicht auch, wenn man das feststellt – und zugleich beifügt: Offenbar gibt es verschiedene Dimensionen zur Erschließung oder auch drei verschiedene Systeme der Beschreibung. Und alle drei stehen sie jenseits des Wertens.

Es mag gut sein, man besinnt sich darauf. Sonst kann leicht geschehen, was evolutiven Vorgängen so häufig widerfährt und namentlich dann widerfährt, wenn sie als revolutionäre Prozesse gesehen zu werden wünschen: daß nämlich darauf alsbald die Restauration folgt.

Die Handschuhe von Stefan Zweig

Über den Sinn von Deutungen und über deren Gerechtfertigtsein

> Man sagt mir, Sie haben beim Weggehen hier etwas vergessen. Handschuhe und dergleichen. Sie wissen, das ist ein Versprechen, wiederzukommen.[57]

Der dies im Juli 1938 geschrieben hat, war ein todgezeichneter Emigrant von zweiundachtzig Jahren. Es ergibt sich: Er ist zugleich der Mann gewesen, der uns veranlaßt hat, nicht nur über unser Tun, sondern auch über unser Unterlassen nachzudenken. Offenbar jedoch nicht nur darüber nachzudenken, sondern auch: *zu wissen*, was unsere Unterlassungen, also zum Beispiel unsere Vergessens-Neigungen, zu bedeuten haben. Und, sollten sie nichts bedeuten, ihnen eine Bedeutung zu vermitteln um, folgerichtig, der Gegebenheit willen, daß wir zu beiden, Tun und Lassen, selbstbewußt stehn.

Damit hat Freud unseren Zugriffs-, aber auch unseren Verantwortungsbereich auf höchst unerfreuliche Weise erweitert. Jetzt gibt es nichts mehr wie: »Mir ist widerfahren«. Vielmehr kann es jetzt nur noch heißen: Ich habe getan – oder nicht getan. Aber auch mein Nicht-Tun ist zum Tun geworden. Mir bleibt nur noch zu wissen, was mich zum Tun bewegt hat.

An dieser Gegebenheit läßt der Briefschreiber keinen Zweifel aufkommen: »*Sie wissen*« heißt es. Unterlassen ist wißbar.

Nur: Was heißt hier »*Sie wissen*«?

Was es in diesem speziellen Fall besagen will, dem
kommt die Gewißheit des zu Wissenden zu. Eine
Gewißheit, die wir beide, ich, der Schreibende, und auch
der Empfänger des Briefes haben. Bleibt etwas anderes,
als daß dieser Gewißheit – die von ihr verheißene Tat
wiederzukommen – auch Folge geleistet wird?
Der Empfänger dieses Briefes hieß Stefan Zweig. Und er
war ein Freund durch dreißig Jahre, dazu einer der ersten
und verständigsten Biographen des Brief-Absenders.
Das ist die Situation, in welcher über das Vergessen eines
Paars von Handschuhen geschrieben und gelesen worden
ist.
Nehmen wir nun eine kleine Unterstellung vor: Sagen
wir, jener belanglose Vorgang des Vergessens von Handschuhen hätte sich nicht im Sommer 1938 an der Elswor-
thy Road in London zugetragen, sondern ein Jahr zuvor
im Garderobe-Vorraum des Ordinationszimmers in der
Berggasse 19 in Wien. – Alles andere wäre gleich gewesen, situativ völlig gleich: Ein Paar Handschuhe wäre
liegengeblieben; allerdings würde es dann wohl einem
Besucher gehört haben, der sich in Analyse befunden
oder der sich für den Beginn einer Analyse interessiert
hätte.
Also: Derselbe Vorgang desselben Vergessens desselben
Gegenstandspaares hätte sich (ein Jahr vorher) an einem
Ort abgespielt, der – wie verhaßt er auch immer gewesen
sein mag – doch durch Gewohnheit, Umwelt und Sprache etwas wie Heimat bedeutet hätte, in einem Haus, das
einen Ordinationsraum enthielt, mit einer Couch drin
und einem Lehnstuhl dahinter, was soviel heißt wie:
Hier hätte der erste Psychoanalytiker die psychoanalytische Situation gehandhabt, als Meister des Gewährens
und Versagens; als Meister namentlich des *Deutens*.
Und nun hätte also ein Besucher des Ordinationszim-

mers – das ist wichtig: nicht des Salons (wie in London), sondern des Ordinationsraumes – im Hausgang ein Paar Handschuhe vergessen.

Unterstellen wir weiter: Der Handschuhbesitzer wäre zur zweiten Konsultation gekommen.

Nun die Frage: Wie wäre dieser Vorgang – wir erinnern uns: ein Vorgang, dessen Signifikanz mit einem »Sie wissen«, also mit dem Siegel der Gewißheit bezeichnet worden ist – gegenüber jenem imaginierten Berggasse-Besucher gedeutet worden?

Wissen wir das (gemäß dem indikativ apodiktischen Hinweis: »Sie wissen« im Zweig-Brief)? – Wir wissen es *nicht*. Aber weshalb nicht? Weil uns nicht bekannt ist, was während jenes Besuches eines mutmaßlichen Gastes geschehen ist, welcher im Anschluß an diese Visite seine Handschuhe in der Garderobe hat liegenlassen.

Dennoch dürfen wir uns eine größere Anzahl Kommentare ausdenken, mit denen der Akt des Vergessens hätte versehen werden können. Hier einige von ihnen:

1. Sie haben ein Kleidungsstück bei mir liegengelassen. Sie wollen sich also ausziehen, sich entblößen. Was haben Sie zu verbergen?
2. Sie wollen mir heute den Fehdehandschuh hinwerfen; bitte sehr.
3. Wollen Sie mich greifen mit Ihren Händen?
4. Danke für das Geschenk – ja, für das Geschenk der Handschuhe. Sie zahlen mir Honorar; kein kleines. Wollen Sie mich darüber hinaus noch kaufen?
5. Da ist ein Paar Handschuhe bei mir geblieben. Was haben Sie denn gegen diese Handschuhe? Wer hat sie Ihnen geschenkt?
6. . . . Handschuhe vergessen. Woran erinnern

Sie Handschuhe. Was haben Sie mit Handschuhen für (frühe) Erlebnisse gehabt?

7. Handschuhe: Die abgehauene Hand (= die vergessenen Handschuhe) bedeuten Kastration – und Sie lassen Ihre Handschuhe bei mir liegen.

8. Beim Abschied habe ich Ihnen, der psychoanalytischen Situation und Forderung gemäß, die Hand nicht gegeben, obgleich Sie mir Ihre Hand zum Abschied hingestreckt hatten. Dafür haben Sie mir dann Ihre Handschuhe zurückgelassen. Danke für die Einladung zum Coitus.

9. Sie haben mir offenbar in der letzten Stunde nicht alles gesagt, vermutlich gar das Wesentlichste, was zu sagen gewesen wäre, verschwiegen. Dafür haben Sie mir dann die Handschuhe dagelassen. Also, bitte . . .

10. Sie mochten gar nicht weggehen letztesmal; und haben mir noch ein Pfand dagelassen. So aufdringlich . . .

11. Es geht rasch bei Ihnen. Nach dem ersten Mal scheint sich die Puppe schon aufzulösen. Ja, ein Stück der Verpuppung ist bei mir liegengeblieben.

Elf Deutungen. Dazu eine zwölfte, wirklich gegebene, mit der Bemerkung »Sie wissen« gestempelt.
Haben die elf hier »erfundenen« Deutungen der Fehlhandlung vielleicht weniger Glaubhaftigkeit als die im Brief gegebene? weniger Überzeugungskraft? weniger Wirklichkeitsentsprechung? geringeren Wahrheitsanspruch?
Vielleicht aber muß man umgekehrt fragen: Wenn so

viele Deutungen denkbar sind – mir scheint: als *richtige*
Deutungen insgesamt gedacht werden können –, ist das
dann nicht ein zwingender Beleg dafür, daß eben *keine*
Deutung den Anspruch darauf erheben darf, als richtig
zu gelten, auch nicht die wirklich gegebene aus dem Brief
an Zweig?
Die Rede ist bisher gewesen von: richtig – glaubhaft –
überzeugend – wirklich, das heißt wirklichkeitsentspre-
chend – schließlich gar von wahr.
Ausgegangen aber sind wir von der *Gewißheit* (nämlich
dem »Sie wissen ...«).

> Kann es denn nicht sein, daß ich mir *einbilde*,
> etwas zu wissen?

Die Frage klingt penibel. Aber sie ist gestellt von Ludwig
Wittgenstein – und sie wird von ihm nicht beantwortet.[58]
Dafür fragt derselbe Wittgenstein:

> Kann man sagen: »Wo kein Zweifel, da auch kein
> Wissen?«

Und er sagt an anderer Stelle:

> Aber dies ist richtig, daß der gleiche Satz einmal
> als von der Erfahrung zu prüfen, einmal als Regel
> der Prüfung behandelt werden kann.[59]

Freud hat allerdings seine Gewißheit als Wahrheit verstanden. Er sagt das wörtlich:

> Die einschneidendsten Wahrheiten werden end-
> lich gehört und anerkannt, nachdem die durch sie
> geweckten Affekte sich ausgetobt haben. Es ist
> bisher immer noch so gegangen, und die uner-
> wünschten Wahrheiten, die wir Psychoanalytiker

der Welt zu sagen haben, werden dasselbe Schicksal finden. Nur wird es nicht rasch gehen; wir müssen warten können.[60]

Das ist geschrieben zwischen 1909 und 1913. Nach mittlerweile achtzig Jahren darf man wohl sagen: Die Wartezeit ist vorbei. Und dann darf man auch fragen: Was ist aus der unerwünschten, einschneidenden Wahrheit geworden?
In diesen acht Jahrzehnten ist vieles geschehen: Zwei Weltkriege, zwei große Revolutionen sind durch die Welt gegangen; nun beginnt die Restauration, die Wiederkunft der Irrationalität, die Neuentdeckung des Gemütes – mancherlei Unheilvolles zeichnet sich bereits ab. Was aber ist das Schicksal dieser Wahrheit gewesen?

Dies ist der Ort zu fragen: *Was wird denn überhaupt aus den großen, den einschneidenden Wahrheiten im Lauf der Geschichte?*

Nehmen wir fürs erste eine andere Wahrheit, die zumindest von ihrer inzisiven Bedeutung her der von Freud gemeinten Wahrheit vergleichbar ist: Der Spruch: »Eppur si muove«, war eine zu ihrer Zeit ebenso unerwünschte Aussage. – Was ist dieser Wahrheit widerfahren?
Nun, die Feststellung, daß die Erde sich um die Sonne bewegt, dürfte kaum mehr ernstem Widerspruch begegnen. Aber was ist aus dieser Feststellung geworden?
Zunächst ist zu bemerken, daß das, was heute eine Feststellung bedeutet, seinerzeit, als es vor den Schranken der Inquisition trotzig hochgehalten worden ist, nicht eine Feststellung war, nicht gestammelt angedeu-

tete *Er*kenntnis, sondern eine Confessio, ein *Be*kenntnis. Konfessionen sind Eingeständnisse eines Menschen über das, was er glaubt – besser und genauer: über das, was er, nachdem es *ihm selber* zur Gewißheit geworden ist, zu seinem Glauben gemacht hat. Der so bekannte Glaube ist Wahrheit – das ist die einzige mir bekannte Antwort auf die tragische Frage einer tragischen Richtergestalt (Ecce homo: Das war nicht eine Antwort, es war ein Ruf der Verzweiflung).

»Die Erde dreht sich um die Sonne«: Kann dieser Satz, heute gesprochen, für sich noch beanspruchen, daß er Wahrheit genannt wird?

Gewiß: Einmal ist er Wahrheit *gewesen*. Heute gibt er keine Wahrheit mehr von sich, sondern er indiziert eine Tatsache, einen Sachverhalt. Jedoch ist über der Anerkennung des Bekenntnisses als Sachverhalt ein Satz, welcher besagt, daß die Erde sich um die Sonne dreht, zur *Banalität* geworden.

Mit jenem Ausspruch: »Und sie bewegt sich doch«, ist etwas Merkwürdiges geschehen: Als er getan wurde, bedeutete er eine Herausforderung an den Menschen. Herausfordernd ist er gewesen, weil zu jener Zeit die Frage danach, wo und wie der Mensch sich aufhält und ob sein Wohnort das Zentrum des Universums sei, von einer schicksalhaften, das heißt, den Menschen selbst und damit sein Selbstbewußtsein angehenden Bedeutung war. Der Ausspruch hat somit in sich die Aufforderung eingeschlossen, daß der Mensch seine Orientierung ändere.

Nun, die Menschen sind der Aufforderung nachgekommen. So weit nachgekommen, daß sie inzwischen die Frage nach dem Ort ihres Aufenthaltes aus dem spezifisch menschlichen Bereich herausgenommen haben. Heute kann man Geo- und Astrophysik nicht mehr als der Lehre vom Menschen zugehörige Wissenschaften auffassen.

Das aber schließt in sich: Aussagen über die Erde selber oder ihre Position im Weltall haben die Stellungen von Wahrheiten verloren. Wahrheit kann nur eine Aussage in sich einschließen, die unmittelbar den Menschen angeht.

Wenn heute Entdeckungen in dem Bereich der Erd- und Sternkunde gemacht oder wenn in dieser Sphäre Behauptungen aufgestellt werden, so sind das interessante Mitteilungen; und es ist Aufgabe der Wissenschaftler, festzustellen, ob diese Behauptungen richtig sind. Richtig, das heißt: ihrer Wirklichkeit gemäß; und das bedeutet: an den Maßstäben meßbar, mit denen sie zu messen vermögen. Vielleicht erschließt einmal eine Entdeckung oder auch nur eine Behauptung eine neue Dimension und damit eine neue Wirklichkeit. Das führt dann zu neuen Begriffen dessen, was als richtig gilt. Aber der Frage nach Wahrheit oder Unwahrheit bleibt es entzogen. Für immer.

Was also ist wahr gewesen an jener Aussage über die Sonne und die Erde? Die richtige Feststellung eines richtigen Sachverhaltes? Das richtige Resultat richtig angestellter Untersuchungen und richtig durchgeführter Ableitungen?

Wir wissen, daß damals – sei das nun Kopernikus, um den es geht, oder Galilei – kein wirklich schlüssig experimenteller Beweis für Thesen angegeben werden konnte, sondern daß es um Konfessionen ging, die ihre »Wissenschaftlichkeit« so wenig stichfest belegten wie die Psychoanalyse. Die Bedeutung lag in dem *Bekenntnis*. Dieses hat einem Sachverhalt seinen Wahrheitswert gegeben.

Was meinen wir, wenn wir von Konfession reden? Oder

– dieselbe Frage, anders formuliert – unter welchen Umständen haben wir von Wahrheit zu reden?

Ich nehme es jetzt auf mich, daß ich mich gegen alle guten und heiligen Geister der Philosophie und der Theologie versündige, indem ich sage:

Wahrheit ist, was einer, der etwas Auszusagendes gefunden hat, in einem Moment des Aufblickens dem andern ins Gesicht sagt, welcher diese Aussage nicht erwartet hatte. Was derjenige, welcher solche Wahrheit kundgibt, dem andern sagt, muß bekenntnishaften Bezug auf den Aussagenden haben.

Wahrheit ist daher *Augenblicks-Wahrheit*. Die Wahrheit ist wahr im Augenblick der Wahrheit, in jener knappen Zeitspanne also, in welcher derjenige, der Wahrheit sagt, bereit und fähig ist, dem erstaunten und verblüfften Blick seines überraschten Partners zu begegnen und standzuhalten.

In diesem Augenblick ereignet sich Wahrheit. Wahrheit ist Aussage im Augenblick. Wahrheit kann nur *Aussage* sein. Wer den andern *fragt*, der hat sich der Möglichkeit, Wahrheit zu sagen, schon begeben. Der Fragende stellt sich außerhalb. Die Wahrheit aber ist drinnen, in der Auseinandersetzung. Bekennen und fragen: das ist inkompatibel. Man kann die Wahrheit nur sagen. Die Wahrheit sagt, wer sich stellt. Wer aber fragt, stellt sich nicht.

Das Sagen bleibt dem Augenblick überlassen. Danach mag wohl der Inhalt der Aussage noch zutreffen; aber Wahrheit, das heißt Mitteilung oder gar Verkündung von Wahrheit kann sie nicht mehr genannt werden.

Die Aussage im Bereich der Astrophysik, jener mehrfach zitierte trotzige Satz, hat es fertiggebracht, die Wahrheit *einmal* ins Zentrum des menschlichen Bereichs mitten

hineinzunehmen – und es damit dann zugleich definitiv
aus ihm herauszuheben. Ist einmal diese Aussage, die als
Bekenntnis eine Wahrheit gewesen ist, als Feststellung
einer *Wirklichkeit* angenommen worden, hat sie auch
den Charakter von Wahrheit verloren. Darüber konnte
dann die Wirklichkeit zur Banalität werden.

Dies bewirkt, daß es der Astrophysik noch gutgeht: Aus
dem menschlichen in den außermenschlichen Bereich
hinübergenommen, bewahrt sie sich auch danach, wenn
ihre Aussagen nicht mehr als Bekenntnisse der Wahrheit
zu lesen sind, ihre Gesetze; und diese Gesetze ändern
sich nicht, auch dann nicht, wenn ihnen der Mensch auf
die Spur gekommen ist.
Anders die Menschenkunde. Also auch die Psychologie.
Was in ihrem Bereich verbleibt, das erlebt ein anderes,
ein minder günstiges Schicksal: Kaum hat nämlich der
Mensch eine Wahrheit in seinem eigenen Bereich gefunden, schon schickt sich die Spezies, der er zugehört, an,
eine Wandlung zu vollziehen, welche es nicht dabei
bewenden läßt, daß die soeben gefundene Wahrheit zur
Wirklichkeit und schließlich zur Banalität absinkt, sondern zudem noch *ihre Faktizität selber hinfällig macht.*
Das merkwürdige Wechselspiel gilt dauernd im Bereich
des Menschlichen: Der Mensch läuft einerseits seinen
eigenen Erfahrungen davon, und auf der andern Seite
ändert er sich permanent im Sog dieser Erfahrungen.
Wahrheiten, ausgesagt über den Menschen, wandeln
sich. Sie bleiben Wahrheiten, bis sie als Wirklichkeiten
anerkannt sind. Dann hören sie auf, Wahrheiten zu
sein.
Belege? – Die ganze Geschichte vom Bewußtwerden des
Menschen über sich selbst; damit einhergehend die
Wandlung dessen, wie er seine Freiheit versteht; das

Verständnis der Neurosen und Psychosen, die sich,
kaum sind sie verstanden, schon gewandelt haben; ja
sogar das fortdauernde Sichwandeln der Krankheiten –
nicht der »seelischen«, auch nicht der »psychosomati-
schen«, sondern der rein »körperlichen«; die Aufhebung
des physischen und psychischen Geschlechtsdimorphis-
mus, kaum ist er »richtig« verstanden und akzeptiert. So
hören einige Belege sich an.

Freuds Wahrheiten waren Wahrheiten, als sie verkündet
wurden. Man kann es noch genauer sagen: Sie waren
zunächst *Erhebungen, die mitgeteilt wurden.* Der per-
sönliche Inhalt machte sie zur *Konfession.* Am Widerspruch, den sie erzeugt haben, *wurden sie zu Wahrheiten*
– vielleicht sogar, aber das wissen wir nicht, gegen den
Willen ihres Verkünders. – Und es hat heute oft etwas
Tragikomisches an sich, wenn man feststellt, wie der
Wahrheitscharakter der Erkenntnisse Freuds sich am
allerdeutlichsten an denen erweist, die ihn mit Emphase
negieren: Niemand verspricht sich so oft wie Diskussionsredner, welche gegen die psychoanalytische Lehre
von den Fehlleistungen wettern. Und an keinem Kollegen erweist sich die Macht des Ödipuskomplexes vergleichbar stark wie an einem, der ihn, nach schriftlicher
Kundgabe, niemals gefunden haben will! – Für die
andern ist der Ödipuskomplex – ja, wo ist er hingekom-
men in einer Epoche, die der Psychoanalytiker Mitscherlich als den »Weg zur vaterlosen Gesellschaft« bezeichnet
hat?[61]

Aber so rasch kann man nun doch nicht über einen
derartigen Sachverhalt hinweggehen. Da erklärt also ein
Diskussionsredner, die Freudsche Lehre von den Fehlleistungen (unter denen das Sichversprechen ja das signifi-

kanteste Beispiel ist) sei Unsinn – und zugleich begeht er
eine Fehlleistung nach der andern. Und ein psychotherapeutisch tätiger Arzt behauptet, er habe niemals eine
Erscheinung gefunden, welche dem Phänomenbündel
des Ödipuskomplexes zugehöre – zugleich aber wissen
wir von jenem Kollegen, daß er mit seinem Vater – will
sagen: mit der Haltung des Vaters ihm gegenüber, mit
den Weltanschauungen des Vaters, mit dessen Auffassung von der Stellung eines Familienoberhauptes – niemals zurechtgekommen ist (inwiefern und wie, das tut
hier nichts zur Sache).

Was beweisen nun diese beiden Erfahrungen? Beweisen
sie, just anhand derer, die sich den Einsichten und Erfahrungen der Psychoanalyse nicht unterzuordnen bereit
sind, daß die Psychoanalyse wahr ist? Oder daß sie
richtig ist?

Nein, das tun sie nicht, *genau nicht.*

Aber was tun sie denn? Was beweisen sie – oder fragen
wir behutsamer: Was belegen sie?

Sie belegen, daß es Fälle gibt, in denen die Psychoanalyse
von sich sagen kann, daß sie *recht hat. Recht haben aber
ist nicht dasselbe wie: wahr sein oder richtig sein.* Recht
haben belegt nichts – nichts, außer der Macht, die sich
ein Mensch oder eine Lehre über andere Menschen
erwerben. Erwerben oder anmaßen. Und Macht hat nun
allerdings mit Wahrheit noch niemals viel gemeinsam
gehabt – um so mehr mit Anmaßung.

Es geht – das möchte ich nochmals hervorheben – nicht
um *Rechthaberei,* nein, die Rede ist von dem offenkundigen Recht*haben*. Der Gegner der Lehre von dem Sinn
und der Bedeutung des Sichversprechens hat sich ja
widersprochen, und zwar durchaus »sinnvoll« – also mit
dem verborgen innewohnenden Sinn, genau wie es die
psychoanalytische Theorie lehrt. Und dennoch ist darin

kein Beleg für den Wahrheitsgehalt noch für die Richtigkeit der Psychoanalyse gegeben.

Ich möchte dieses Verhältnis zwischen Rechthaben und Wahrsein anhand zweier Beispiele aus andern Bereichen illustrieren.

Das erste stammt aus einem köstlichen Film von Vittorio de Sica. Es ist schon einige Jahrzehnte her, daß er aufgeführt worden ist; er hieß »Das Ende der Welt« oder »Das Jüngste Gericht«. Das Weltende findet über dem Himmel von Neapel statt. Jetzt kommt das große Gericht. Im Aufsuchen des Sündenregisters geht die Stimme Gottes, wie das Telephonbuch, nach dem Alphabet. Der erste aufgerufene Name gehört einem Mann namens Al Aaba oder so ähnlich. Über ihn sollte also gerichtet werden; aber das erweist sich als unmöglich: Al Aaba ist Moslem, der liebe Gott aber ist katholisch. Nichts zu machen. – Beim zweiten Namen geschieht ein ähnliches Malheur: Diesmal ist der zu Richtende ein Engländer – aber der römische Herrgott kann nur Italienisch! Abermals: es kann kein Recht gesprochen werden. – Beim dritten Versuch gelingt es: Der jetzt Aufgerufene ist ein katholischer Italiener – und der kann gerichtet werden; ob er sich wehrt oder nicht, ob er sich noch den Gesetzen der römisch-katholischen Kirche unterwirft oder nicht, das tut jetzt nichts mehr zur Sache.

Ein zweites Beispiel stammt aus meiner psychotherapeutischen Tätigkeit in Israel: Es geht um einen jungen Mann, der in der von extrem orthodoxen Juden bewohnten Stadt Bnej-Brak aufgewachsen ist und seine ganze Familie dort hat. Für die Bewohner von Bnej-Brak ist Autofahren am Sabbat eine Todsünde, die von ihnen entsprechend geahndet wird: Wer sich mit dem Auto am Sabbat in Bnej-Brak zeigt, dessen Auto wird gesteinigt, wobei es belanglos ist, ob der Fahrer verletzt wird oder nicht (man muß ja auch nicht am Sabbat mit dem Auto nach Bnej-Brak eindringen!). – Mein junger Patient versuchte nun, sich von der fanatisch-strengen Überzeugung seines Elternhauses loszulösen. Er begann ausgerechnet damit, daß er am Sabbat mit seinem Wagen ausfuhr. Nachdem er dreimal Kollisionen mit seinem Auto durchgemacht hatte – muß ich besonders erwähnen, daß alle drei Unfälle sich am Sabbat abgespielt haben? –, kam er in Behandlung (wegen Unfall-Anfälligkeit).

Der römische und der jüdische Herrgott, beide *haben recht* und sie *reklamieren ihr Recht* – aber nur gegenüber Menschen, die überhaupt zu einer Stellungnahme gegenüber diesem Recht herausgefordert sind. Nicht jedoch säkular, nicht absolut, nicht a priori. Und ihr Rechthaben bezeugt nicht ihre Wahrheit.

Genauso verhält es sich mit der Psychoanalyse, oder besser: *an* der Psychoanalyse. Wenn sie recht hat, beweist sie ihre Macht, nicht aber ihre Wahrheit.

An ihrer Stellung gegenüber dem Rechthaben unterscheiden sich am Ende auch die verschiedenen Lehr- und Lebensweisen voneinander:

Es ist offensichtlich, daß die *religiösen Lehren* recht haben *müssen*, das heißt, daß sie sich selber und ihren Kindern wie Gegnern beweisen müssen, sie haben recht. Wie anders könnten sie Menschen führen oder verdammen, trösten oder ermahnen – wüßten sie nicht, daß sie Recht besitzen, und zwar das einzige, das einzig gültige Recht? – Die Religionen – alle – können deshalb auch nicht der Berichte über Menschen entraten, welche für ihr Rechttun (das heißt: für ihre Gefolgschaft an die Lehre) mit Glück belohnt wurden, und weniger noch können sie es sich leisten, auf Beispiele zu verzichten von anderen, die furchtbare Qualen – im Diesseits oder Jenseits – erdulden müssen, weil sie das Rechthaben der rechten Lehre verkannt haben.

Ebenso deutlich ist es, daß die *Jurisprudenz* ihr Rechthaben kennen und außer jeden Zweifel setzen muß. Wie sollte *Recht sprechen* können, wer nicht das Recht *besitzt*? Wie sollte er es auch nur für einen Moment fertigbringen zu richten, wenn er Zweifel daran hochkommen ließe, daß seine Lehre recht hat? Mag sein, daß er einmal daran zweifelt, ob *er*, der Vertreter des Rechtes und sein Bewahrer, das Recht weiß und kennt. Aber das Recht selber, das Recht als Institution, auf das er eingeschworen ist – das Recht kann nicht irren. Das weiß der Jurist jederzeit.

Dies ist ja das Elend der *forensischen Psychiatrie*: daß sie zwei konzeptionell verschiedene Lehren miteinander verbinden muß, nämlich die Lehre von dem Recht (das recht hat) und ein Verstehen des Menschen aus ihm selber (das nicht recht haben *soll*, will es sich nicht seiner Kraft begeben). Daß sie Deutungen zu Rechtsbeweisen macht, das ist das Unglück der gerichtlichen Psychiatrie.

Ob auch die *Philosophie*, also *die* Philosophie insgesamt, immer ihres Rechthabens gewiß sein muß, weiß ich nicht, kann ich nicht beurteilen. Es mag sein, daß sich hierin die verschiedenen Philosopheme voneinander unterscheiden. Aber man kann, wenn man am Rechthaben mißt, verstehen, weshalb Jaspers, dem es um das Richtige und um das Rechthaben, um den Beweis des Rechthabens ging, die Psychiatrie verlassen hat – verlassen *mußte*, und seine Konsequenz verdient Achtung. Dagegen ist eine Auseinandersetzung damit, wie er die Psychoanalyse verstanden hat, unfruchtbar und sinnlos, weil ein Versuch, psychoanalytisch zu verstehen, zuerst und zuvörderst die Ambition, recht zu haben, ausklammern muß.[62]

Und damit kommen wir zurück zu dem Thema dieser
Untersuchung: zu Stefan Zweigs liegengebliebenen
Handschuhen.

Was also geschieht mit dem Vergessen eines Paars von
Handschuhen?

Die Feststellung Freuds wurde zur Verkündung von
Wahrheit in einer Zeit, in der es erlaubt und gangbar
war, ein solches Geschehnis der »Tücke des Objekts«
(nach dem skurrilen F. Th. Vischer[63]), zuzuschreiben.
Das heißt, das Vergessen aus der eigenen Persönlichkeit
auszuscheiden und damit der Willkür und Vergegenwärtigung zu entziehen. War nun einmal die Rede von dem
Vergessen als einem Tun, so konnte diese Behauptung
nicht mehr rückgängig, das Faktum konnte nicht mehr
ungeschehen gemacht werden. Die Herausforderung
blieb da.

Aber eben: Danach hat sich etwas vollzogen, was das
Verhältnis der Erkenntnis des Menschen über sich selbst
zu der daraus sich ergebenden Wandlung des Menschen
zwingend illustriert:

Die Aussage lebt ihren Wahrheitscharakter so lange, als
sie Auseinandersetzung induziert und im Gang hält.
Danach, das heißt: ist einmal das Vergessen als ein Tun
der Persönlichkeit akzeptiert und anerkannt, wird die
Wahrheit über Selbstverständlichkeit zur Spielerei. Das
Vergessen verliert an Ernst, an Bedeutung, endlich an
Wahrheitsgehalt (außer für denjenigen, der es nicht ak-
zeptiert!).

Aber wenn die Persönlichkeit sich nicht mehr auf ihre
Fehlleistungen hin ansprechen läßt, wo ist sie dann zu
finden? – Dann zieht sie sich zurück, sie geht *tiefer*.
Wobei »tief« hier durchaus nüchtern, ohne jede Wertung
verstanden werden will und nichts anderes meint als:

Bereiche angehend, welche der Willkür weniger leicht zu erschließen sind als das Unterlassen und andere Fehlhandlungen. Wenn die Persönlichkeit sich tiefer zurückzieht, müssen wir ihr tiefer nachfolgen; so wird sie gründlicher herausgefordert; wir bleiben dann nicht stehen beim Versprechen und Vergessen, wir gehen etwa dem *Krankwerden* nach, und zwar in all seinen Beziehungen: Zeitpunkt, Ort, Natur und Schwere der Erkrankung.

Kann man dann sagen: Krankwerden war »je schon« etwas »Psychisches«? Diese Aussage hat, so getan, keinerlei Sinn und Rückhalt, und zwar weil ja *das »Psychische« sich erst ergibt aus der Auseinandersetzung heraus*. Zur herausfordernden Wahrheit wurde das Ansprechen auf Krankheit erst an der Auseinandersetzung mit ihr. Wer sich, anders – genauer gesagt – mit seiner Krankheit auseinandersetzend befaßt, dem *wird* sie psychisch (mit oder ohne Anführungszeichen). Wer sich weigert, sein Kranksein animalisch über sich ergehen zu lassen, wie das Vieh auf der Weide ein Sommergewitter, der verwandelt dieses (*für sich*, für niemanden sonst) in einen Prozeß, dem das Beiwort »psychisch« zugelegt werden sollte.

Damit, so darf man hoffen, wird der schwierige Sachverhalt ein wenig deutlicher:
Unter welchen Bedingungen wird mir zur *Gewißheit*, was das bedeutet: ein Paar Handschuhe zu vergessen? – Dann, so kann man nun wohl antworten, wenn ich mich damit auseinandergesetzt habe. Mit Bezug auf Wittgenstein ist also zu sagen, daß nicht nur der gleiche Satz, sondern auch das gleiche Geschehnis, das einmal von der Erfahrung auf seine Bedeutung zu prüfen ist, ein anderes Mal als Regel der Prüfung behandelt werden kann.

Und wann wird die Bedeutung des Vergessens zur *Wirklichkeit?* – Auch darauf ist jetzt eine Antwort möglich: *beim zweiten Vergessen.* Nachdem nämlich das erste Vergessen eine Auseinandersetzung induziert hat. Später allerdings wird das Vergessen belanglos – es hat seinen appellativen Wert verloren.

Aber das ist wichtig: Zwischen dem ersten und dem zweiten Vergessen besteht der entscheidende Unterschied. Und der Unterschied ist gegeben darin, daß sich in dieser Spanne eine Auseinandersetzung vollzogen hat, die aus einer Widerfahrnis ein Tun gemacht hat. Etwas Unpersönliches ist zu Persönlichem geworden: zu des Vergessenden eigener Sache.

Und was für Vergessen gilt, ist wahr für alles, woraufhin sich der Partner des Gespräches anreden läßt, zum Beispiel auch auf sein Krankwerden. Wenn etwa die glaukomkranke Patientin sagt: »Sie wollen doch, Herr Doktor, nicht behaupten, daß ich das mit dem Auge selber gemacht habe«, so kann die Antwort lauten: »Bisher nicht; aber von jetzt an – von diesem Moment an, da Sie das gesagt haben – *ist* das etwas ganz anderes.« Und es *wurde* dann auch wirklich etwas anderes mit dem Augendruck der Patientin! *Jetzt* war das mit dem Auge der Patientin ihre eigene Sache. Aber jetzt, im Gefolge der Auseinandersetzung, nicht zuvor schon. Und ganz gewiß nicht »je schon«.

Wie also wird etwas gewiß? Durch Auseinandersetzung. Durch Auseinandersetzung beispielsweise mit dem Vergessen von Handschuhen. Und ebenso durch Auseinandersetzung mit dem Krankwerden. Der *Sinn* ergibt sich erst aus der Auseinandersetzung, und er ergibt sich in der Bereitschaft zur Auseinandersetzung. Wer sich ihr entzieht, für den hat die Sache auch keinen Sinn – aber sie hat dann, das ist das Perfide an ihr, um so mehr Macht über ihn.

Darin liegt die Quelle der Mißverständnisse um die Frage, wie berechtigt oder unberechtigt man sei, von irgendeinem Begegnis zu sagen, es sei »psychisch«. Was heißt denn das: »psychisch«? Eben *nicht*: primär psychisch bedingt, »psychisch verursacht« oder gar: »gemacht«. Es heißt: hinübergenommen in den Bereich der Willkür, und dies vermittels Stellungnahme und vermittels Auseinandersetzung; handle es sich nun um ein Vergessen oder um das Krankwerden.

»Psychisch« – wenn man schon das allzu diffuse Wort überhaupt gebrauchen will – *wird* eine Handlung oder wird ein Erleben. Und zwar durch Auseinandersetzung und Stellungnahme.

Daher kommt es, daß die unzähligen Feststellungen über die Bedingtheit dieser oder jener Krankheit so nichtssagend klingen. Ob es sich nun um die Umstände des Erkrankens an Rheumatismus oder an Psychose oder an Krebs oder um die Voraussetzung zu Unfällen handelt: In allen Arbeiten steht immer dasselbe mit fast tötend langweiliger Gleichförmigkeit geschrieben. Immer wird genau dasselbe gefunden. Man gehe nur hin und lese die diesbezüglichen Monographien!

Sind die in solchen Arbeiten gewonnenen Erhebungen deswegen sinnlos?

Das sind sie keineswegs. Sinnlos sind sie nur dem Methodologen, der sich außerhalb stellt und dann von außen als Sachverhalt angeht, was ja gar kein Sachverhalt werden konnte, sondern als Resultat von Stellungnahme und Auseinandersetzung zweier Einbezogener zustande gekommen ist. Erst wenn man dies berücksichtigt und auch gelten läßt, kann man solche Erlebnisse *mit Sinn*

versehen, und erst dann gewinnen auch die Schilderun-
gen solcher Erlebnisse ihren *situativ – und nur situativ –
gegebenen Sinn.*
Aber dann läuft die Mühle der Gesetzmäßigkeit weiter,
in einer Konsequenz, der die Tragik nicht abzusprechen
ist: Sind Sachverhalte als solche und nicht als Erlebnisse
akzeptiert, die die eigene Sache des betreffenden Menschen durch Auseinandersetzung geworden sind, so verlieren sie ihren Sinn und ihren Wirklichkeitswert! Hätte
meine Kranke sich nicht mit den Umständen und Bedingungen und mit der Bedeutung ihrer Augenkrankheit
auseinandergesetzt, sondern sich diese zum Beispiel
angelesen – wäre sie also hergekommen und hätte gesagt:
»Ich weiß, das mit dem Augendruck ist ›psychisch‹ oder
›psychosomatisch‹« etc. – es wäre ihr wahrscheinlich
nicht zu helfen gewesen. – Sinn ist eben nur da, wenn er
gegeben wird. Er wohnt nicht »je schon« inne.[64]
Hat der Sinn keine Chance, gegeben zu werden, so bleibt
er »draußen«. Dann ist von dem Betreffenden her alles
sinnlos. Auch sein Schicksal.
Daraus folgt zwingend: Gebe ich keine Chance zur
Sinngebung, vermittle ich also keine Auseinandersetzung, so bleibt der Sinn auch außerhalb. Aber ich muß
darauf bestehen: *Wo ich die Chance zur Sinngebung
nicht vermittle, da ist auch kein Sinn.* Ja mehr als dies: ein
Vergessen oder ein Krankwerden ist dann auch in der Tat
keine psychische Wirklichkeit.
Man kann deshalb auch nicht sagen: Leute, die es bewußt
vermeiden, nach dem Sinn zu fragen – *Skinner* und seine
Gefolgsleute etwa – haben recht, oder sie haben unrecht.
Oder ebenso: Leute, die den Sinn a priori in den Bereich
der Eschatologie versetzen und sich auf diese Weise der
Auseinandersetzung entziehen, haben recht oder
unrecht. – *Sie verschaffen sich ihr Recht.* Und also haben

sie recht. Denn ein konditioniertes Wesen oder ein dekonditioniertes, und auch eines, das auf Instanzen außerhalb seiner Verantwortung fromm verwiesen wird, ist ein anderes, ein inkommensurables Wesen.

Man kann Vergessen auch dekonditionieren. Dann hört es gewiß ebenfalls auf. Der Erfolg ist auch dann festzustellen. Die Frage bleibt offen, auf welcher Stufe wir jeweils den Erfolg aufkommen lassen.

Höchstens könnte man dann noch sagen (mit V. E. Frankl): »Jede Zeit hat ihre Neurose – und jede Zeit braucht ihre Psychotherapie.«[65] Man hätte dann nur noch zu ergänzen: Jede Zeit hat die Therapie, *die sie wert ist.* Jede Zeit hat die Psychologie und die Therapie, die sie verdient.

Sind wir so wenig wert, sind wir so tief gesunken, daß wir nur noch Einnebelung und/oder Dressur erfahren dürfen? – Merkwürdig, aber tatsächlich gegeben: Jenes *und/oder*: Dressur und Einnebelung, Zynismus und Gemütspflege, Aufforderung zum Gehorsam und Hinweis auf das Numinose – das ist noch allemal miteinander einhergegangen.

Für denjenigen, der weiterhin nach Sinngebung sucht und der nicht von sich behauptet, Sinn bereits gefunden zu haben, noch ehe ein solcher gemeinsam gesucht worden ist und jedesmal neu gesucht wird – für diesen erhebt sich die Frage, wie denn eine solche zustande kommt.

Wir kennen den Sinn noch nicht, ehe wir ihm nachfragen, und es gibt ihn auch noch nicht. Wir müssen ihn, der durch stets erneuerte Auseinandersetzung zustande kommt, erst induzieren. Apriorische Sinngabe ohne vorausgehende Auseinandersetzung ist Inquisition samt Scheiterhaufen.

Auseinandersetzung verlangt Induktion. Was in dieser
Induktion geschieht, heißen wir das *Deuten.*

Deuten: Es ist zu eng gefaßt, wenn wir es nur umschreiben als Unbewußtes bewußt machen. Dies ist nur ein
spezifischer Sonderfall des Deutens.

Deuten meint allgemeiner: *aus einer Sache eine andere
Sache machen,* also zum Beispiel aus dem Vergessen ein
Wissen machen. Diese Fassung des Deutens gilt aber
durchweg und somit über den Bereich psychotherapeutisch intentionierten Deutens hinaus.

Deuten ist auch: aus den Zeichen einer Partitur Musik
machen, oder aus dem erlebten Schmerz und Vernichtungsgefühl mittels Aufzeichnung eines Elektrokardio-
gramms eine Diagnose auf Myokardinfarkt ableiten.

Worin besteht die Deutungsarbeit? – Im ersten Fall:
Sichtbare Noten, geschwänzte Punkte und Kreise, ver-
teilt über fünf Linien, werden umgewandelt in *hörbare*
Töne. – Und im zweiten Fall: Etwas von dem Kranken
Erlittenes, das Vernichtungsgefühl, der Schmerz, die
Angst, das alles wird in seinem Wesen verändert, indem
es *sichtbar* gemacht wird im EKG; den Kurven kann man
mit dem Finger nachfahren, das kann man dem Schmerz
und dem Leiden gegenüber nicht; Erlittenes wird sichtbar gemacht. Und das führt dann zur kardiologischen
Diagnose.

Worin liegt also das *Wesen* der Deutung? – Darin liegt es,
daß das Produkt der Deutung *nicht system-immanent
bleibt,* sondern daß das Deuten *von einem System in ein
anderes System hinüberführt.*

Einen Sinn und vor allem eine Be-Deutung gewinnt
Deuten nur als Hinüber-Denken und Hinüber-Zeigen in
ein anderes System.

Das Verbleiben im System dagegen, als ein *system-imma-
nentes Deuten* ist in sich ein Un-Begriff. Solch ein Unter-

nehmen versteht sich als Treue gegenüber der Erscheinung. Aber wo es Treue zu sein meint und beansprucht, da ist es Leerlauf, und es endet im immer Gleichen: im Umbenennen von schon Benanntem. Solches system-immanente Deuten ist zwar so geartet, daß es sich als richtig – und bezeichnenderweise als *immer* richtig – und dazu ungefragt als wahr verstehen kann. Und das *ist* es in der Tat auch: nämlich genauso wahr, wie jede banale Wahrheit notwendig wahr ist (eine banale Wahrheit, in welcher links und rechts vom Gleichheitszeichen genau dasselbe geschrieben steht): also risikolos, unverpflichtend, einen auch nur denkbaren, nur vorstellbaren Widerspruch gar nicht erst möglich machend. Kurz: tautologisch.

Was aber gar nicht falsch sein *könnte*, was somit als falsch nicht einmal vorstellbar ist, das kann nicht richtig sein. Was einen Widerspruch nicht einmal möglich macht, das darf auch nicht beanspruchen, daß man es als wahr bezeichnet.

Und so bleibt am Ende jedes derartige Unternehmen nichts als ein Um-Benennen von schon Benanntem, nichts als ein unverpflichtendes, gar nichts induzierendes, zu nichts Neuem führendes Schein-Verstehen, dessen enormer Vorteil seine völlige Risikolosigkeit ist.

Nur das Transzendieren in ein anderes System darf als Deuten bezeichnet werden. Nur so stellt es sich neben das Verstehen – wobei dieses Verstehen sich belegen kann durch Anerkennung oder Ablehnung, durch Zustimmung oder durch Widerspruch.

Eine verständliche Deutung ist eine jede, welche irgendeine auf sie bezogene Antwort möglich macht. Die Antwort kann lauten »ja«, also: »Ja, so ist es. So, wie du sagst.« Das ist die Antwort des Einverständnisses. Des verbindend Gewissen. Eine solche Antwort ist von

Stefan Zweig erwartet worden, als er auf das Vergessen von Handschuhen hin angesprochen worden ist.

Daß sie sinnvoll ist, beweist jedoch die Deutung *nicht* darin, daß sie zustimmend beantwortet wird. Sondern darin, daß sie produktives Weiterführen, gegebenenfalls produktiven Widerspruch bewirkt. Die denkbar sinnvollste Antwort ist die, welche lautet: »Nein, aber ...« – was in Übersetzung heißt: Du hast mich angeregt. Nämlich angeregt, mich überhaupt mit dieser Seite meines Tuns oder Erlebens auseinanderzusetzen. Du hast mich erst dazu gebracht, dem zu begegnen. Aber es ist nicht so, wie du gesagt hast; dank dem, daß du das so gesagt hast, bin ich zum Verständnis vorgestoßen. Dazu, es zu sehen. Aber zu sehen, *wie ich es sehe*: nämlich nicht so (wie du gesagt hast), sondern anders, nämlich so: ...

Ein solches Deuten, das fruchtbaren Widerspruch bewirkt und ermöglicht, meint somit: *Deuten als Herausfordern.* Allerdings nicht nur als leeres Provozieren, sondern als ein produktives Anregen von Neuem. »Nein, aber ...« ist die angemessenste Reaktion auf die sinnvollste Art von Deuten.

Das heißt: Deuten ist nicht das Interpretieren zum Zwecke der Akzeptation, sondern das Induzieren zum Weitermachen.

Auch diese Art und Auffassung von Deuten beschränkt sich nicht auf die psychotherapeutische Deutungsarbeit. Dasselbe gilt auch vom Deuten in den künstlerischen Bereichen. Brecht hat das vor langem mit seiner Geringschätzung des Kulinarischen in der Dramatik angewiesen.[66] Und es gilt erst recht in der Musik. Die Aufführung ist die richtige, welche ein fruchtbares Weitermusizieren anregt, nicht diejenige, welche darin besteht, daß man hingeht, anhört, sich sättigt, Applaus rülpst und sich schlafen legt.

Das wird oft nicht begriffen: daß unser Deuten nicht Beleg dafür sein will, daß wir nun genau das Richtige getroffen oder gar das Richtige auf den Kopf zugesagt haben (wobei ja »auf den Kopf zusagen« ohnehin gewöhnlich nur das Behaupten des Gegenteils dessen ist, was gesagt wird, und seine Richtigkeit einzig darin belegt, daß es, weil es beschämend herauskommt, jeden Widerspruch abschneidet), sondern daß wir das anregen, *was in dieser jetzt besonderen Situation bei diesem jetzt besonderen Menschen eine Antwort anregt.* Wobei das Letzte das bei weitem Wichtigste ausmacht: Anregen der Antwort. – Das macht jedesmal die Richtigkeit der jeweils vorstellbaren »Berggasse-Antworten« aus.

Deuten kann oder muß daher von Mal zu Mal etwas anderes sein: einmal die Konzentration bis auf das Symbol; ein andermal das Umgekehrte: das Erweitern des Symbols zur Sache. Immer das Vermeiden dessen, daß wir an etwas Letztes gelangt sind, von dem aus kein Weitergehen mehr möglich erscheint. Auch vermeintlich Letztes wie der Tod ist so verstandenem Deuten nichts Letztes. Vielmehr verlangt es Deutungsarbeit, etwa so: *Was* stirbt, wenn hier, in diesem Kontext, von Tod die Rede ist?

Das heißt somit: Deuten ist wesentlich *Luft machen,* etwas eröffnen, wo es nicht mehr weiterzugehen scheint oder man nicht mehr weiterzusehen glaubt.

Das führt schließlich dazu, uns zu vergegenwärtigen, was Deuten niemals ist:

Deuten ist nicht Informieren;
Deuten ist nicht Erklären;
und Deuten ist nicht Rechthaben.

Vor allem dieses Letzte: Rechthaben ist psychotherapeutisch sich verstehendes Deuten nicht, kann es nicht sein, darf es nie werden. Darf es deshalb nicht werden, weil es sonst seine Eigenart verliert und damit seine Potenz: die Kraft des Evozierens, des Aufforderns, des Herausforderns – günstigstenfalls des fruchtbaren Widersprechens, des »Nein aber ...« also.

Deuten, psychoanalytisch inspiriert – und also: Deutung, von einem Psychotherapeuten gegeben – hat eigenen, spezifischen und für sich selbst geltenden Stellenwert. Diesen Stellenwert kann man sehr genau bezeichnen und umschreiben. Er heißt: *ernst nehmen*. Das ist: Behaften des Andern, des Anredenden, bei dem, was er tut oder sagt. Was wiederum wesentlich ermöglicht wird durch Überführen des Getanen in eine andere Dimension, das heißt durch Übersetzen des Gesagten in eine andere Sprache.

So verstanden, geht die Diskussion um Richtigkeit, Wahrheit oder Wissenschaftlichkeit – namentlich jedoch um die Verbindlichkeit – des psychoanalytisch inspirierten und psychotherapeutisch ausgerichteten Deutens wesentlich an dessen Natur vorbei. – Ich habe mich oft gefragt, wie es kommen konnte, daß so intelligente Leute wie Popper oder Habermas diese Besonderheit analytisch intentionierten (und notwendigerweise auch analytisch ausgerichteten) Deutens und Verstehens so gründlich übersehen konnten.[67] Ist es wirklich ein Übersehen, oder kommt das Mißverständnis daher, daß dieses Verstehen als Ernstnehmen sich eben einfach nicht schriftlich in verbindlicher Weise mitteilen, sondern nur dialogisch erfahren läßt? »Dialogisch« ist hier weder erbaulich noch nebulös apotheotisch gemeint, ganz und gar nicht, sondern es versteht sich klar und nüchtern als *»appellativ«*, also anredend, also Antwort evozierend (wenn man es anders ausdrücken will: als ein Feedback notwendig anregend).

Der Wert aber dieses Appells ist einzig daran zu erkennen und daraus zu ermessen, wie sehr eigenständig die durch ihn erwirkte Antwort herauskommt. Somit bleibt am Ende festzuhalten:

Wahr ist eine Deutung, wenn sie Widerspruch möglich macht. Und sie bleibt genau so lange wahr, als sie Widerspruch möglich erhält.
Richtig ist *jede* Deutung, die »angeht«. Die im Angesprochenen etwas induziert. *Was* sie induziert, ist belanglos.
Sinnvoll ist die Deutung – genauer und richtiger: sinnvoll *wird* die Deutung – die aus dem Angebot etwas macht. Und zwar etwas Gemeinsames macht.
Gewißheit gehört der Deutung, die gemeinsames Wissen bedingt. Ein Wissen (das ist implizit dabei), welches durch Sich-Verständigen erschlossen worden ist.

Wie verhält es sich am Ende mit den Handschuhen von Stefan Zweig? – Das Merkwürdige an diesem Postskriptum in Freuds Brief ist dies: *Es gibt gar keine Deutung.*
Alle elf anderen Interpretationen des Vergessens sind Deutungen. Der Hinweis an Zweig ist keine Deutung. Er ist ein Notruf. Ein Notruf in nüchterner, daher würdiger und erträglicher Formulierung. Ein Notruf deshalb, der nicht Hilfe, sondern Antwort möglich macht.
Wir haben Grund anzunehmen, daß der Briefempfänger begriffen hat, wie dieses »Sie wissen . . .«, dieser Hinweis auf Gewißheit (auf – wie wir gesehen haben – gemeinsam Gewisses also) zu lesen war.
Nämlich so: Lieber Stefan Zweig, ich bitte dich, komm zu mir zurück. Ich warte auf dich. Ich brauche dich. Ich habe hier, in der Verbannung, den alten Freund aus

früherer Zeit, der mir geblieben ist, besonders nötig. Deine Handschuhe sind mir das Garantie-Pfand deiner Freundschaft.

Aber es gehört zu Freud, daß er auch in einer solchen Zeit nüchtern geblieben ist. *Nüchtern* meint nämlich – es ist gut, sich hier und jetzt dessen zu erinnern – nicht das Gegenwort zu »gläubig« und auch nicht zu »gemütvoll«, sondern zu *besoffen*.

Und so war Freuds Nüchternheit in jener Situation gesonders gerechtfertigt: Nüchtern fährt man sicherer.

a'yin hara'– Das Böse Auge

Zusammengekauert sitzt sie da, und mit abgekehrtem Gesicht. Klein schon von Wuchs, scheint sie darauf aus, noch kleiner zu werden, als wolle sie gänzlich aus dem Blick verschwinden. Niemanden ansehend trachtet sie zugleich, von niemandem angesehn zu werden, sich also unsichtbar zu machen. Sie sei, deutet sie an, vom Bösen Auge befallen, von a'yin hara', auch Böser Blick geheißen. Unklar bleibt bei ihren Äußerungen, was sie mit diesem Wort bedeuten will: ob jemandes anderen Böses Auge sie getroffen habe und nun in sie eingegangen sei als ein Incubus, oder ob sie zu sagen wünscht, daß ihr eigenes Auge Böses ausstrahlt, wenn sie mit ihrem Blick die Menschen um sie berührt: mich, Sie, die wir eben vor ihr stehen und vergebens trachten, von ihr einen Blick zu bekommen oder ihr den unseren zu geben.

Archaisches Relikt, ethnologisch sehr interessant – bemerkt ein Gast aus Nordamerika, der daneben steht. Vielleicht neigen Sie, Leserin und Leser, dazu, dem Besucher beizustimmen.

Mag sein, das ist es: ein Restzustand also von Darwins Gnaden, ein Atavismus – etwas somit, das wir alle irgendwann in unserer Stammesgeschichte gekannt haben und das uns abhanden gekommen ist auf dem Weg zu unserer prächtigen Vollkommenheit. Sein könnte jedoch auch, daß das nämliche Erlebnis bei uns weiterwebt, bei uns sinnesgewissen Positivisten, dieses Phänomen des Bösen Blickes, und daß wir nur den Namen preisgegeben haben, mit ihm die Unbefangenheit, etwas genau zu benennen, was in uns noch wirksam bleibt, nicht anders als bei der alten jemenitischen Jüdin im

Stuhl neben mir. Vielleicht sogar *noch* wirksamer als bei
ihr – wirksamer, weil nicht eingestanden, dieses von uns
nicht Benannte, in der uns eigenen Sprache nicht
Benennbare: die Kraft des Blickens, der Beschreibung
entzogen, mit den uns geläufigen Untersuchungsmetho-
den nicht nachzuweisen und durch die Forderung, es zu
definieren, vordergründig in seiner Realität bezweifelt,
hintergründig jedoch um so bedeutsamer: dieser Effekt
des Sehens und Gesehenwerdens – und doch selber nicht
zu sehen. Etwas mithin, das es nicht »gibt« und wofür
dennoch unzählige Stämme, Kulturen und Zeiten einen
Namen haben, den immer selben und sehr genauen
Namen, nicht stehend für etwas, woran geglaubt – oder
auch nicht geglaubt – werden könnte, sondern für ein
gelebtes Erlebnis, so gewiß und umfassend, und ebenso
unfaßbar jedoch im selben Sinne, wie etwa Liebe oder
Haß, auch diese gelebt, aber nicht zu sehen und nicht zu
fassen, unser Leben bestimmen.

*

Davon kann man nicht reden: von dem, wie es zugeht –
und worin bedingt ist, und wie zu erläutern –, daß das
Auge ein anderes Auge anstrahlt, um es zu sehen, und
daß es – strahlend – zugleich nicht gesehen werden kann,
weil es blendet, also blind macht. Nur, man *braucht* auch
davon nicht zu reden, könnte statt dessen nach oben
verweisen: dorthin, wo eben das umfassend große Auge,
Sonne geheißen, mit der nämlichen Wirkung auf uns
herabschaut und -scheint. Von wo es so blendend strahlt,
daß man seinen Blick nicht dahin richten kann.
Der Zeigefinger, weisend in Richtung Sonne, hätte dann
zugleich auch schon das zusammengekniffene Auge
dorthin geführt, wo A'yin haRa' seine Vorstellung, nicht
seinen Beweis, aber, vor aller Beweisbarkeit kommend

und diese bis zum Grade des Lächerlichen überflüssig, ja
sinnlos machend, seinen lebendigen Beleg findet. Und
nicht nur den Beleg, auch den Namen: bei RA' oder RE',
ausführlicher ATON-RA', unter welchem Namen die
scheinende Scheibe in der Höhe nach dem Worte der
Alten Ägypter bezeichnet und durch Pharao Amenophis
IV., den Echnaton, mit den Würden des Weltenherr-
schers angerufen worden ist. Und abgebildet, wie es die
Wirkung sinngenau fordert: als die große, scharf leuch-
tende Kreisscheibe, darunter das Auge des Jagdfalken,
des lauernden, dem keine Beute entgeht, wenn er sie
angeleuchtet hat. Ra' steht hier für »Sonne«, es heißt
nicht »böse«.[68]

Dem Echnaton und seinen Gläubigen war die Sonne
auch nicht böse, vielmehr die allbelebende, gütige Herr-
scherin. Aber eine Kraft *wird* ja erst dann beängstigend böse, bedrohend nämlich, wenn man sich ihrer Allmacht zu entziehen trachtet – oder diese negiert,
obgleich man sie ahnt. Und die Ahnung von solch einer
Macht des leuchtenden Blickes mit seiner Durchdrin-
gungskraft blieb weiter bestehen, nachdem der Pharao-
nenprinz Moses die Herrschaft eines göttlichen Wesens
– JEHOWAH (das All-Sein), unter diesem Namen
nur vorgestellt, niemals laut benannt – deklariert hatte,
welches, als Herr über Gut und Böse, respektvoll ADO-
NAJ (mein Vielherr) gerufen, für den Stamm der
Hebräer alles andere, so auch den Sonnengott Aton-
Ra', in seine weltumfassende Botmäßigkeit bekommen
hatte. Dann ergab es sich, daß Ra', die Sonne, weiter-
schien, gleich wie zuvor, schmeichelnd und drohend,
alles sehend und sichtbar machend, auch wenn ihr
durch Jehowahs Propheten jedwelche göttliche Macht
abgesprochen war. – Die Ahnung ihrer Allgewalt hat,
einher mit deren Negation, aus RA', der Sonne, für die

Getreuen des Moses und des von ihm inthronisierten
All- und Übergottes, nun RA', das Böse, werden lassen.

Von alledem, namentlich von der Namensherkunft dessen, was durch sie jetzt so bedrohlich erlebt wird,
braucht die alte Frau in meinem Sprechzimmer nichts zu
wissen. Auch ohne daß sie sich auf die Sonne bezieht, hat
sie Begegnungen und Erlebnisse, welche die gleiche Wirkung wie RA' erzeugen. Repräsentiert vielleicht in dem
jungen Arzt, der sie eben untersucht hat mit – als Zeichen seiner Würde, längst nicht mehr der Natter des
Asklepios um einen imaginierten Stab gewunden, sondern einem alles durchdringenden dritten Auge über der
Stirn – dem Spiegelreflektor, der dem Falkenauge des
Arztes das Dunkle, das geheim Verborgene, scham- und
respektlos ausleuchtet: durch ein Auge, das zugleich
sieht und sichtbar macht, wesensentsprechend im selben
Vorgang, getreu dem Modell der sehenden Sonne.
Aber nicht nur der Sonne – und nicht nur meiner Patientin. Jetzt könnte ich meinen Gast aus Amerika, den
Herrn, der diesem seltsam archaischen Relikt aus dem
fremden Orient, wie es da vor ihm kauert, einiges Interesse schenkt, auf die letzte Begegnung hin ansprechen,
die er selber mit A'yin haRa' gehabt hat – auch wenn ihm
dabei nicht der Gedanke an den Bösen Blick gekommen
sein dürfte. Und das wäre vergangene Nacht gewesen, als
er in der Tiefschwärze einer orientalischen Nacht mit
dem Auto seinen Weg über die Serpentinen gesucht hat,
die ihn achthundert Meter bergab von Jersualem in die
feuchte Ebene von Tel-Aviv zu leiten hatten. A'yin
haRa': Er schaltet, um sich die Nacht zu erhellen, damit
sie ihm den Weg in die Tiefe weisen, die Scheinwerfer an.
Sichtbare Lichtstrahlen sendet er aus, um dieselben sichtbaren Strahlen wiederzubekommen, vom Objekt drau-

ßen zurückgeworfen in sein Auge und einzig zu dessen In-
formation. Das Aufblenden leitet also einen durchaus
solipsistischen Akt ein. Für den einsamen Autofahrer gibt
es in diesem Moment nichts und niemanden als ihn selbst
auf der Straße – ihn und was ihm jetzt eben schicksalhaft
zugehört: seinen Weg, sein Ziel, und was dazu dient, daß
er mit Sicherheit über den Weg ans Ziel gelangt.
Aber unvermittelt, völlig ohne sein Zutun, erweist sich:
Es gibt ihn doch auch für jemand anderen. Dieser
andere taucht eben auf, weit unten vorerst, noch in der
Ferne, zwei oder mehr Kilometer weg. Und daß es ihn
gibt, meinen Gast aus Amerika am Steuer seines
Wagens, für den anderen drunten, zeigt dieser sogleich
an, und tut es mit der automatischen Zwangsläufigkeit
eines Reflexes, der Willkür also entzogen. Kaum nämlich hat der Fahrer droben aufgeblendet, schon blendet
der andere zurück. Ganz offenbar hat das Einschalten
der Scheinwerfer oben für denjenigen, der drunten das
Licht wahrgenommen hat, eine andere, nämlich nicht
erschließende sondern mitteilende Bedeutung angenommen; nicht im Sinn von Hinweis darauf, daß da jemand
sich zum einzigen Besten seiner eigenen Sicherheit und
zu keinem Zweck sonst die Fahrbahn erleuchtet hat,
sondern als eine Anrede an ihn, den anderen Fahrer.
Die Wahrnehmungshilfe findet sich verwandelt in eine
Mitteilung: in einen Gruß mitten in der Nacht. Ob in
einen Gruß aus guter oder böser Intention, ob mit
freundlichem oder häßlichem Text, das ist nicht
bekannt, wird es wohl auch nicht werden. Die Form
der Antwort ist, gleich ob gut oder böse intentioniert,
unter beiden Bedingungen von derselben Art; jedesmal
nämlich so, daß *auf* Blenden *mit* Blenden reagiert wird.
Mag sein, das reflektorische Hochblenden durch den
Fahrer drunten auf der Gegenfahrbahn hatte zu sagen:

Hallo Freund auf gemeinsamem Weg, dein Leuchten war mir ein Gruß in der Einsamkeit; danke, und komm gut heim. – Leider ist kaum anzunehmen, daß die Intention von solcher Art war – Autofahrer sind keine guten Menschen, sie sind, solange sie hinter dem Steuer sitzen, überhaupt keine Menschen, es ist jeder für jeden anderen auf der Landstraße, namentlich nachts, ein unwillkommener und gefährlicher Störenfried. Weshalb anzunehmen sein dürfte, daß der Akt des responsiven Aufblendens am ehesten in Worte wie diese angemessen zu übersetzen ist: Ekel du, schon deine Anwesenheit allein stört mich, und zu alledem blendest du mich auch noch – mach, daß du vorüberkommst.

Und weg sind sie beide, inzwischen schon mehrere Kilometer voneinander entfernt. Es gibt sie längst nicht mehr, weder für- noch gegeneinander. Einzig wir bleiben noch bei ihnen und können so rasch nicht innehalten, bei dem zu verweilen und uns über das zu wundern, was eben geschehen ist: daß Sehen und Sichtbar*machen* zugleich ein Sichtbar*werden* einschließt; daß das eine das andere in sich trägt, untrennbar eins vom andern, weil wesensgleich: Sehen und Gesehenwerden. Und daß alle diese Funktionen sich am selben Ort plaziert finden – und daß sie zum selben Zeitpunkt zur Wirkung kommen (bei Erich Kästner heißt es, sinngemäß entsprechend: Wer nicht sieht, ist unsichtbar). Gutes Auge – Böses Auge: Was es auch sei, jedenfalls haben wir eben das Motiv von ATON-RA', dem leuchtenden und zugleich schauenden Sonnengott, wiedergefunden. Allerdings nicht auf einer altägyptischen Stele, auch nicht durch die vermummten Worte einer alten Jemenitin, sondern dort, von wo es am wenigsten zu erwarten war: in der kalten Welt der Technik, welche sich zwei nächtliche Autofahrer zu Dienern gemacht hat.

Strahlen des Sehens und Strahlen des Leuchtens: Wär nicht das Auge sonnenhaft, / Die Sonne könnt es nie erblicken – was die pantheistische Weltschau des Spinozisten in ein kräftiges Bild faßt, findet unvermittelt seine Bestätigung in vielfacher und unerwarteter Weise, und um so eindrücklicher, als es sich durch Begegnungen des Alltags reduktiv und in äußerster Banalität auf nächtlicher Landstraße aufdrängt.

Aber das ist nicht das Ganze, womit das Auge, das Sehen, in seiner überraschend vielschichtigen Durchdringung, uns konfrontiert. Eine andere Merkwürdigkeit des Sehens – sie läßt sich ebenso unvermittelt einfach und verblüffend wirklich nachweisen, hier und eben jetzt. Nur, diesmal sind Sie selbst es, Sie, geschätzte Leserin und geschätzter Leser, die die Sache angeht – und sogleich: *Schauen Sie die Uhr an*, tun Sie es aber womöglich in Gesellschaft einer anderen Person. Jawohl, ihre Uhr wollen Sie bitte anschaun, am linken Handgelenk, jetzt sogleich. – Halt, schon falsch: Sie haben nicht die Uhr *an*geschaut, Sie haben *auf* die Uhr geschaut: *die* Zeit haben Sie erschlossen, indem Sie *das* Zeit[69] in den Blick genommen haben.

Mag sein, daß es Ihnen beim zweiten Anlauf doch noch gelingt, die Uhr zu betrachten, statt daß Sie aus ihr die Stunde erschließen. Aber wenn Sie es in Gegenwart von Gästen tun, nützt es Ihnen nichts; Sie werden nicht vermeiden können, daß diese zu Ihnen bemerken: Du scheinst dich ja hübsch zu langweilen in unserer Gesellschaft, aber auch dann brauchst du's ja nicht so aufdringlich zu zeigen – wir gehn ja schon, adieu ... – Es hilft dann nichts, wenn Sie beteuern: Ich habe doch gar nicht auf die Uhr geschaut, ich habe einfach das Schmuckstück am Handgelenk betrachtet, die Armbanduhr, die ich vorgestern geschenkt bekommen habe. Seht doch, wie

schön sie ist. – Nein, das zählt nicht und macht Sie für
Ihre Umgebung nicht glaubhafter. Der Anzeigewert des
Bildes überdeckt dessen Schauwert – und tut es nicht
nur, wenn das Bild ein Zifferblatt darstellt, welches zwei
rotierende Zeiger einrahmt. Die in ihrer Stereotypie
abstumpfende Frage: Was hat das zu bedeuten? – welche
mit einfältiger Dreistigkeit jede Sinn-Erschließung
abwürgt –, belegt ihre Dominanz an wenigen Orten
vergleichbar leer und zudringlich. Eine Uhr kann, da
nimmt das Fragen nach der Bedeutung jeden Zweifel
hinweg, nicht sie selber bedeuten, sie darf das nicht, sie
muß Zeit bedeuten (aber was bedeutet Zeit? – wird der
Bedeutungs-Frager ohne Einhalt weiterfragen). Die Uhr,
weil sie stumm ist, jedoch bedrängt in ihrer Stummheit,
wird befragt und wird so zum Reden gebracht. Ihr
Reden ist das Anzeigen der Zeit – hat es zu sein – und
niemals die Darstellung ihrer selbst. Es kann sich der
*An*blick nicht durchsetzen hinter dem geschauten Blick.
*Ge*zeigtes beansprucht für sich, daß es als *An*zeige gelesen werde.
Und wie die Uhr, so das Auge: Es schaut an, aber
anschauen läßt es sich nicht; dem Blick entzieht es sich
gleich der Uhr, wenn diese die Zeit hat lesen lassen.

*

Nun hat einiges sich angesammelt zum Thema Sehen und
Gesehenwerden. Aber noch läßt das alles seine Verwandtschaft mit A'yin haRa'– dem Sonnen-Auge, welches durch Lautübertragung und Sinnverschiebung,
durch Pejoration des Namens besonders, in ein Böses
Auge verwandelt worden ist – erst ahnen, noch nicht
nachweisen. Daß das Ersichtliche, aber durch Worte
nicht zu Fassende, das nur zu Ahnende, als das Böse
berufen, ja mit diesem gleichgesetzt werden soll –, das ist

bisher erst als linguistische Kuriosität wahrzunehmen
gewesen. Vielleicht, daß es mehr sein könnte. Wir wollen
sehen, also das Sehen genauer besehen.

Sehen ist, so hat sich zunächst feststellen lassen, Nehmen
und Geben zugleich, es ist Fordern und Vermitteln in
einem; es trägt sich zu am selben Ort und, vor allem, zur
gleichen Zeit. Darin, im Synchronismus seiner Vollzüge
wie in deren identischer Lokalisierung, unterscheidet das
Sehen sich vom Vorgang des Hörens und Redens gleichwie von den Funktionen des Geruchs. Einzig im Bereich
von Tasten (Haptik) und Greifen (Taktilität) bieten sich
vergleichbare Bedingungen an. Von daher kommt es, daß
die beiden Orte, an denen eine solche in eins zusammen-
genommene Doppelwirkung zum Spielen kommt – das
Augen- und Händepaar –, eine derart intensive Aus-
drucksfunktion zugedacht erhalten; von daher denn
auch, daß sie beide vielfältig den Wert von Symbolträ-
gern angenommen haben.[70]

Dieser einfache, sich selber nachweisende Sachverhalt
des Sehens, die Intensität also seines Wirkens durch
Zusammenbringen all seiner Kräfte, der zentrifugalen
wie der zentripetalen, am selben Ort und zur selben Zeit,
beides wird selten bedacht. Und namentlich die zwei
Berufsgruppen, in denen sich die Seh-Kundigen vereinigt
finden, kennen jede nur eine von den zwei Funktionen
des Auges. Der Augenarzt befaßt sich einzig mit der
wahrnehmenden Qualität des Sehens, alles andere
kommt ihm spekulativ, daher unwissenschaftlich, ernsthafter Auseinandersetzung mithin nicht würdig vor.
Dem bildenden Künstler dagegen tritt nur die sprechende Natur des Auges unter seine so intensiv wahrnehmenden Augen. Freilich, als ahnte er, das kann nicht
alles sein, was sein Auge leistet, dieses Anreden des
Bildbetrachters, bleibt ihm dieses doch immer unver-

traut, und um so mehr, je eindringlicher er sich mit ihm konfrontiert findet. Der Drang zum Anfertigen von Selbstbildnissen, als obsessive Nötigung zur Erfassung und Wiedergabe des immer selben und doch ständig sich Wandelnden, niemals in den Blick, in den Griff zu Bekommenden wird wohl damit am treffendsten erklärt, daß das wahrnehmende Auge nicht zufriedenstellend mit der Aufgabe zurechtkommt, sich selber, dem wahrnehmenden Auge, das sprechende Auge sichtbar zu machen. Der Anreiz, der darin gegeben ist, daß die bildhafte Darstellung des eigenen Augenpaars ihren Bildner ständig zwischen Entfremdung und Attraktion hin- und zurückgeworfen bleiben läßt, bringt mit sich eine orgiastische Erfahrung, viel rauschhafter erlebt als jedwelcher andere orgiastische oder orgastische Akt. Dies namentlich bei dem narzißtischen – auf den Eigen-Anblick als das Eigenerlebnis fixierten – Naturell, in welchem die Bedingung zur künstlerischen Kreativität liegt. – Die Blendung durch den Blick: Das macht die Faszination des Auges. Und Blendung, zuerst Anziehung, dann Festhaltung, die zugleich zur Abwendung nötigt – dies ist das Spiel der Blick-Begegnung. Wenn aber das geblendete Auge sich am blendenden festhielte, so würde es vollends geblendet, das heißt: blind gemacht. Dies zu vermeiden, muß es sich nach der Dauer eines Augenblicks vom Augen-Blick abwenden, den nur das Bildnis bewahrt.

*

Schrittweise nähern wir uns einer Ahnung dessen, was es mit dem Motiv von A'yin haRa', dem blendenden, alles anstrahlenden und ausleuchtenden Auge, welches ein böses genannt wird, auf sich haben könnte. Damit die Sache deutlicher faßbar werde, seien nun für die beiden

einzelnen Qualitäten des Sehens in ihrer noch immer
verwirrend zusammenwirkenden Doppelfunktion zwei
Namen vorgelegt, welche es erleichtern sollen, die beiden genauer gegeneinander zu halten und je einzeln zu
beschreiben – zwei Namen übrigens, die in der verblüf-
fenden Alltäglichkeit ihres Klanges belegen, daß die
übliche Sprache die beiden Qualitäten des Sehens genau
kennt und seit je treffend benannt hat. Dies ergibt sich
von selbst, wenn, geläufiger Terminologie gemäß, die
auf- oder wahrnehmende Funktion des Auges als
Schauen bezeichnet, die »sprechende« oder redende,
also emissive Wirkung des Sehens *Blicken* genannt
wird.

Die Vorstellung ahnt schon etwas von dem, was die
Sprache durch diese beiden Begriffe genau festlegt, und
der Vergegenwärtigung ergibt es sich von selber, wie sie
sich das schauende Auge und wie das blickende abbildet.
Gleich Linse und Diaphragma einer Photokamera, so
stellt sich das schauende Auge dar: starr aufs Objekt
ausgerichtet mit der Neugier und Rücksichtslosigkeit,
die vom Apparat auf denjenigen überspringt, der ihn
bedient. Die Lidspalte des Aufnehmenden ist zusam-
mengekniffen, das Auge in seine Höhle zurückgenom-
men, geradeausgerichtet und mit enger Pupillenöffnung,
worin sich das Dunkle im Auge gut verbirgt.

Diese Art von Sehen, rein aufs Perzipieren ausgerichte-
tem Schauen, welches besorgt ist, daß es über sich selber
nichts aussagt und nichts von sich preisgibt, sondern nur
das von außen Kommende einsaugt, hat übrigens in der
Sprache der Deutschen einen Namen gefunden, welcher
sich, gelassen angehört, nur geringfügig von der Bezeichnung »Böser Blick« unterscheidet; man spricht nämlich
dem in Lid und Pupille zusammengekniffenen Auge die
Wirkung des *stechenden Blickes* zu.

Anders das sagende, das aussendende, anredende, also blickende Auge, welches nach vorn gerichtet ist und die Pupille weit öffnet. So weit, daß das Auge in der Rundung seines Schwarz etwas von dem Wesen des redenden Auges ahnen läßt. Dieser geöffnete Blick äußert Leidenschaft, auch Leiden, jedoch vor allem Mit-Leiden, also Empathie und Sympathie. Es ist das Pathos dieses Blickes, das der Künstler sucht, im Portrait, vor allem jedoch in seinem Selbstbildnis, damit er es dann aus diesem herausholen kann. Zum Gebrauche vertraut ist dieses Motiv auch den Frauen der Renaissance gewesen, und sie wußten, wie es sich gefügig zu machen: Wenn sie Wärme in ihren Blick zu bringen gedachten, so haben sie der Physiognomie der Anrede dadurch nachgeholfen, daß sie sich Tollkirschensaft ins Auge gaben: Atropa, durch den bezeichnenden Zusatznamen Bella Donna, schöne Frau, ergänzt. Das Auge beansprucht für sich, daß ihm Schönheit mit Güte gleichsinnig sei. Schön aber, und somit gut, wird das Auge in der Leidenschaft, und diese kommt durch die ansprechende Attitüde des weit offenen Blickes zum Sprechen.

Schönheit, das ist die Güte des Auges, bestätigt sich darin, daß jedes Wesen, das vom Blick angeredet ist, sich selber an dem Ort wiederfindet, von dem sein Blick herkommt. Dieser Vorgang bleibt jedoch nicht vagem Ahnen überlassen, vielmehr zeigt er sich, getreu den Forderungen der Ausdruckssprache, deren Gesetzlichkeit darin gegeben ist, daß sie ihre Botschaften stets sogleich verbindlich konkretisiert, eindeutig und also figürlich genau nachweisbar. Dies derart, daß jedes Wesen, wenn es aus dem weiten Augenschwarz angeblickt wird, ungleich dem von schroffer Kameralinse Abgestoßenen, sich daselbst wiederfindet, von wo es sich blickend angeredet weiß. Nicht versinkt es im Abgrund der Schwärze, sondern entdeckt es sich selber in dieser: in seinem eigenen Spiegelbild tief inmitten des Auges. Pupille heißt dieser Ort und nimmt also seinen Namen von *pupilla* (dem ›Püppchen‹, dem ›kleinen Mädchen‹) her; anderswo nennt man den Ort *talion* oder *kore* (griechisch für ›Kind‹), auch ISCHON (das ›Menschlein‹ auf hebräisch), und allemal bezeichnet der Name dasselbe. Und es wird auch von der Großmutter so, als ihr Augenstern, angerufen: jenes Menschlein tief drin im Schwarzen ihres Auges – das Äffchen – jedesmal, wenn es sich, auf ihren Knien schaukelnd, zur eigenen Überraschung und zu seinem stets erneuerten Entzücken im Augenloch der Alten wiederfindet: sich selbst, das »Augenkindlein« (Wieland).

Das eröffnete, blickende Auge behält nicht das Angeblickte bei sich, sondern es gibt diesem, als sein Spiegelbild, sich selbst zurück: Es ist ein *Gutes Auge.*

Dieser Blick aus dem Auge der Vorfahren, aus dem es sich wiederfindet, bewirkt, daß *pupilla*, das Kind, zu sich selber kommt. Zu sich als das *id ens*, durch eine Ein-Sicht, lautend: Das, was ich da drinnen, in der Großmutter entdeckt habe, das bin ich – *ich selber*, pupilla, das Kind. In seiner Schamlosigkeit – man nennt sie Unschuld – erwirkt das Kind sich Selbstbewußtsein aus Selbstbestätigung im Guten Blick der Alten. Und darin findet es seine Scham; an dieser – nochmals – Schamlosigkeit, die ihm die Bestätigung aufkommen läßt, welche lautet: Solange ich mich ansehen darf, ebenso lange, wie die Großmutter mir ihr Auge leiht, bestehe ich vor ihr, und das heißt zugleich: vor mir. – Wehe, dieses anredende Wiederfinden wird dem Kind versagt! – Bleibt es ihm aus, so wird sich die schlimme Voraussage des Teiresias an ihm bestätigen, daß es genau so lange zu leben habe, als bis es sich selber kennt. Womit der blinde Seher das

Schicksal angezeigt hat, das sich an Narkissos, dem
schönen Sohn der Flußnymphe Leiriope, bis zur Verzeh-
rung erfüllte.
Narkissos hat die Begegnung mit dem Guten Auge entbehrt. Nun muß er sie – Schicksal der Scham – bis an sein
Ende suchen und wird sie niemals finden.
So ein anredendes Auge läßt es nie dazu kommen, daß
man es betrachtet; nur auf seine Anrede hin ist es wahrzunehmen. Es sagt nur, was es anzeigt, nicht was es
darzustellen hat – es *hat* nichts darzustellen! – und so
verhält es sich, wie die Uhr sich verhält. Wie die Zeit.
Das auf Schauen hin ausgerichtete Auge dagegen stellt
ein *heraus*schauendes und -holendes Auge dar: das Böse
Auge. Und was es darstellt, und was es bedeutet, das *ist*
es auch.

*

Nun dürfte es zusehends eindeutiger, verbindlicher vor
allem, werden: Das Auge, wenn es den anderen beobachtet, ihn prüft, erforscht, und dabei sich selber zurückzieht so, daß es selber, dieses Auge, nicht geprüft werden
kann, nimmt die Qualität des Bösen Auges an. – Ein
Auge dagegen, welches entgegenredet und damit dem
Angeredeten die Freiheit gewährt, daß er zu sich selber
kommt, dieses Auge macht es möglich, daß der Andere
(l'Autre) sich im Auge des Anredenden wiederfindet. Ein
solches Auge verdient es, ein Gutes Auge genannt zu
werden.

> So hat uns der Blick auf die Spur unseres Für-
> Andere-Seins geführt und hat uns die unbezwei-
> felbare Existenz dieser Anderen, für die wir sind,
> enthüllt (Sartre).[71]

Böse ist mithin das Auge insofern, als es irritiert und die
von ihm Getroffenen sich selber abhanden kommen
macht; und gut ist ein Auge zu nennen, wenn es Selbstfindung und -bestätigung ermöglicht, ja befördert.

So zeigt das Auge – paradigmatisch einmal mehr – an,
was sich am Menschenwesen durchweg wiederfindet:
Das Effektuierende effektuiert im Effektuierten denselben Effekt, den das Effektuierende effektuiert hat. Weniger skurril formuliert, hat dies zu besagen: Das Böse
Auge – nun, es ist nicht zu klären, ob es denn *böse ist*
oder ob es *böse macht*. Und entscheiden läßt es sich
deshalb nicht, weil zweimal vom selben die Rede ist.
Böse sein ist böse machen. Und gut sein ... – wenn doch
bloß dieses Gesetz in seiner invertierten Form die nämliche Gültigkeit behielte, wenn man also mit demselben
Maß an Gewißheit sagen könnte, es sei zweimal bis zur
Identität dasselbe: gut sein und gut machen!

Wie auch: Das Böse Auge macht nicht nur, es sieht alles
schon böse. Und tut es, indem es *an*schaut. Darin aber,
in der Furcht vor dem Ausgeliefertsein ans Angesehen-
werden und an die Macht, die von ihm ausgeht, begründet sich die Phobie vor dem Bösen Blick und entwickeln
sich sinngemäß alle Ritualien zu dessen Abweisung: die
Verbergungsprozesse, die Bilddarstellungen, Amulette
und Murmelsprüche, und was sonst sich anträgt, um mit
dem Blick zusammen dem Bösen seine bedrängende
Allmacht zu nehmen.

Die soeben dargestellte Doppelfunktion des Sehens –
Schauen und Blicken – hat nun allerdings nicht darauf
gewartet, daß sie hier genau benannt und beschrieben
werde. Sie ist seit je Sache der Erfahrung gewesen – und
mitnichten nur der Gewißheit einer alten Jüdin aus
Jemen. Vielmehr auch in Ihrer, der Leserin, des Lesers

Welt, also etwa dem kühlen zwinglianisch-freisinnigen
Zürich, fern somit – wie Sie vermuten – solch mystisch-
archaischen Vorstellungen, wie sie im Stuhl neben mir
formuliert werden. Und nicht, daß sie nur in Ihrer
Erfahrung vorkämen, sie sind sogar demonstrierbar,
durch Methoden, welche den abendländisch-positivisti-
schen Anspruch auf exakte Forschung durchaus zufriedenstellen: durch das Mittel der Separation nämlich, der
sauberen Abtrennung und, daraus sich ergebend, der je
einzelnen Betrachtung jener zwei Anteile des Sehens,
welche üblicherweise nur in eins zusammengebacken
sichtbar werden. Man kann also, um es nochmals und
ganz genau zu sagen, die beiden Aufgaben und Befähi-
gungen des Sehens, das Schauen und Blicken, voneinander getrennt untersuchen, und es sind, um beide sichtbar
zu machen, keineswegs sonderlich ingeniöse Experimente vonnöten; vielmehr braucht es, damit das gezeigt
werden kann, nicht mehr als dies, daß man dem Auge
und seinen Verrichtungen ein wenig mehr als das geläufig
sorglose Ausmaß an Aufmerksamkeit gibt.

Und dann sogleich dies erfährt: daß sich Situationen
konstellieren lassen, in denen das Auge lediglich aufs
Schauen eingestellt ist, andere jedoch, welche einzig das
Blicken aufkommen lassen. Schauend kommt zum Beispiel – und vor allem – zusammen mit dem Gerät, das es
bedient, das Auge dessen daher, der sich zum Herrn des
ihm verfügbaren Apparates macht. Der Photograph also.
Starr richtet er sein Auge auf das ausgewählte Ziel,
welches, damit das Freiheitsgefälle zwischen dem Aufnehmenden und seinem angepeilten Opfer, dem Motiv,
zureichend deutlich werde, auch noch Objekt genannt
wird, und tut es vermittels des Objektivs.

Dieses Objektiv trägt seine Bestimmung wie seinen
Namen, und diesen mit jener zusammen, in sich mit: Es

zeigt sich nicht, es blickt nicht, es redet nicht an, es versagt seinem Objekt, daß es sich in der Linse spiegeln, sich darin wiederfinden kann – es schaut nur. Es saugt seinen Gegenstand ein und tut es, Gipfel der Bedrängnis und zureichender Anlaß, Argwohn zu erwecken, zumeist, ohne daß das Objekt merkt, ob und wann es in den Fokus gebracht worden ist, und in welcher Verfassung. So gibt die Mitteilung doch manches zu denken, die besagt, daß die Angehörigen von Stämmen und Kulturen, welche die Erfahrung von A'yin haRa' noch nicht preisgegeben haben, etwas von ihr ahnen: von der Ungleichheit, die in der Situation des Angestarrtwerdens durch eine glotzende Linse notwendig gegeben ist. Aus dieser Ahnung heraus entziehen sie sich dem bedrängenden Angestrahlt- und Durchleuchtetwerden durch die Kamera und das Auge, welches dahinter droht. Wenn Schweizer Touristen auf Kreuzfahrten, für zwei Stunden bei den Minderentwickelten abgestiegen, amüsiert über so viel Scham, ihre Beute einbringen, so horten sie in ihren schwarzen Kisten stets einige Schnappschüsse von Eingeborenen, wie sie aus dem Zugriffsbereich der Linse zu fliehen versuchen oder, wenn ihnen dies nicht mehr gelingt, doch noch rasch ihr Gewand über den Kopf werfen: damit sie nicht ihr Gesicht verlieren und ihre Scham nicht preisgeben. Dem Gast aus kühleren Regionen ist, namentlich seit er durch den täglichen Umgang mit den Motiven der Television total abgestumpft und längst gewohnt ist, als Würze zum Abendbrot alles – aber auch restlos alles, was sich photographieren läßt: das resignierende Elend gleich neben der geilen Exhibition – einem appetisierten Auge dargeboten zu bekommen, der Sinn für die enge Beziehung zwischen Blick und Scham aus dem Bereich des Vorzustellenden gewichen. Freud[72] allerdings hat sie noch gekannt und beschrieben, Sartre[73] ebenfalls. Allerdings, ganz entgegen den Kommentaren, mit welchen er die Photos von den verhüllten Gesichtern seiner lästerlich überraschten und beschämten Objekte begleitet, ahnt doch auch der schamlose Knipser noch etwas von den Regungen, denselben Tabus, welche ihm an den Opfern seiner zudringlichen Linse so amüsant archaisch vorkommen: dann nämlich, wenn er selber, der filmbewehrte Tourist, sich an den Badestrand begibt. Dann setzt er eine dunkle Brille auf. Nun, das geht doch nicht gegen die Lichtstrahlen, dieses grünbraune Glas, durch welches man sieht, aber nicht gesehen wird. Frühere Generationen aus Tagen, da Sonnengläser noch nicht gebräuchlich waren, sind auch nicht gleich blind geworden von so ein wenig Sonne. Aber: Das dunkle Glas zeigt an, daß ein Rest von Scham auch dem beobachtungsfreudigen Abendländer noch geblieben ist. Wenn dieser sein Auge auf die Frauen und Mädchen am Strand zu richten vorhat, dann deckt er seinen (bösen) Blick durch dunkle Gläser ab. So können die Nixen es noch versuchen, den geilen Blick, dem sie nicht zu entfliehen vermöchten, vom Ziel des schauenden Auges ab- und dorthin umzulenken, wo er weniger bedrängt: auf Blickfänge an der Stirn, am Hals oder Ohr, auch in der Mitte des Leibes, wo die Gürtelschnalle sitzt, vorzugsweise noch über Hand- oder Fußgelenken. Deshalb bieten alle diese Orte sich an, um durch Schmuckstücke mit Schauwert als Blickfänge ausgezeichnet zu werden, die bildhaft merkbar machen sollen, worin ihre Ab-Sicht – ihre sicht-ablenkende Intention – liegt: darin, das Schauen wegzuholen von dort, wo es sich schamlos festsetzen will, vom Auge, von der Brust, dem Genitale, und es an jenen Ort hinzuführen, an dem es sich verfängt. Das gelingt mittels eines Restes von Willkür seitens des

Objektes, das ist des zum Objekt gemachten Beobach-
tungsgegenstandes unten am Badestrand.

Das Auge, wenn es hinter dunklen Gläsern verborgen
lauert: Dieses Auge ist ein böses. Deshalb trachtet das
Belauerte, die Strahlen, die von ihm ausgehen, abzulen-
ken: sie um ihre bedrängende Wirkung zu bringen, und
dies am europäischen Badestrand durch dieselben Vorgänge wie im fernen Morgenland. Beide Male hat der
Träger einer solchen Wirkkraft die Qualität des *Jettatore*[74] angenommen: des Schleuderers von giftigen
Lichtpfeilen, mit der stets gleichen Wirkung, nämlich das
getroffene Wesen zu beschämen, das ist: es hilflos, lahm
dem Träger solcher Blicke auszuliefern.

Und invers entsprechend gibt es für die abendländische
Kultur und Gewohnheit ein genaues Korrelat dessen,
was dem Morgenland als *Gutes Auge* geläufig ist. Sinngemäß zeigt dieses sich als ein Auge, welches – entgegen
dem, wie das Auge des Photographen und des Sonnen-
brillenträgers sich verhält – seine schauende Funktion
aufgegeben, sich dafür auf die blickende Wirkung des
Sehens zurückgezogen hat. Am schönsten und überzeugendsten wird diese Haltung von der Großmutter vorgelebt, wenn sie im Kreise der Enkel Erinnerungen und
Märchen berichtet. Wie um physiognomisch auch noch
zu akzentuieren, daß sie weit davon entfernt und längst
erhaben über die Neigung ist, das Aussehen oder Verhalten der Umsitzenden in ein scharf beobachtendes und
streng kontrollierendes oder gar lüsternes Auge zu fassen, läßt Großmama ihre Brille auf die Nasenspitze
herabrutschen: dorthin, wo das Glas völlig nutzlos ist
und nur noch mimisch unterstützt, was vom Verhalten
bereits kundgegeben wird. Mögen doch die anderen alle
aussehn, wie sie wollen, mögen sie tun, was ihnen beliebt
– dergleichen bekümmert die gute Alte längst nicht

mehr, darüber ist sie hinweg. Die Ihren hält sie um sich
durch ihr Sagen und im Blicken; dem Schauen ist sie
entrückt. – Auf der Nasenspitze die Brille: Die ist nicht
fürs Sehen geschliffen, sie ist nur zum Anreden gemacht:
damit das Gute Auge freier (an)reden kann.

Mittlerweile hat man die inhärent gütige Attitüde des
vom Schauen befreiten Sehens, des Blickens, welches nur
gibt und nichts fordert, auch schon für Reklame und
politische Propaganda entdeckt. So ist es denn neuerdings Mode geworden, daß Leute, die an einem Präsi-
dentenamt interessiert sind, sich über die Ränder ihrer
Halbbrillen hinweg an ihr Auditorium zu wenden pfle-
gen. Von diesem physiognomischen Effekt erhoffen sie
sich – rechtens – die Aura von Weisheit, und niemand
möchte gänzlich ausschließen, daß aus solchem Blick
etwas ins Wesen seines Vermittlers übergehn könnte:
von diesem Ansatz zu jenem völlig dem Schauen entzo-
genen und in Gänze nur noch dem Blicken überlassenen
Auge, das nähert sich schon dem Motiv vom Auge des
Blinden an, jenem Bild also, welchem sich für die My-
then und Kulturen aller Stämme und Räume die Gewißheit von Sehertum, bewahrt aus inneren Gewißheiten,
verbindet.

*

Sollte an dieser Stelle noch immer jemand auf der Frage
sitzenbleiben, ob man nun an den Bösen Blick glauben
dürfe – gar müsse – oder ob dieser Böse Blick womöglich
nicht Sache des Glaubens, vielmehr auch noch etwas von
Realität sei, und, falls ja, mit welchen Mitteln nachzuweisen, oder ob man nicht doch bei alledem mit einem
aufdringlichen Rest von rasch und gründlich auszumer-
zendem Aberglauben zu tun habe, so wäre ihm nicht
mehr zu helfen. Und mir auch nicht. Dann wäre es ja

nicht geglückt, das zu zeigen, worauf es hier vordringlich
ankommt: daß nämlich *die Bedingungen des Sehens und
Sichsehenlassens*, welche in manchen Räumen und Sprachen als *Böser Blick* bezeichnet werden, sich deuten
lassen als *das leibliche Korrelat der Scham*. Als dessen
genaue und ebenso umfassend eindeutige wie verbindlich
bezeichnende Konkretion. Nicht lediglich als seine Alle-
gorie, sondern als Vermittler von Kräften, die zur Wirkung kommen, falls man nur zuläßt, daß sie es tun, und
die dann wirken, ganz gleich, ob man einen Namen für
sie reserviert oder nicht.

Wer nach dem Glauben an den Bösen Blick, oder nach
dessen Realität, fragt, stellt mithin die Frage, ob es
Scham gebe. Nun: *Diese* Frage – nicht nur, daß man sie
nicht beantworten kann, sie ist nicht zu stellen. Dem
Schamlosen gibt es keine Scham, und deshalb kann er an
sie auch nicht glauben. Damit auch nicht an die Macht
des Bösen Blicks. Und beweisen: Nein, beweisen kann
man niemandem, der solchen Beweis fordert, daß zwischen den Blickpartnern etwas hin und zurück verkehrt,
das unter dem Namen Scham geläufig ist.

Im Fragen nach der Realität der Scham, und das heißt: im
Wissenwollen, ob man für Scham den verbindlicheren
und genaueren Namen des Bösen Blicks einzusetzen
habe, darin vollzieht sich – prozeßimmanent – noch ein
Weiteres. Wer nämlich so der Scham nachfragt, beweist
mittels dieser Frage, daß er seine Scham schon verloren
oder preisgegeben, falls je zu eigen gehabt hat. Ein
Erfragen des beschämend-beschämten Blickes verlangt,
das ist Bedingung, die Abwesenheit von Scham, ja, mehr
noch, deren Verleugnung. Dem Schamlosen fällt zur
Scham nichts ein. Damit aber entziehen sich ihm Möglichkeit wie Voraussetzung, dem Bösen Blick und auch
dem Guten Blick seinen Sinn zugänglich zu bewahren.

Wie genau einander Scham und Böser/Guter Blick ent-
sprechen, das erweist sich aus Wendungen, die in allen
Sprachen, auch derjenigen unseres Alltags, geläufig sind.
So wenn es etwa heißt:

> Wag' es nicht, mir nochmals unter die Augen zu
> kommen;

oder wenn von jemandem gesagt wird:

> Er hat sein Gesicht verloren.

Aus solchen Äußerungen spricht, zweimal genau gesagt,
die exakt verbindliche Wendung für den Ruf: »Schäm
dich!« oder für den Hinweis, jemand sei dem Bösen
Blick der Scham erlegen. Verbindlicher und genauer
deshalb, weil es wissen läßt, was zu tun ist. Damit
versperrt es jeder Ausflucht in die Unverbindlichkeiten
der Abstraktion ihren Weg. »Scham« ist eine Abstraktion. Die Wahrheit aber ist konkret.[75] Und konkret ist
auch der Blick, der gute wie der böse.
Und in solchem Sinne ist eine alte jemenitische Jüdin hier
im Sprechzimmer anzuhören.
Darüber wird aber ein Weiteres deutlich: daß die Scham
sich als Thema dem Gespräch entzieht; und es deshalb
tut, weil sie beides in eins faßt: Beschämt*haben* und
Beschämt*sein*. Wer beschämt hat, schämt sich ebenso,
wie in Scham geraten sein die Beschämenden beschämt.
Bessere Bedingungen zum Gespräch bieten sich deshalb
an, wenn man bereit ist, die Scham als Motiv des Bösen
Auges zu thematisieren. Dies kann gelingen, wenn man
es fertigbringt, die Konfrontation der Blicke zu vermeiden.
Und dafür bieten sich Maßnahmen an, wie sie denen
geläufig sind, die noch die Gewißheit mit sich tragen, die

sie sagen läßt, was wir dem Ahnen verweigern: daß der Blick mehr weiß, als er sagt. Und daß er doch noch viel mehr zu sagen hat, als unserer Sprache gegeben ist. Womit, durch diese Interpretation des Blickes, zugleich ein Beispiel für den Vorgang des Deutens geliefert ist. Auch für dessen Ansprüche und Fragwürdigkeiten.

Von der Macht des Blickes und den Tröstungen der Musik

Zusätzliche Bemerkungen zum Thema »Böser Blick«, erläutert am Bild der Schlangenbeschwörung

Glatt, kalt, nackt, stumm zischend oder klappernd, wie es sich räkelt oder ringelt, unbewegt und dann, den Eingebungen eines Paroxysmus folgend, der Spur seines enervierenden Züngelns nachschleicht, auf ein Ziel zu, das nur es selber kennt, und mit einem Blick, der, in der Starre seiner Ausrichtung, beständig irritiert, ohne sich selber ablenken zu lassen: So hat dieses Wesen sich längs durch die Zeiten und quer durch alle Kulturen und Mythologien als Träger von Angst und Phobien etabliert. Verflucht, verachtet, gefürchtet und euphemisierend verehrt, jeder aufklärenden Erziehung spottend, bannt die Schlange Mensch wie Tier in unverändert anhaltender Faszination und ohnegleichen in der belebten Natur, als ein Bote aus deren unbelebten Tagen.
Selten tötet dieses Tier; dennoch bedroht es machtvoll und nachhaltig. Angesichts dieser merkwürdigen Diskrepanz muß ihm doch eine Kraft von besonderer Art zukommen: irgend etwas, dem bisher weder Mytho- noch Psychologie sinngerecht zu begegnen, geschweige zu entsprechen vermocht haben. Was alles um diese Diskrepanz zwischen faktischer und phobierter Wirkung bisher so drum herum geredet worden ist, hört sich insgesamt eher nach wortreicher Beschwichtigung an; wie ein Versuch, ungewohnt Bedrängendes der Routine ein- und unterzuordnen, um so der Konfrontation mit

einer Wirkung zu begegnen, welche nur als Antwort auf
eine stumme, jedoch unvergleichlich fesselnde Anrede,
auf das Aushalten eines bannenden Blicks gelingen kann.
Weshalb auch diejenigen, die sich mit Hinweisen auf
anderswo Geläufiges als kundige Deuter der Schlange,
ihres Wesens und ihrer Wirkung vorzustellen belieben,
der Bedrohung, die von ihr ausgeht, weder zu begegnen,
noch sie zu verringern, noch (was dasselbe wäre) mit
Sinn zu erfüllen vermöchten.

Dies zu leisten, ist einem anderen vorbehalten geblieben. Und einzig dieser hat bisher auch zwingend belegen können, daß Menschenkraft oder -geist imstande ist,
die unfaßbar, unbenennbar unbegreifliche Macht des
Schlangenblicks, sowie die Drohung ihrer Schlangen-
stummheit zu bannen, ihr standzuhalten und sie aus
eigener Kraft sich botmäßig zu machen. Der das vermag,
ist der *Schlangenbeschwörer*, auch *Schlangenbändiger*
genannt.

Allerdings, was dieser Zaubermann kann, das kommt
dann seinerseits so geheimnisvoll – kaum weniger
unheimlich als das von ihm bewältigte Tier – daher, es
scheint so sehr aus Sinnen und Kräften zu stammen, die
der Schlange eher als dem Menschen zugehören, daß die
Befangenheit, ja Angst, welche sonst an das kriechende
Tier gebunden bleibt, von dessen Dompteur keineswegs
hinweggenommen, sondern lediglich auf diesen übertragen wird. Was zuvor an benommen machenden Effekten
von dem Tier ausgegangen oder auf dieses projiziert
worden ist, das findet sich mit dessen Auftritt gebunden
an die Gestalt des Priesters, der da, vor der Schlange
kauernd, sich diese nach eigener Macht und, so sieht es
aus, freier Laune unterwirft.

Was der Schlangenbeschwörer tut – nicht weshalb oder
wozu er es tut, aber was –, das läßt sich nun genau

beschreiben; zum Ersatz gewissermaßen einer Schilderung dessen, was die Schlange über den Menschen vermag. Weil *diese* Kraft, die Gewalt also, mit der die
Schlange den Menschen bändigt, sich nicht in Worten
darstellen läßt, deshalb ist es sinnvoll, einen Hinweis
darauf zu geben, wie deren Beschwörer mit dieser selben
Kraft zurechtkommt – durch ein mit diesem vermutlich
ganz unvergleichbares, von den Effekten her dennoch
seine Wirkung erschließendes Mittel.

Was es allerdings für ein Gebot – oder Drang – ist, der
einen solchen Akt dem Schlangenbeschwörer aufnötigt,
das wird damit nicht erläutert. – Aber man weiß ja, daß
alles, was in seiner Unbezwingbarkeit ängstigt, zugleich
fordert, daß es bezwungen werde (das ist keine Erläuterung, es ist ein Hinweis).

Dies aber ist, was in dem Spiel abläuft, dem wir als
Schlangenbeschwörung beiwohnen:

Dramatis personae im Akt werden gestellt von einer
ausgewachsenen Schlange und einem Menschen. Was
das Geschlecht der beiden anbetrifft, so scheint es bei
der Schlange ohne Bedeutung, namentlich ohne
Ersichtlichkeit zu sein. Es zählen ja die Schlangen zu
jenen Tiergattungen, die flüchtiger Beobachtung keinen
unmittelbar eindrücklichen sexuellen Dimorphismus
zeigen; Schlangenmännchen und -weibchen sehen dem
Ungeübten gleich aus. – Der Bändiger wird in bezug
auf sein Geschlecht immer als Mann identifiziert – in
den geläufigen paternalistisch orientierten Glaubens-
und Fürchtensgebilden mit ihren Mythologemen jedenfalls. Dies so sehr, daß deren Ordnungen auch das
Bestehen eines Geheimbundes zwischen Schlange und
Frau unterstellen, gleich ob die Schlange ihrerseits als
Hüterin dieser Innung männlich oder weiblich gedacht
wird.

Als Beispiel wird das Bild der biblischen Paradiesge-
schichte hier erwähnt. Daselbst findet sich NA'HASCH,
die Schlange, als männliches Wesen beschrieben (Gen.
3,1 f.). Übrigens sagt der hebräische Originaltext nichts
davon, daß die Schlange (wie in den deutschen Übersetz-
zungen vermerkt) listiger, vielmehr daß sie 'ARUM, das
ist nackter als jedes andere Tier auf dem Feld gewesen sei
(wozu RASCHI, der bedeutendste jüdische Bibelexeget,
bemerkt, daß Lüsternheit gegenüber Eva die Schlange
dazu gebracht habe, Eva zu verführen)[76].
Von der Schlange weiß man, daß sie nur mit Anstrengung, deshalb nur für kurze Zeit aus der Horizontalen
aufstehen kann und danach erschöpft auf die Erde
zurücksinkt. Eine solche Anstrengung mutet sie sich
deshalb lediglich in großer Erregung zu – um zu bedro-
hen, wenn sie bedroht wird. – Der Schlange fehlen
Organe, welche einem Mittel- und Innenohr verglichen
werden könnten. Sie wird uns deshalb als taubes Tier
vorgestellt. Mit diesem Begriff – »taub« – wird jedoch die
Orientierung der Schlange im Bereich von Schall und
Laut, sowie namentlich die Befähigung zu deren Integra-
tion unzureichend, genaugenommen sogar unrichtig
bezeichnet. Einwirkungen, die aus den Eigenschwingun-
gen der Luft auf das Tier treffen, dürften von der glatten
Haut wohl in der Tat nur höchst rudimentär, falls überhaupt, perzipiert werden. Mit äußerster Feinheit hingegen empfängt die Schlange den Schall. Um dies zu voll-
bringen, ist sie nämlich nicht auf ein differenziertes
Hörorgan angewiesen; ein Lebewesen, welches in der
ganzen Ausdehnung seines langen, schlanken Körpers
mit sensibler (unbehaarter, also nackter) Haut auf dem
Boden aufliegt, verfügt über eine Wahrnehmung von
solcher Feinheit, daß durch sie gewiß das Fehlen der
Ohren nicht nur wettgemacht, sondern voll-, wenn auch

anderswertig ausgeglichen, wo nicht abgelöst wird. Dieser Reichtum an Haut-, Muskel-, Tiefensensibilität vermittelt eine Vielfalt von Vibrationen, und in einer Qualität, wie sie dem Menschen, der nur mit kurzer Sohle dem Boden verhaftet lebt, kaum sinngleich gegenwärtig werden kann – so wenig, daß er sie sich wohl nicht einmal wesensgenau vorzustellen vermag. – Es ist diese anthropomorphisierende Reduktion der Vorstellung von dem sehr anders gearteten, jedoch gewiß äußerst intensiven Schallerleben der Schlange, welches aus Desorientierung zur Angst vor ihr beiträgt.

Taub, stocktaub in der uns gewohnten Bedeutung, wird die Schlange allerdings, wenn sie sich, erregt, vom Boden in den Stand erhebt – und genau dies ist, was der Bändiger mit ihr zustande bringt. In einen Akt von Eingeengtsein ihrer sensuellen Orientierung findet sie sich dann durch den Akt der Beschwörung versetzt. Solcherart erigiert, ist die Schlange aufs höchste gereizt (zumal die züngelnde Zunge auch dem Jacobsonschen Organ im Gaumen nichts zu übermitteln hat),[77] einzig auf die Wirkung ihres starr – böse – gradeaus gerichteten Blickes zurückgeworfen. – Diese Starre des Augenpaares, welches, ungleich dem Säuger-Auge, nicht darauf tendiert, den Blick, der ihm begegnet, abzuschütteln, weist auf den besonderen Bau des Auges bei der Schlange: Ihm sind die Augenlider, durchsichtig geworden, zugewachsen. Unter diesem Fenster schaut ein von keinem Lidschlag belebtes, nie zu verdeckendes Auge hervor: stier, unbeweglich – böse.

Und das ist noch nicht alles: Die hochgiftige Kobra, bevorzugtes Objekt der Schlangenbeschwörer, ergänzt ihr starres Sehorgan durch Hautzeichnungen in der Form von zwei umrahmten Augenpaaren; ein Paar vorn und eins hinten. Daher ihr Name: Brillenschlange. Nicht nur

die Augen selber befördern die Irritation derer, die ihrem
Blick zu begegnen haben, sondern die Augen-Maskie-
rung fängt auf dem drohend geblähten Hals des hocher-
regten Tieres diesen Blick auch noch ab und auf – dieses
zweimal ein Böses Auge simulierende Zeichen auf der
Haut. Wer, davon gebannt, mit seinem Auge an dieser
Maske haften bleibt, ist dem irritierend und beängstigend
schauenden Auge der Schlange ausgeliefert. So ein Tier
hat etwas, um zu parieren, wenn es gereizt wird.
Es sei denn, wer ihm begegnet, verfüge selber über
Bedingungen, die es ermöglichen, daß er, solchem Blick-
spiel überlegen, Kontrolle über den Abstand zwischen
sich und dem Tier bewahrt: immer nah genug, um das
Auge im Auge zu behalten, und doch nie so nah, daß
eine Unterschreitung des Respektabstandes den Angriff
auslösen müßte.
Dies ist die Aufgabe des Schlangenbändigers. Ihr könnte
aber aus dieser Situation allein der Mensch nicht entsprechen. Bald einmal würde er abgelenkt, irritiert – ausgeliefert dem starren, bösen Blick, der stillen Stummheit des
Tieres, das auf jede Verkürzung der Distanz mit mörde-
rischem Stoß nach vorn reagieren würde.
Der bedrückenden Stille, in der das alles sich abspielt, ist
aber nicht zu widerstehen. In solcher Leere, im Ausge-
setztsein an die Ausdehnung der Stille, verliert sich das
menschliche Gegenüber der Schlange und gibt sich
preis.
Wer das Tier zu bändigen vorhat, ist deshalb auf ein
Mittel angewiesen, um sich davor zu bewahren, daß er
sich abhanden kommt. Dazu dient das Spiel seiner Flöte
– dient es *ihm*, und nur ihm, dem Bändiger. Auf die
Schlange wirkt es nicht. In diesem (erigierten) Zustand
ist die Schlange ja taub für Ton, Klang, Schall und
Vibration aller Art. Ihr braucht man nichts vorzublasen.

Die betörendsten Melodien versagen ihre Wirkung.
Noch nicht einmal ein Rieseln erzeugen sie in dem
ohrenlosen Wesen.
Und dennoch haben die Flötentöne einen bedeutsamen
Effekt – und einen von vitaler Auswirkung. *Nicht auf die
Schlange allerdings, aber auf deren Bändiger:* Dieser
hört, und er ist angewiesen darauf, daß er nicht dem
Bösen Blick der Schlange verfällt. Er darf sich nicht
verlorengehen. Er muß sich selber bestätigen dadurch,
daß er selber sich hört. Niemand, nichts sonst darf sich
in solcher Spannung von ihm hören lassen, niemandem
dürfte er antworten. Das brächte ihm den Biß. In Gänze
muß er auf das erhobene Tier vor ihm ausgerichtet sein.
Die Musik, *seine* Musik, die er sich vormusiziert, läßt
ihn wahrnehmen: Ich töne, also bin ich. Es gibt mich – es
gibt mich für mich. Diese Absicht kann er wahr werden
lassen, indem er seinen (geschlossenen autologen)[78] audi-
tiven Beziehungskreis in Gang bringt und hält: indem er
sich selber vormusiziert. Je stereotyper die Musik, je
monotoner das Spiel, um so beruhigender deren Wirkung in der ruhevollen, zeitdehnenden Tonfolge, die
alles Dramatische aus- und der Situation um sie überläßt.
So lange, bis das gebändigte Tier erschöpft niedersinkt.
Wer die Geistes*gegenwart*, als alerte, ständige Gegenwart eines bannenden Blickes, in Abkürzung Geist nennen will, soll sich dies nicht versagen. Und wer der
Bereitschaft zur Seins- und Selbstbestätigung durch das
Mittel einer monotonen Flötenmelodie den Namen Seele
zu geben vorhat, den kann nichts davon abhalten. Wenig
andere und kaum zwingendere Belege dürften sich für
das Wirken dessen finden, was sich ansonsten prätentiös
mit den Namen Geist und Seele vorstellt.

Guten Morgen, Herr Hölderlin

Das Unverständliche und die Unverständigen

> Tende Strömfeld Simonetta
> Teufen Amyklä Aveiro am Flusse
> Vouga die Familie Alencastro den
> Namen davon Amalasuntha Antegon
> Anathem Ardinghellus Sorbonne Cölestin
> . . .

Das ist von Hölderlin, dem späten. Dem Dauergast am Neckarufer beim Tischler Zimmer. Manche nennen es ein signifikantes Schulbeispiel schizophrener Dichtung.[79] Andere schließen auf Tiefsinn – auf einen Sinn, allzu tief, als daß er einem jeden unter den gesunden Durchschnittsgeistern einzugehen willig sei.

Und hier, in der Zuordnung von Hölderlins Dichtung an das Hermetische, scheiden sich die Orientierungen. Die einen wollen ihren dunklen Heros, den blinden Sänger, dessen Herz wach ist, auch wenn in heiligem Zauber die Nacht ihn immer bannt, aus der Menge derer herausgehoben wissen, die dumpf geifernd die Irrenasyle bevölkern: als ein Besonderer, den man doch nicht einfach verrückt nennen kann.[80] Wogegen manche aus Hölderlins Sprache, aus dem Leben des Abgesonderten auf Sprache und Leben *der* Schizophrenen allgemein schließen, auf den Tiefsinn im Wahnsinnigen – und grundsätzlich aller von ihnen.[81]

Alle drei Gruppen, wie verschieden sie auch zu Hölderlin, zu den Schizophrenen, zu den Texten Schizophrener, gesprochen oder aufgeschrieben, sich einstellen, verhalten sich vom Entscheidenden her dreimal insofern dreimal gleich, als sie sich nicht einem Menschen stellen, sondern Schriftauslegung betreiben. Um zu erkennen (das Wesen *dieses* Dichters; oder *des* Dichters im allgemeinen; oder dieser Dichtung; oder der Dichtung im allgemeinen). Manchmal auch um Texte zu deuten. Nicht aber um *ihn*, den Mann Hölderlin, zu verstehen.

Verstehen heißt antworten: Wenn das gelten soll, muß es hier gelten: sich bestätigen an einem Text, der für unverständlich gehalten wird.

Es gelte. Und das sei sogleich vorgeführt anhand von Schriftbeispielen, die entschlüsselt zu werden beanspruchen (wobei zu vermerken ist, daß es sich, entgegen der Passage, mit der dieses Kapitel eingeleitet wird, bei den sogleich folgenden nicht um Texte handelt, die von Schizophrenen verfaßt wurden; aber das tut an dieser Stelle nichts zur Sache. Uns geht es jetzt nicht um Diagnostik, sondern um Verständlichkeit und Verständigkeit. Diese aber stellen sich außerhalb jeglichen Diagnosenschemas). Hier so ein dunkler Text:

> Heidferdrehter glingeltannterausdürre heiterkrossenwilla. Pewohrtiedürre kehöffdetwirt herdöhntasslaudepellen wonntreikrosenunten. Merrbals wersugterverdrehder seidannlieken wortsubrinken, firtaperhimberfieder wommkegleffderdiere hüperdöhnt ...

Noch einer; ein etwas schwierigerer diesmal:

> Tzu eidem jaalpalt gabeidpal ein metlüücher und kahbsyg ars vaalsaacher aus. »Ickann ny tzugunfd follaus saachen!« – fellsickkerte er den reunen.
> Ein deukyliger mauer ryssig arso vaalsaachen. Der gerl zackde ihm: »Teide vabylie firtipper kesunn

breimen hundtu au. tufilst imber keduuk held
ahmen!« Utnog vyre schöhde tincke felschplaack
der faalsaacher.
Delmauer göhrde sygarres kedau an, – tleete sy-
gup und forrte feggegen. Talyv der vaalsacher:
»Kalt, kalt – nugast nognit metzaart! –« ...[82]

Was soll das bedeuten? – Und wie kann ich es anstellen,
daß sich (mir) dieser seltsame Text verständlich präsentiert? – Verstehen heißt ... Hier sei Rhodos, jetzt
springe.
Es braucht nicht gesprungen zu werden. Nur geantwortet, in, wie festgehalten wurde, derselben Sprache; und
zunächst nur begleitend, mitgleitend also im Text der
Anrede. Ohne deuten oder erkennen. – Ich bitte, tun Sie
es, und sogleich. Das besagt hier: Nehmen Sie die Texte
vor und zögern Sie nicht, sie laut so zu lesen, als säße der
Erzähler Ihnen gegenüber und spreche so, wie es sich
hier anschaut – anhört.
Und schon tönt es hervor – aus Ihnen! – was sich eben
noch wie der Bericht in einem fremden Idiom angehört
hat, das in einzelnen Passagen Bekanntes andeuten
mochte, aber insgesamt unverstehbar war. Jetzt sagen Sie
sich selber genau vor, Sie sagen der Person, die Sie da,
Ihnen gegenüber, anredet, zurück, was sie Ihnen zu
berichten angefangen hat: daß ein Vertreter an der Haus-
tür einer großen Villa klingelt. Dann geht es von selbst;
Sie tun nichts als die Geschichte laut zu lesen, die jemand
zu erzählen wünscht, als säße er Ihnen gegenüber:
»Bevor die Türe geöffnet wird, ertönt das laute Bellen
von drei großen Hunden ...« – Genug damit, es läuft
nun wirklich aus sich heraus, auch in dem zweiten, etwas
schwierigeren Textbeispiel. »Zu einem Jahrmarkt kam
einmal ein Betrüger und gab sich als Wahrsager aus. –

›Ich kann die Zukunft voraussagen ...‹« – mittlerweile liest es sich wie automatisch, und liest sich richtig, sinnentsprechend – vorausgesetzt, Sie lesen laut, antwortend gewissermaßen, was man Ihnen hier zu sagen vorhatte.

Weder Zauberei noch Geschicklichkeit, vielmehr das Prinzip Verstehen heißt antworten verbindlich genau angewendet, und in seiner einfachst möglichen Erscheinungsform. So einfach, genau besehen, daß sich nicht einmal sagen läßt, wer da wen anredet, wer wann antwortet. Actio = reactio. Anrede = Antwort. Verstehen = antworten. Hier und jetzt bewährt sich das Prinzip. Wenn Sie nunmehr diese kurzen Geschichten lesen, sind *Sie* es, von dem oder der – begleitend – geantwortet wird. Aber da ist jemand, so dürfen Sie sich ebenfalls vorstellen, der redet Sie an – mit der Erzählung vom Vertreter und vom Wahrsager.

Vor allem gilt für die Praxis: Wenn Sie laut wiederholen, was Sie sehen – und hören (Ihr Gesprächspartner, schwerhörig, sieht ohnehin das meiste, was es zu hören gibt, aber er hört es nicht), so müssen Sie nicht bis zur beiderseitigen Erschöpfung fragend insistieren: Was hast du gesagt? – und was gemeint? Wie bitte? –

Wer antwortet, erspart das Fragen, sich und dem andern, und nicht nur gegenüber einem Text wie diesem.

Das hier vorgelegte Beispiel aus der schweizerischen Schwerhörigen-Zeitung liefert einen Beleg für die Grundthese dieses Büchleins in seiner einfachsten, aufs Letzte reduzierten Grundform. Psychologie gleich welcher Art und Ausrichtung ist entbehrlich, wenn man zu antworten weiß. Und was Verständnis anbetrifft, es wird ausdrücklich verboten. Verständnis für die Schwerhörigen – *die* Schwerhörigen gleich allesamt, womöglich

auch noch als schwerhörige Menschen berufen: bitte
nicht! – Lernen Sie antworten, dann brauchen Sie auch
kein Verständnis aufzubringen. Verständigung erübrigt
Verständnis.
Verstehen als antworten: Das Seltsame an der Sache ist:
Sie können nicht sagen, wen Sie verstanden haben, ob die
anredende Person oder sich selber. Antwortend haben
sie beide verstanden, beide zugleich, Sie sich und damit
diese Person (und nicht nur in einem so offenkundig
paradigmatischen Beispiel wie diesem). Dies ist das kate-
gorische Prinzip der These. Verstehen fließt in eins
zusammen: in diesen Akt, der beide Partner unifizierend
umfaßt und einschließt.
Dabei haben Sie nichts gedeutet. Es sei offengelassen, ob
nicht irgendwann später die Erzählungen vom Vertreter
und vom Wahrsager sich der Deutung anzuvertrauen
haben. Daß die zwei Geschichten also auch darauf warten, von ihrer Bedeutung, oder, richtiger, den zahlreichen, am Ende unzählbaren, Bedeutungen her erschlossen, bedeutend gemacht zu werden, das sei im Sinn
behalten. Kommt Zeit, kommt Rat. *Jetzt* geht es um
anderes: um diesen responsiven, wesenhaft motorischen
Akt der Verwirklichung, den man sinngemäß als Verstehen beruft. Um sprachgleiches Reden – wie sehr sprach-
gemäß, das wird dem Lesenden oft nicht gegenwärtig. Er
hat seine Sprache in die des ihn Anredenden gewandelt.
Das ist, in diesem besonderen Fall, jemand, dem das
Hören schwerfällt; aber dies brauchte unter Umständen
dem gut hörenden Partner gar nicht gegenwärtig zu
werden. Schwerhörigkeit ist nicht zu sehen, wenn man
nicht auf den kleinen Knopf im Ohr achtet. Und was
man »an der Schwerhörigkeit hört«, das ist ja nicht die
Schwerhörigkeit. Hier spricht jemand in seiner besonde-

ren Sprache – weshalb immer, das ist jetzt ohne allen
Belang. Wichtig ist dies: Ich rede in seiner Sprache mit
ihm. Ich rede mich in seine Sprache hinein.

Daß ich damit therapeutisch das Sinnvollste, das am
überzeugendsten Helfende auch, getan habe, sei vermerkt (wenngleich hier nicht eingehender erläutert). Die
Not der Schwerhörigkeit, der Gehörlosigkeit ebenfalls,
aber nicht nur dieser Leidensformen, liegt nämlich nicht
darin, daß der Betroffene schlecht hört, sondern *daß
man nicht zuhört*. Ihn lesend, bezeugen Sie: Sie hören
ihm zu.

Wenn hier die Rede eines schwerhörigen Partners zur
Erläuterung der tragenden These ausführlich vorgelegt
wurde, so deshalb, weil sich unter ihrer Anleitung
ebenso deutlich wie einfach, nämlich paradigmatisch, hat
klarmachen lassen, was das Verstehen einbringt und wie
es sich selber herbeibringt. – Aber nehmen Sie jetzt den
Hölderlin hervor, diesen Strophentext vom Anfang des
Kapitels. Um dessen Anredecharakter zu erschließen,
reicht es, ungleich den Episoden aus der Schwerhörigen-
Zeitung, nicht aus, daß man die Zeilen laut liest – sie
gewissermaßen der Zeitung zurückgibt. Wie laut auch,
die Antwort kommt nicht von selbst herein. Eben: Wir
können Hölderlin nicht antworten, wir sind um 180
Jahre zu spät gekommen. Aber setzen wir den Fall, wir
wären, sagen wir, 205 Jahre alt und in Tübingen. Dann
hätten wir uns ans Neckarufer setzen können – wir zwei
allein, F. H. und ich. Und miteinander reden. Wie, das
wird sich bald ergeben. Jedenfalls: Genügend Erlebnisse
aus Begegnungen mit Leuten meiner Zeit, deren Rede
sich anhört wie »Tende Strömfeld Simonetta«, geben mir
Hoffnung darauf, wenngleich niemals die Gewißheit,
daß es möglich ist, aus dem an sich einfachen, jedoch
durch die Interferenzen namentlich von Scham schwierig

zu verwirklichenden Prinzip des (*sprachgleichen*) Antwortens in ein Verstehen zu kommen, oft ohne zu wissen, wie es zugegangen ist, und ebenso häufig in einer Weise des Sichverständigens, die so geartet ist, daß ich danach nicht zu sagen vermöchte, was wir geredet haben, noch wie und wovon. – Merkwürdig, aber vermutlich irgendwo heimlich zweckgerecht: diese Weigerung des Gedächtnisses, seine Erfahrungen an Unbeteiligte preiszugeben.

Friedrich Hölderlin, Träumer in den Hyperion hinein und Verdichter der Wirklichkeit aus ihren Erlebnisqualitäten heraus, macht es vielen schwer, als ein Anredender wahrgenommen zu werden, sich selbst am meisten. In früheren Tagen hat man den Boten, wenn er schlechte Botschaft brachte, dafür getötet: Man vermochte nicht zu trennen zwischen Anrede und Aussage. Und heute kann man's kein bißchen besser. Man hört – liest – Hölderlins Botschaft, man nimmt sie als Frohbotschaft, und also muß der Bote leben: einhundertachtundvierzig Jahre nach seinem Tode. Dafür aber, daß er damals, als er noch geatmet hat, nicht mehr anzureden wußte, und keine Antwort mehr erwarten durfte, wie sehr er sie gesucht und erhofft hat, hat man ihn gleichsam getötet; ihn eingesperrt, oben im Turm bei den Zimmers.

Man täte es wieder – würde genau gleich handeln. Und auch sie alle, die seine dunkle Botschaft verehren, würden sich aus dem Staube machen; keiner wäre bereit und fähig, mit ihm zusammenzuleben. Nur ein toter Bote ist ein guter Bote. Nur wenn die Botschaft, das ist die Aussage, von einer Leiche kommt, sind die Lobredner bereit, den Leichnam ins Leben zurückzuloben. Das Risiko, daß er sich aus dem Staub erhebt, anderthalb Jahrhunderte später, ist gering, auch bei lautem Lobgesang.

Wenn es um Menschen geht – »der Mensch«: So ein
Wort darf dann nicht als hymnisierender Leerklang
gehört werden, sondern dieser Topos (»der Mensch«)
kann verbindlich genau beschrieben sein als der anredende Nachbar – wenn also von Friedrich H. die Rede
ist, man hülfe ihm weder mit eindringlicher Deutung
seiner Hymnen und Oden noch mit einer Preisung des
verkannten Menschen oder gar Genies. Helfen würde
man durch Antworten (ob man helfen soll oder nicht,
bleibe unerörtert; vielleicht wollen Sie nicht helfen – ich
soll, so gut ich kann, dafür kommen die Leute zu mir).
Gegebenenfalls, wenn einem etwas Besseres nicht in den
Sinn kommt, können sich die dunklen Texte als Anrede
hören lassen und sind also sinnentsprechend zu beantworten – ent-sprechend = zurücksagend.

> Vollendruhe. Goldrot. Und die Rippe tönet
> Des sandigen Erdballs in Gottes Werk
> Ausdrücklicher Bauart, grüner Nacht ...

Das ist beantwortbar. Aber man darf nicht deuten wollen. Und bitte auch kein Verständnis – Antwort bitte,
nichts sonst! – Namentlich keine Hochschätzung vor
dem Werk. Sie zerstört jedes Verstehen. Sogleich denn,
und zunächst begleitend: Vollendruhe. Goldrot. Und die
Rippe tönet ... in Gottes Werk ...[83]
Da liegt denn auch die Not: im Griff – der immer zum
Mißgriff wird – auf das Werk psychiatrischer Patienten.
In dem Vorhaben, einer uninformierten Öffentlichkeit
etwas zu verschaffen, was sie, und diejenigen, die das
Vorhaben wahrmachen, damit, für einen Zugang zur
»Person des Geisteskranken« halten; oder gar zu seiner
Seele. Und wenn man schließlich dahin kommt, anzuer-

kennen: Er ist ein großer Künstler (ganz belanglos dann, ob die Hinzufügung lautet: *obwohl* er ein Psychotiker ist, oder auch: *weil* er einer ist), so mag manches erwirkt sein, aber nie ein Zugang. Falls man Zugang als Namen dafür nimmt, wofür er rechtens zu gelten hat, und das ist: verstehen. – So kommt es, daß das Wohlwollen da endet, von wo es ausgegangen ist: im Raritätenkabinett, im Panoptikum. Auch mal im Städtischen Museum, was um nichts besser ist. Die Anerkennung dessen, daß dort, wo der Abfall der Menschheit aufbewahrt wird, dicht ummauert zur Vermeidung etwelcher Strahlenschäden, künstlerische Betätigung stattfinden kann, sollte zu mehr führen als lediglich zur Beteuerung: Auch Verrückte sind Menschen. Sie sind also Menschen – und nicht nur solche wie du und ich, sogar Künstler sind sie. Prinzhorn hat das vor Jahrzehnten behauptet, Morgenthaler ihm sekundiert.[84] – Jetzt ist die Zeit reif für die Outcasts, sie kommt für Psychiatrie-Patienten genau synchron mit der Erkenntnis: Die Wilden, auch sie sind Menschen, ja Künstler können sie sein, museums-, auktions- und also spekulations-, allerletztens, und das ist der Triumph, auch noch literaturnobelpreiswürdig. – Der Wahnsinn ist vielfach salonfähig geworden. Kunst des Wahnsinns, Wahnsinn als Kunst. Und wenig Filme, kaum Romane oder Theaterstücke, die nicht in der geschlossenen Psychiatrie spielen. Das Irrenhaus ist die Welt, die Welt ist ein Irrenhaus: Psychiatrie hat Hausse, wie nie seit Pinels Tagen.
Aber es geht daneben. Unsere Schutzbefohlenen in der Psychiatrie kommen nicht in den Genuß des Verstehens (welches, wie jetzt geläufig, dem Verstandenwerden gleichsinnig, gleichbedeutend ist). Und wenn man ihre Aussagen noch so geistvoll deutet, ihren Schöpfergeist noch so hoch preist – davon fällt für sie nichts ab.
Zu Hölderlin zurück: Der da etwas geäußert hat, und das

sollte eine Anrede sein, Antwort erhoffend, nicht aber
eine noch so sinnreich gedeutete und auch keine wie
hoch immer geschätzte Aussage, der hockt weiter in der
Anstalt und modert dort vor sich hin. Und glauben Sie
mir: Er sitzt da und wartet auf Antwort – immer noch.
Übrigens, auch Robert Walser hat auf Antwort gewartet.
Und wenn er heute lebte, hundertjährig vor sich hin-
schweigend in der Herisauer Anstalt, zweifellos bekäme
er manchmal Besuch, Hermann Burger würde ihm auf-
warten, auch mal jemand von Suhrkamp, vielleicht der
Chef persönlich, der Photograph wäre natürlich dabei –
jedesmal, und zum Hundertsten sogar das Fernsehen:
Alles würde sein, wie es damals war, als der treue einzige
Carl Seelig den Freund zum Spazieren abgeholt und
manchmal wohl auch eine Antwort gefunden hat. Eine
Antwort auf eine ganz scheue Walsersche Anrede. Und
wenn's zumeist auch eine Antwort im Schweigen war,
beim schweigenden Gang über die schweigenden Hügel
der Ostschweiz.

*

Ich will das genauer erläutern, auch belegen, was ich hier
zu beschreiben – und zu fordern – vorhabe. Will es tun
anhand von Zitaten aus dem Buch eines wackeren, um
die Erschließung der künstlerischen Arbeiten psychoti-
scher Patienten verdienten Autors. Dort ist folgendes zu
sehen und zu lesen.[85]
Auf Seite 44 des Bändchens »Gespräche mit Schizophrenen« (bitte das Wort »Gespräche« nicht zu überlesen)
findet sich ein Bild von der Hand eines Anstaltspatien-
ten, Max genannt. Selbst aus dem billigen Rotations-
druck, mit dem die Zeichnung wiedergegeben ist, läßt
sich ausmachen, daß das Blatt durch den Eifer, vermutlich: die Wut, womit das Begonnene von der nämlichen

Hand, der Patientenhand, die da zuvor ein Bild angedeutet hatte, zerstört worden ist. *Zerstört*, nicht *gestört*. Und grob zerstört; und nicht von jemand anderem, sondern von diesem selben Max, der zunächst das Material zur Zerstörung geliefert hat. So sehr zerstört, daß das Blatt zerknittert und angerissen zurückbleibt. Was sich am Ende noch sichtbar zeigt, ist ein tiefschwarzer Fleck, der beinah das ganze Blatt zudeckt. Die Wut und der Zorn lassen sich noch ablesen aus der Rabiatheit, mit welcher der Strich übers Blatt geführt worden ist. – Diesem Bild fügt der Verfasser – es ist der Direktor der Anstalt, in der Max sich aufhält – folgende Legende bei:

> Im Jahre 1963 zeichnete Max auf Aufforderung eine menschliche Figur. Hierauf begann er mit großer Heftigkeit und Kraft die Figur durchzustreichen, so daß der Bleistift bis auf das Holz abgewetzt wurde und das Papier sich wellte. Die Schraffur bedeckte schließlich nahezu die gesamte Darstellung. Max hatte auf diese Weise das von ihm gezeichnete Menschenbild ausgelöscht und vernichtet.

Bravo Max! – Nichts, gewiß nichts gegen den Eifer, mit dem hier ein Menschenbild zu erschließen, alles gegen die *Art*, wie es versucht wird. Da soll Max – wörtlich heißt es: auf Aufforderung – einen Menschen abbilden. Er soll also, er: Max, selber ein Mensch, einfach so, »auf Aufforderung«, etwas von seinem Persönlichsten preisgeben. Er, Max, der doch ausdrücklich – der Buchtitel sagt es – als schizophren bezeichnet wird. Nun, es ist mittlerweile propädeutisches Wissen in der Psychiatrie, daß man die Not dieses Zustandes, Schizophrenie genannt, von dorther am ehesten begreifend erschließen – erschließen, aber bitte nicht mit groben Fingern und unbedachten Worten antapsen – kann, wo die eigene, namentlich sexuelle Identität zu Entscheid und Bekenntnis aufgerufen ist. Jedesmal, wenn ein schizophrener Patient, eine schizophrene Patientin sich dazu genötigt sieht, sexuelle Identität zu bezeugen, kann, wenn nicht eine behutsame Psychotherapie vorausgeht und auch weiterhin begleitet, ein Zustand von Überfallenwerden sich einstellen, den die emotionell neutrale klinische Deskription rigoros als endogen bedingten Schub bezeichnet. Als etwas, das schiebt oder verschiebt. Deshalb die Häufung solcher Zustände im zeitlichen Konnex mit der Menarche, zu Beginn der Rekrutenschule, bei Gelegenheit der Verlobung, in der Hochzeitsnacht, nach der Geburt etc. – Und da soll jemand – auf Aufforderung, heißt es, und also nicht aus eigenem Antrieb und auch nicht einem Vertrauten in aller Behutsamkeit, Verschwiegenheit und Verschämtheit, nicht in voller Intimität – hingehn und eine menschliche Figur von sich geben!

Gewiß, es ist, so wird zu bemerken sein, mitnichten die eigene, neue Eingebung des hier zitierten Autors, daß er jemanden auffordert, einen Menschen zu zeichnen. »Draw a Man«, dieser Befehl wird seit den archäo-, wenn nicht paläontologischen Tagen einer sich als wissenschaftlich begreifenden Psychologie erteilt, und es ist auch schon eine gute Anzahl Jahrzehnte her, daß Machover, Goodenough und zahlreiche andere aus dem Befehl einen Test gemacht haben.[86] Daß der Befehl damit ins Korsett der Test-Systematik geklemmt ist, davon wird er nicht besser. Nicht weniger gefährlich jedenfalls. Nicht minder obszön. Er fragt nicht geradeheraus nach der Angst davor, seinen/ihren genitalen Charakter (W. Reich)[87] zu definieren, sich zu ihm zu bekennen, ihn auszustellen dadurch, daß man aus dem Bild festlegt: So sehe ich mich, so sehe ich meinesgleichen. Zeichne eine menschliche Figur – ich behaupte nicht, man müsse diesen Befehl völlig vermeiden. Anscheinend kommt es manchmal vor, daß man solche taktlosen Befehle geben muß – sogar in der Heilkunde. Nur sollte darauf bestanden werden, daß dies deutlich sei: Es ist nicht weniger intrusiv, wenn man der solcherart aufgeforderten Person zumutet: Geh auf den Bürkliplatz in Zürich, dorthin, wo die Ganymed-Skulptur von Haller aufgestellt ist; zieh dich nackt aus – aber gefälligst genau so splitternackt wie der Ganymed –, dann stell dich aufs Podest, zwischen den Götterliebling und den Sperling oder Adler, der ihn auf den Olymp tragen soll. – Dies sollte klar sein: Es ist nicht weniger fordernd, nicht minder obszön, wenn man dieses Hinsetzen einer menschlichen Figur fordert, als es obszön ist, von jemand zu verlangen, daß er sich nackt vor der Öffentlichkeit ausstellt.

Max hat das gemerkt, Navratil hat es nicht gemerkt. Deshalb hat Max den Ansatz zu seiner menschlichen Figur durchgestrichen. Und was die Zusatzbemerkung auf der Bildlegende anbetrifft, Max habe damit sein Menschenbild vernichtet, so ist sie, erstens, aussageleer; zweitens weist sie, so, wie sie da hingesetzt ist, darauf, daß hier jemand Beschreibung und Deutung in einer Aussage vermengt – eine Gefahr, welcher viele Autoren in unserem Metier häufig unterliegen; und drittens – und vor allem – sagt dieser Akt doch alles, was Max zu sagen wünscht. Nämlich: Ich stelle mich nicht vor dir aus. Wenn du mich aufforderst, einen Menschen zu zeichnen – und du zeichnest nicht mit –, so stellst du mich aus. Lieber bleib ich kaputt in der Anstalt sitzen; nochmals drei oder mehr Jahrzehnte. Vermutlich lebenslang. Deine Frage, Herr Primarius, zeigt mir, mit *dieser* Welt, mit *so einer* Welt, wie du sie repräsentierst, kann ich nicht zurechtkommen, du magst es noch so gut meinen. Solange du mich so anpackst, muß ich mich schamhaft-zornig vor deinen Obszönitäten zudecken. Daß du meine Kunst und die Kunst meiner Mitpatienten öffent-lich beschreibst und viele Bücher damit hervorbringst: Das mag nett sein und bringt Ruhm – dir allerdings, und nicht uns –, aber das Entscheidende, daran bist du vor-beigegangen: daß ich zeichne, weil ich dich suche. Ich zeichne, um dich anzureden. Ich zeichne, damit du mir antwortest. Nicht aber – just dies nicht –, daß du mich ausstellst. Mich publizierst.[88] Das macht es nicht nur nicht wieder gut, das macht es, dein guter Wille in Ehren, nicht besser, vielmehr schlechter, dieses Ausstel-len im Panoptikum – meiner Person und ihrer Express-ion, schlechter, als wenn du mich weiterhin unter Git-tern in der Anonymität verbirgst (übrigens: Der nämli-che Zwiespalt – sich ausstellen und dann aber sich zurückziehen, gesehen werden und unsichtbar bleiben –, das ist die Not des Künstlers. Des Künstlers ganz allge-mein und überall, nicht nur in der geschlossenen psy-chiatrischen Anstalt).

Es wäre sinnvoll und – vielleicht, je nach Situation – am Platz gewesen, dieses Verfahren der Ausdruckstherapie, falls der Arzt sich mit Max, seinem Patienten, zurückge-zogen hätte. Beide hätten zusammen ein Blatt Papier und jeder einen Bleistift zur Hand genommen. Einer hätte, diesmal nicht in gesprochenen Worten, sondern (in der Situation medialer Beziehung) in der gleichen Sprache, jeder nämlich durch seinen Strich, angeredet; der andere würde geantwortet haben, begleitend, erweiternd, auch – aber hier nur in größter Behutsamkeit – störend. So hätte sich eine Begegnung auf derselben Ebene eingestellt: Anrede und Antwort – die Situation, der hier ein so

nüchterner, eindeutig umschreibender Name wie »Verstehen« mit auf den Weg gegeben wird.

Einer so intentionierten, solcherart geführten Paarung von Anrede mit Antwort kann man auch die Bezeichnung »Gespräch« zulegen: diesem äqualen Einanderbegegnen auf der Ebene von Anrede und Antwort. Das wäre dann ein Gespräch in Strichen geworden, welche sich zu Linien formten. Und zumeist verwandelt sich dann auch binnen kurzem das Linien-Gespräch aus dem averbalen in einen worthaften Dialog, in ein Gespräch unter den Bedingungen von Äqualität, von Gleichgestelltheit der Partner.

Nicht jedoch geht es an, ein Interrogatorium wie dieses als (dem Buchtitel gemäß) Gespräch mit einem Schizophrenen zu führen und dann auch noch zu veröffentlichen:

M [für Max]: Ich schau, daß ich in die Türkei hinunterkomm, wissen Sie!

N [für Navratil, den Arzt]: Was willst Du in der Türkei?

M: Den Allah anbeten.

N: Du bist doch kein Mohammedaner!

M: Ich mag die Katholiken nicht mehr.

N: Ach so?

M: Ich mag nur die Protestanten und die Mohammedaner.

N: Warum magst Du die Katholiken nicht?

M: Nein, hab ich nie wollen. Protestanten sind viel schöner.

N: Was hast Du gegen die Katholiken?

M: Die mag ich nicht mehr, die hass' ich.

N: Du haßt sie?

M: Mh.

N: Und Deine Mutter, ist die nicht katholisch?
M: Die mag ich nicht mehr.
N: Die Mutter magst Du nicht mehr?
M: Nein, nichts.
N: Ja, warum nicht?
. . .
. . .

Vorhang – bitte endlich Vorhang! – Ja, der Leser kann
das, nach dem Vorhang rufen, ermüdet und belästigt von
seitenlangen solchen … Gesprächen. Von solch autori-
tär dirigiertem Leerlauf; von solcher Zumutung. Aber
Max kann nicht. Er ist ausgeliefert – nicht bösem Willen,
gewiß nicht, aber der penetranten Zudringlichkeit einher
mit Hilflosigkeit, die sich vor dem Sichverständigen
scheut. Si tacuisses. Tace! – Es liest sich bedrückend,
wenn man, so einem Büchlein ausgeliefert, mitverfolgen
muß, wie da jedem Anredeversuch, in Zeichnung und
Wort gleicherweise, durch fragendes Drauflosgebabbel
ausgewichen – und das Ganze dann noch als Gespräch
verkauft – wird. Von der ersten Zeile, von dem »Ich
schau, daß ich in die Türkei hinunterkomm …« an, bis
zum bitteren Ende, und das will sich immer nicht einstellen, das Ende dieses unbarmherzigen Zerfragens und
Zerschwatzens. Ich will in die Türkei: So hör doch, ich
sag es dir ja; *noch* deutlicher geht's nun wirklich nicht
mehr: Ich will weit fort von euch Christenmenschen,
von allen, auch Ihnen – das ist die Sprache des Störens.
Entweder schweig, oder dann hör mir gut zu, Herr
Primarius; laß aber Schreibblock und Mikrophon und
Video und Publikum weit weg. Stell dich der Herausforderung. Du allein meiner Anrede, meinem Antworten.
Reagiere, ich bitte dich, nicht durch Deuten, sondern in
der Antwort. Und dann frage bitte nicht, was ich dort

will. Damit beschämst du mich, nötigst mich zum Blödeln. Dann kommt die Rede des *Zerstörens* ins Spiel. Ich
weiß ja, ich kann nicht in die Türkei gehn; ich will auch
nicht hin. Was ich will: durch mein Sagen dich in Bewegung versetzen. In ein bewegt bewegendes Gespräch.
(Auch außerhalb der Psychiatrie sind – das sei redlicher-
weise zugestanden – solche Gespräche unüblich. Drum
heißt es dort, wenn von Anregung zum Bewegtsein die
Rede ist, so oft: Wenn du hier so viel auszusetzen hast,
warum gehst du dann nicht lieber nach Rußland, oder
eben: in die Türkei?) Hier aber, in dieses Gespräch, wäre
die Türkei herzubringen, und zwar sogleich, jetzt, nach
hier. Zu Türken unter Türken. Du bist Türk, ich bin
Türk – will sagen: Wir beide sind anders als die andern
hier, wir zwei Janitscharen, wir Mamelucken. Wobei es,
das ist wichtig, belanglos bleibt, was Max von der Türkei
weiß; belanglos auch, was er sich denn vorstellt, wenn er
»Türkei« sagt. Streng genommen, sogar belanglos, ob er
schon einmal drunten gewesen ist, bei den mohammeda-
nischen Türken. Oder ob ihm »Türkei« ein Wort ist; ein
Wort ohne Begriff, nicht einmal als Wunschvorstellung,
nur als zunächst leere Eingebung. Als Globalbenennung
für all das, was jetzt hier nicht ist. Als Wortgebilde mit
genauer Musik. Als Amyklä Aveiro am Flusse. Aber
vorher wurde es gesagt: Ich will von dem katholischen
Primarius weg, fort auch von der katholischen Mutter.
Aber das wird von dem angesprochenen Arzt hinweg-
geredet. Gewiß, wenn man auf dergleichen nicht zu
reden kommen mag, weil es Sprengstoff ist (es *ist* Sprengstoff, hochexplosiver, der da entborgen wird), so kann
man schweigen. Man *darf* schweigen. Nicht darf man
fragend blödeln.
Nicht näher eingegangen wird jetzt darauf, daß, trotz der
ermüdenden, ziel-, sinn-, inhaltlosen Fragerei auch noch

254 Guten Morgen, Herr Hölderlin

weitere Hinweise von Max kommen. Hinweise eindringlicher Art, die von dem Arzt notiert, aber nicht wahrgenommen werden. Darauf, welcher Art Maxens Sehn-
süchte sind; und was er nicht mag; und was er haßt. Aber
an alledem wird vorbeigegangen – und preist sich im
Titel als »Gespräch« an. – So kehrt denn Max bisweilen
den Spieß um. Und beginnt seinerseits zu fragen. Dann
wird es lustig. Und lautet so:

M: Die Russen fliegen wieder auf den Mond,
   nicht?
N: Mh.
M: Wann denn?
N: Keine Ahnung.
M: Wie schauen Löwen aus, Herr Primar?
N: Wie sie eben ausschauen.
M: Die haben wir auch zu Hause.
N: Du hast einen Löwen zu Hause?
M: Mh! Tiger, Löwen, Panther.
N: Wie, einen wirklichen?

Als hätt' er es zuvor nicht gesagt. Nicht selber gesagt,
Max. Daß er nicht zu Hause sein kann – und weshalb
nicht. Weil daheim ein wildes Tier haust – sofern er,
Max, daheim ist: reißende Tiger, Löwen, Panther, und
alle heißen sie gleich: Max heißen sie.[89]
Im übrigen: Wie schaun Löwen denn aus? – Ich freß' Sie
jetzt, Herr Primar, wenn Sie nicht endlich den Mund
halten, Herr Primar. – Und davor: Auf den Mond;
vielleicht versteht man dort.
Vorsicht: Dieses verrückte Gerede, dieses schizophrene
Zeug – Though this be madness, yet there is method in it:
Das ist nicht nur Appell, was Max da zu hören gibt, es
steckt auch Hohn drin, das sicherste Mittel, um mit dem
Frager, wenn man ihn schon nicht abschütteln kann,

doch wenigstens zurechtzukommen. Das Wort bewegt. Es kann auch hinwegbewegen.

Kunst der Geisteskranken: Es ist eine gefährliche Sache, sich mit ihr zu befassen. Wie leicht es danebengeht: neben die Anrede! – Und dies hat die Kunst der Geisteskranken mit der Kunst überhaupt gemein; mit der Kunst schlechthin und mit jenen, aus deren Händen sie tropft. Sie ist Aussage. Weil sie Anrede nicht sein kann. Nicht sein darf. Und ihren Spender mit leeren Händen zurückläßt.

Und jetzt halten Sie sich bitte nochmals die Zeilen vor Augen, die am Anfang dieses Kapitels gestanden haben. Tende Strömfeld Simonetta: Nun wäre denn, so stellen wir uns vor, einer von den Hölderlin-Getreuen zu Besuch in den Tübinger Turm gekommen. Heyer, sagen wir, oder Pierre Bertaux[90], einer aus des Dichters anhänglicher Gefolgschaft hätte damals, oder es hätte Hölderlin heute gelebt. Übrigens: Hölderlin *lebt* heute, eine Unzahl Hölderlins leben, kaum weniger kreativ, heute, in der Zeitgenossenschaft der Hölderlin-Verehrer und der Walser-Fans, irgendwo in einer Anstalt der Schweiz, Deutschlands, überall; und warten. Und hoffen, es möchten sich einmal irgendwo Anhänger finden, irgendeinmal eine kleine Schar von Aposteln, die sich nicht nur um die nachgelassenen Papiere eines Propheten oder Sängers scharen, sondern ihnen selber ihre Aufwartung machen – irgendwo hinten in der geschlossenen Abteilung. Und nicht um das Werk zu deuten, noch es zu loben, sondern um zu reden: anzureden, Antwort zu bekommen und zu geben. Item: Hölderlin heute, und Bertaux, oder ein anderer Fan, würde ihn besuchen. Würde sich zu ihm setzen und anheben, ihm seine Hochschätzung, Liebe womöglich, zu bezeugen; wüßte etwas zu seinen Gedichten zu sagen; ginge danach weiter und würde ihn seiner Überzeugung versichern: Friedrich Hölderlin, wir beide, Sie und ich, wir wissen doch, Sie sind gar nicht verrückt, nur die Dummköpfe alle, die Ihre Dichtung nirgendwo hinzutun wissen, erklären Sie für verrückt. Oder: Hölderlin, du bist doch nicht verrückt, du tust nur so, du spielst verrückt, damit man dich in Ruhe läßt ... So etwas geschähe – es könnte geschehen, täglich, ich kann den Fans einen Weg weisen – nun: Da sollte man dabei sein, oder lieber nicht dabei sein, bei dieser Ernüchterung; dabei, wie der ungläubige Thomas an seinem Verkünder gläubig wird – nur umgekehrt wie damals.

Das würde schlimm ausgehen. Damals wie heute. Schlimm auch dann, wenn die Diagnose der Hölderlin-Gemeinde zuträfe und der Dichter nur Verrücktheit simulieren würde. Wer so etwas tun muß, Verwirrung simulieren, tut es um derselben Absicht willen, tut es mit den nämlichen Mitteln – und erreicht auch genau dasselbe Ziel – wie jemand, bei dem diese Diagnose unbestritten auf dem Kopf der Krankengeschichte stehenbleibt.[91]

Schizophren oder nur als ob: Das ist *nicht* die Frage. Gewiß nicht für die Hölderlin-Leser. Wenn die nur endlich einsehen wollten, daß es sie nichts angeht – weil es für sie belanglos ist – weil es doch keinen Buchstaben am Text der Dichtung verändert, welche Art von unbeholfenem Namen (und der Psychiater weiß, *wie* unbeholfen) man an den Zustand von Vereinsamung und Abkehr anhängt – wenn sie merken wollten, daß sie ein dem Dichter weniger als sich selbst gefälliges Spiel treiben mit ihren Beteuerungen, daß *sie* den Dichter verstünden! – Und dagegen muß man sich wehren, und mit Entschiedenheit; nicht dem mißverstandenen Genius zuliebe, der pfeift auf dergleichen, und am lautesten auf seine Verehrer. Noch weniger um der Wahrung irgendeiner Diagnose willen, die ist nun gewiß belanglos, sondern weil diese Auffassung einem geistigen Feudalismus mit aller zugehörigen Ungerechtigkeit den Weg bereitet. Einem Feudalismus, wie ihn die Gesellschaften vor den großen Revolutionen gepflegt haben, um nichts besser: Die Besitzenden gelten mehr, weil sie mehr besitzen, nichts logischer und naturrechtlich zwingender begründet als dies: Wer hat, hat Gewicht. Und so dürfen sie sich mehr leisten als die Ärmeren um sie. Feudalismus: Ob es nun Grund ist, den man besitzt, ob es Bankpapiere sind oder Vers-Papiere, die man von sich gibt, das macht keinen Unterschied. Was Hölderlin anbetrifft, er hat eine ziemliche Menge Papier hinterlassen, und er hat – im späteren Leben, im Tode – Glück gehabt: Der treue Zimmer, eine Gestalt vergleichbar dem von Brecht gelobten Zöllner, hat die Papiere seines Pensionärs nicht verbrannt; was er sonst mit ihnen getan hat, wenn er sie erhielt, aus dem ersten Stock, zusammen mit dem leergegessenen Suppenteller, ob er sie gelesen hat oder nicht, weiß man nicht. Jedenfalls, die Papiere sind nicht ins Raritätenkabinett gekommen, mitten unter uns sind sie gelangt und hier geblieben. – Aber wenn Sie wüßten, Sie Hölderlin-Verehrer, wie viel dunkle, klangstarke, bilddichte Formulierung täglich in den Anstalten zum Tönen kommt – auf Papier festgehalten, zunächst, aber danach meist von niemandem gelesen der Toilette anvertraut, bis sie verstopft ist, oder auch nur in halblauter Deklamation in den Raum gebrummelt –, und niemand kommt, und niemand kümmert sich um die verlassenen Vergessenen.

Nun aber dieser verlassene Nichtvergessene, dieser F. Hölderlin: Wie gesagt, seine Apostel, alle würden sie bald umkehren, kaum hätte er sie begrüßt, sollte er sie

begrüßt haben. Mag sein, sie würden dann noch bei der
Familie im Erdgeschoß eine Tafel Schokolade abgeben:
mit verehrungsvollem Gruß an Herrn F. H., von P. B.[92]
Und einem Briefchen dabei, mit folgendem Text: Hölderlin, du bist nicht verrückt. Du *darfst* nicht verrückt
sein. Du bist unser säkularer Erlöser. Wärest du verrückt, so würdest du ja *uns* kompromittieren; uns, die
verschworene Gemeinschaft deiner treuen Verehrer. Das
dulden wir nicht: daß wir durch dich kompromittiert
würden.

Er hat den Apoll gesucht, Herr P. B., Apollo Musagetes
im Turmzimmer am Neckar – das ist das Vertrackte an
der Sache, das vertrackt Traurige. Wenn er bloß wüßte:
Er *hat* ihn gefunden, den göttlichen Sänger, den Anfüh-
rer der Musen, und der Turm übersteigt den Olymp! –
Nur, die Schönheit kennt eigene Gesetze, und jetzt wird
niemand mehr, wie der Mitzögling im Tübinger Stift,
über den Zögling Hölderlin sagen: Als ginge Apollo
durch den Raum. Jetzt ist Apollo zerknittert und zer-
knautscht. Und ist immer noch Apollo. Apollo mit
einmal fahrigen, viel zu geschäftigen Bewegungen, dann
wieder kataleptisch starr, dazu mutistisch oder fistelnd
geschwätzig.
Daß sie alle es doch nicht lassen können, bis heute nicht:
Sie suchen ihn leibhaftig, den Apoll, wenn sie ihn gelesen
haben oder seine Werke gehört. Wie ätherisch muß – so
hoffen die Leute seit je bis heute – doch jemand sein,
wenn er solche Elegien, Hymnen und Oden macht: solch
reiche, zeitbesiegende Aussagen.
Und dann sieht er aus wie der alte Hölderlin (oder
benimmt sich wie Mozart von Hildesheimer oder For-
man). – Dies wahrgenommen, tröstet man sich mit C. G.
Jung, das sei eben der Schatten des Genius. Wo viel

Licht, da viel Schatten. Die Schatten-Metapher trifft aber daneben. Sie bleibt im selben System. Innerhalb des Systems freilich, da muß es stimmen. Der Preis jedoch transzendiert immer das System; so auch hier. Die Erscheinung, das Verhalten, sind der Preis für die Werte, die in der Aussage zum Reden kommen.

Aus Verwechslung von Aussage und Anrede geschähe das, aus dem Unwillen, zwischen beiden zu unterscheiden. Und nun erleben die Leser den still aufgenommenen schriftlichen Text so, als wäre er, ohne Antwort von ihrer Seite, zu ihnen gesprochen – da er doch in den Raum geredet ist, und Hölderlin, wenn er es läse, würde das alles nicht mehr als das Seine, gewiß schon nicht als seine Botschaft erkennen oder anerkennen. Es käme ihm in den Raum, man sagt »in den Wind geredet« vor, oder in sich hinein geredet.

Das ist es doch: Wenn es nicht beantwortet wird, so *ist* – oder bleibt – es in den Wind geredet. Schönwort, Goldrot: kulinarischer Wohlklang wie die Speisekartenpoesie im Mövenpick, namentlich für den Salat; wie die Produkte der Werbetexter, die beim späten Hölderlin zur Schule gegangen sind; und dort haben sie eifrig gelernt!

In den Wind geredet, um des Klanges willen, wie die glücklich-anspruchsvollen Eltern, wenn sie ihr Kind Claudio nennen – vier prächtige Vokale, aneinandergereiht in einem kurzen Namen, oder Claude: Klooohd, und zweimal beruft der Name einen Hinkenden (Claudius). Ob Claudes, Claudios Eltern wissen, ob sie bedenken, daß ihre Namengebung den Wunsch auf ein humpelndes Kind beruft! – Dasselbe mit der Barbarin Barbara: Der Wohlklang macht's, wo die Antwort nicht das unwirklich Sinnlose verwirklicht. So kann man Hölderlin *auch* hören: Tende Strömfeld ... Aveiro – es

klingt, Hölderlin könnte vielleicht sagen: wie der zornes-
ermattete Abend. – Daß es klingt, wie es zu klingen hat:
Das ist doch der erste Arbeitsgang in der Werkstatt des
Dichters, den man bisweilen auch Sänger nennt. Amyklä
Aveiro: Das klingt, wie es zu klingen hat. Der Rest, die
Zutat, wäre vermutlich später noch gekommen.
Oder in sich hinein geredet: wie es die Leute tun, wo
Leute sind und Leute andere Leute langweilen. Dann
füllen sie ihre Ohren mit Geknackse und Gekrache,
zertrümmern Chips und hart geröstete Mandeln; so
hören sie wenigstens *etwas* Intelligentes unter dem ganzen Small talk, oder *jemand* Intelligenten: Sie hören sich
selber. Was da befriedigt wird durch den angenehmen
Innenlärm, das ist nicht die Oralität, wie immer behauptet, vielmehr die Aurikularität, das Gehör. Daß es dennoch dick macht, ist eine unerfreuliche Nebenerschei-
nung.[93]
Dahin ist es geredet – geschrieben –, dahin und daher im
Reichtum des Klanges, des Rhythmus, durch die Verlorenheit des Tübinger Turms. Aber schon vorher. Schon
als er Patmos geschrieben hat und den Herbst. Das
schreibt sich so, wenn Antwort ausbleibt, so reich, so
differenziert; ob nun mehr oder etwas minder abstrakt,
das macht keinen glaubhaften Unterschied. Ob Amyklä
Aveiro oder Versöhnender, der du nimmer geglaubt /
Nun da bist: Ihnen spendet das zweite Textfragment
ästhetische Erbauung. Aber ihm, der das aufgeschrieben
hat, ist das zweimal – glauben Sie mir – einerlei. Er hat
Sie nicht lieber, nur weil Sie ihm dankbar bekennen, wie
eindringlich seine »Friedensfeier« Ihre hintersten
Gefühle nach vorn wendet.
Wenn Sie zu ihm wollen, Sie gehn dem Neckarufer
entlang und fragen, wo wohnt hier ein Herr Hölderlin,
und die liebenswürdige Frau Zimmer, ihren bleibenden

Ruhm zu ihres Pensionärs Glück weder ahnend noch
begehrend, hat Sie nach oben geführt, in den ersten
Stock, dann wollen Sie bitte dies versuchen: Geben Sie
den dunklen Text an den zurück, der ihn gesprochen
hat, oder geschrieben. Antworten Sie, aber geduldig
bitte und sehr, sehr behutsam: Tende Strömfeld Simonetta ...
Warten Sie, was geschieht. Aber: *Wenn* etwas geschehen
soll – wenn auch nur leise Hoffnung gegeben ist, daß
etwas geschieht –, dann unter der Bedingung, daß jede
Deutung, der leiseste Deutungsversuch sogar, und erst
recht alles Fragen nach der Bedeutung vermieden wird.
Und wenn Sie noch so geistvoll deuten und noch viel
eindringlicher fragen, es stört nicht nur, es *zer*stört. Es
entfernt; für lange, wenn nicht für immer. – Deshalb:
behutsam anreden, und in seiner, Hölderlins Sprache,
der Ihnen noch unverständlichen.
Dann sei gewartet, was geschieht. Und bisweilen, selten genug, geschieht es: Der Anredende hört sich selber, Hölderlin sich selbst – durch den Mund des Antwortenden, seines Besuchers. Seine, Friedrich Hölderlins Aussage fand sich in Anrede gewandelt und wird
nun, wie es Anreden zusteht, beantwortet; vermutlich
durch Wortgebilde, die ebenso änigmatisch vieldeutig
sind wie diejenigen, in denen die Anrede dahergekom-
men ist. Bitte fragen Sie dann nicht, was das bedeutet.
Wiederholen Sie, holen Sie also das ansonsten in den
Wind Geredete zurück, ehe der Wind es vertreibt,
irgendwohin in die Ferne, zu Strömfeld, nach Aveiro,
und für immer dann. Aber Antwort, die kann dem
Verstehen gleichbedeutend sein und also Verständigung
erwirken, wie kurz auch.
Zu alledem stößt, wer es so versucht, manchmal unerwartet – unverdient, weil beiläufig – auf eine inhärente

Bedeutung des vordem dunklen Textes. Aus antworten-
dem Lesen heraus. Tende Strömfeld ... – unvermittelt
erschließt sich dann ein Bewegendes aus früherer Höl-
derlin-Dichtung. Erschließt sich etwas, das zuvor durch,
wie man glauben mochte, nachvollziehbare, weil
umschreibbare, sogar abzubildende Wortindikationen,
über deren Hinweisnatur man sich allseits in Einigkeit
vermutet hatte, mehr zugedeckt als eröffnet worden war:

> Drin in den Alpen ists noch helle Nacht und die
> > Wolke
> Freudiges dichtend, sie deckt drinnen das gähnende
> > Tal.
> Dahin, dorthin toset und stürzt die scherzende
> > Bergluft,
> Schroff durch Tannen herab glänzet und schwindet
> > ein Strahl.
> Langsam eilt und kämpft das freudigschauernde
> > Chaos,
> Jung an Gestalt, doch stark, feiert es liebenden Streit.

Und daneben: Tende Strömfeld ... Es ist dasselbe, näm-
lich: das Wort auf seinen Klang zurückgeholt, mit dem es
Rückklang, Echo – Antwort – erhofft, oder darauf
gerichtet, etwas in Bewegung zu versetzen.
Wenn es beide Male gelingt, mit dem Fragen nach der
Bedeutung einzuhalten, ergibt sich dies:

> Vollendet. Goldrot. Und die Rippe tönet.

oder:

> ... helle Nacht, und die Wolke,
> Freudiges dichtend, ...
> ...
> Jung an Gestalt, doch stark, feiert es liebenden Streit.

oder:

Teufen Amyklä Aveiro.

Daß es dreimal dasselbe sagt.

Ausschnitte aus Therapie-Situationen

Seine Hände sind zerkratzt, das Gesicht ist zerkratzt, an manchen Stellen vereitert; immer kratzt er sich weiter, am ganzen Körper, und hält nur auf wenige Augenblicke ein, dann fährt er mit Kratzen fort. Dies, wiewohl der junge Mann von den verschiedensten Medikamenten benommen ist, betäubt fast, und gleichsam, um sich gegenwärtig zu halten, daß ihm das Kratzen seine Bewußtheit vergewissert: die monotonen Kratzbewegungen ebenso wie die schmerzvollen Wahrnehmungen, die er sich damit beständig erneuert.

Das alles trägt sich zu im psychiatrischen Krankenhaus, und der junge Mann ist schon viele Wochen dort hospitalisiert. Sedierende ebenso wie psycholeptische Medikation bringt keine Änderung. – Aber nicht dies ist das Seltsamste an der Sache, sondern der Umstand, daß sich den Fragen der Kollegen manche Hinweise eröffnet haben, die dem Sichkratzen einen rationalen Ort zuweisen können – und wenn nicht den Grund fürs Kratzen, so doch etwas wie eine Rechtfertigung. Und dies gleich auf verschiedenen Ebenen:

Da vermerkt die Krankengeschichte etwas über einen Spaziergang, von dem der junge Mann, nennen wir ihn Gideon, vor kurzem in seine Spitalabteilung zurückgekehrt sei, und danach habe er sich beständig gekratzt. Zuerst mochte er gar nicht reden, nur kratzen. Aber dann kam, es war schon Nacht, der Bericht hervorgestammelt, daß er an verborgener Stelle im Orangenhain, es ging schon gegen Abend, unvermittelt auf einen seltsam riechenden Haufen gestoßen und beinah über ihn gestolpert sei. Das Erschrecken tönte noch durch den nächtlichen Bericht über den Gegenstand, der sich als fortschreitend dekomponierter männlicher Leichnam erwies, freilich kaum mehr als solcher auszumachen, weil nur mit Mühe noch sichtbar unter der dichten Decke von krabbelndem Ungeziefer, das da – so schnell geht das in diesen Regionen – die Funktion der Leichenbestatter stellvertretend übernommen hatte. – Nun denn, niemanden sollte das erstaunen, daß Gideon sich kratzt und kneift, um vor der Erinnerung noch die Ameisen, Käfer, Flöhe und das Gewürm loszuwerden, das ihn, ein Fußbreit hätte gefehlt, und er wäre über den Leichnam des Selbstmörders gestolpert, beinah überfallen hätte. – Ja, dann würdest du dich auch kratzen, und ich täte es ebenfalls – mit welch tiefsinnigem Argument weiterhum manche Leute ihre Art von Verstehen zum allgemeingültigen Verstehensgesetz erheben. Wenn ich mich kratzen muß, dann muß die ganze Menschheit sich kratzen. Ich bin das Maß aller Dinge, nicht nur für mich, sondern auch für die Dinge: So wird oftmals Verstehen geübt und zelebriert.

Gewiß denn – wenn Gideon bloß nicht schon vorher die Angewohnheit des Sichkratzens gezeigt haben würde – wie jetzt jemand bemerken könnte, dem weniger am Rang einer sich anbahnenden Einsicht als am Beweis seines eigenen Rechthabens liegt. Nun, das trifft zu: Gideon hat schon vorher seine Haut zerkratzt (dennoch könnte, möchte ich meinen, ein Sichkratzen, wenn es nach solcher Konfrontation mit der Vergänglichkeit stärker und auch dem Bewußtsein eindringlicher gegenwärtig wird, zu neuen und zu wesentlichen Einsichten Anlaß geben). Aber da hat sich dem Fragen des jungen Arztes auch noch anderes aufgetan: Wie das zuging, als Gideon, wenige Wochen vor seinem Eintritt in die Klinik, ein öffentliches Mädchen besucht hat – und nicht nur einfach so, um des Vergnügens willen, sondern weil er sich beweisen mußte, daß er nicht, vermuteten Anspielungen ebenso wie seinem eigenen dunklen Argwohn gemäß, ein Schwuler sei. Die Episode mit der Dirne, irgendwo im unbeleuchteten Treppenhaus einer außer von Pärchen nur noch von Katzen und Ratten bevölkerten Abbruchbude, war offenbar nicht ganz dazu angetan, erotische Ungewißheiten auszuräumen oder auch dem noch jungfräulichen Jüngling einen Sinn für die bisher versagten Männerfreuden zu öffnen.

Ob er denn vorher schon gekratzt habe: Es spricht für den jungen Kollegen, daß er auf der Erschließung einer Antwort zu dieser Frage nicht insistiert hat. Wie auch, wir hätten zureichend Gründe – oder Hintergründe – oder Rechtfertigungen – oder wie man das nennen will, um dem Sichkratzen seinen Ort zuzugestehen. Würde er bloß nicht immer weiterkratzen. Bis aufs Blut, bis zur Vereiterung, und selbst das, wie bejammernswert es auch aussieht, würde nicht so schlimm sein, nähme es Gideon nicht völlig in Anspruch, so ganz umfassend, daß jedes Gespräch mit ihm davon zugedeckt wird. Allein, auch dies würde, wie hilflos immer es die Umstehenden macht, für ihn selber, für ihn subjektiv nicht so bedrükkend sein, würde man nicht bemerken, wie sehr es ihn gleichzeitig zu reden drängt. Aber irgend etwas schiebt sich beständig zwischen Gideon und alle andern und verhindert jedes Gespräch. Schwer zu sagen, und verboten zu fragen (weil unbeantwortbar), ob es das Kratzen sei.

Schwer zu sagen, wenn nicht unmöglich. Aber auch überflüssig. Weil man anders vorgehen kann, wenn man nur jedes Warum-Fragen zur Seite tut – und noch ein geringes mehr oder auch weniger tut.

Verstehen heißt antworten. Antworten in der Sprache

der Anrede. Wobei Anrede das ist, und zwar *alles* das ist (wird), was von dem Anderen zu mir redet.

Mithin auch Gideons Kratzen. – Jetzt geht es um nichts als dies eine: der These getreu zu handeln, sich weder durch Scheu noch durch Ekel noch durch Angst vor Lächerlichkeit davon abhalten zu lassen, daß man antwortet. Genauer noch, verbindlicher auch: in der Sprache der Anrede antwortet. In der Sprache dessen, wovon ich mich angeredet weiß. Wobei, das ist hier entscheidend, alles das, wovon ich selber mich angeredet erlebe, einzig vermöge dessen, daß ich es als Anrede wahrnehme, auch schon Anrede *ist* – oder, richtiger, *zur* Anrede *wird*.

Gideon sitzt mir gegenüber. Gideon kratzt. Er tut es in meiner Gegenwart. Hätte er, so will ich zunächst annehmen – oder unterstellen –, nicht vorgehabt, mich durch sein Kratzen anzureden, so würde er gewiß damit einhalten, wenn ich auf ihn zugehe. Aber er kratzt weiter, eher intensiver als zuvor. Und das muß er ja sehen, daß er mir durch sein beständiges Kratzen auffällt. Ob das Kratzen als Anrede intendiert war, ob nicht, kommt mir irrelevant vor. Wichtig ist: Zu mir spricht es *als* Anrede.

Und was die Gestalt – man kann auch sagen: die Sprache – anbetrifft, in der die Anrede gehalten ist, so gibt es keine Instanz, die für sich reklamieren dürfte, daß ihr zu entscheiden zusteht, in welcher Sprache anzureden, und folglich zu antworten, sei, und welche Sprache aus der Verständigung ausgeschlossen gehöre. Keinesfalls kann es der Wortsprache zustehen, ihre Provinz zur bevorzugten, womöglich gar zur einzig beantwortbaren Sprache zu deklarieren.

Hier wird gekratzt. So wie irgendwann auf dem Wege seiner Evolution der Sapiens oder einer seiner Vorfahren das Spiel des Atemstroms derart verfeinert hat, daß es

sich ihm zur phonierten und artikulierten Sprache ent-
wickelte,[94] so mag Gideon die Stärke und den Rhythmus, mit dem die Fingernägel auf seiner Haut ... Aber
solche Erwägungen sind belanglos, sie stören mehr, als
daß sie helfen. Und stören, weil sie merkbar machen, daß
hier eine Rechtfertigung – zugunsten Gideons oder auch
meiner selbst – gesucht wird, um ein seltsames Verhalten
in seiner Seltsamkeit abzuschwächen und gefälliger zu
machen. Dazu besteht jedoch keine Notwendigkeit.

Verstehen heißt antworten, reziprok, das ist symme-
trisch antworten: Ich setze mich Gideon gegenüber,
ziehe den Ärmel meines Hemdes zurück und kratze
zunächst ihn, Gideon, an just jenen Stellen der Hände
und Vorderarme, die schon so bejammernswert zerkratzt
sind. – Meine Ärmel habe ich zurückgeschlagen, damit
auch er, Gideon, seinerseits mich kratzen kann. Merkwürdig, daß ich vergessen habe, ob er's getan hat. Jedenfalls, daß ich meinerseits ihn dazu aufforderte, das weiß
ich noch.

Aber ihn habe ich gekratzt, auch das ist mir noch gegenwärtig. Nicht grob, nicht bis aufs Blut, aber doch so, daß
er mich hat spüren können. Und danach habe ich mich
selber gekratzt, ebenfalls stark genug, daß er sehen
konnte: Sein Partner kratzt sich an der Haut seines
Vorderarmes. Der Partner tut, was er, Gideon, tut.

Dazu habe ich gedeutet, das heißt, wie zuvor erläutert:
Ich habe, zur Ergänzung meines systemimmanenten
Antwortens, in anderer Dimension, in anderer Sprache
also (systemtranszendent mithin), das Kratzen interpretiert. Was diesen speziellen Fall angeht, so habe ich der
Sprache des Kratzens eine verbalsprachliche Äußerung
hinzugefügt. Jedoch, ich habe nichts zu seinem Kratzen
gesagt, sondern eine Interpretation zu *meiner* Handlung
gegeben.

Seltsam, daß man sich, wenn man in einer Sache sehr engagiert ist, später so ungenau erinnert, wie es gewesen ist, namentlich was man selber getan und gesagt hat. (Ich werde mich dennoch hüten, einem Videotape oder dem Einwegspiegel oder sonst einem von diesen unmenschlichen Spionageinstrumenten Zugang zum letzten Ort zu verschaffen, welcher in unserer Gesellschaft noch Intimität, den Takt der sicheren Privacy in seiner Heimlichkeit birgt!) Aber das weiß ich noch: daß ich etwas von der Sensation habe verlauten lassen, die mich überkommt, wenn ich mich beständig kratze: von dem leisen Schauer im leichten Schmerz, und wie beides merklich zunimmt, je länger ich kratze, der Schauer wie der Schmerz. Und wie es fühlbar schwieriger wird, mit dem Kratzen einzuhalten, je länger das rhythmische Spiel andauert, als überzöge der Rhythmus selbst mich wie mit einer zweiten Haut. Und daß es, wie unangenehm auch, doch besser ist, ich spüre mich kratzen, als daß ich das Nichts spüre, wie es sich ausdehnt – um mich, in mir. – Während ich dies sagte, bin ich – vom begleitenden Kratzen auf eine erweiternde Antworthandlung – nämlich auf ein sehr behutsames Streicheln von Gideons Vorderarm übergegangen.

In dieser Situation hat Gideon frei zu reden begonnen. Erstmals seit langem. Was er gesagt hat, ist jetzt nicht von Bedeutung. Daß er reden konnte, in Worten reden, und seit dieser Zeit nicht mehr kratzen mußte, das ist wesentlich. Damit war er noch nicht geheilt; bei weitem nicht, und solche Sekundenheilungen sind, selbst wenn sie sich bisweilen als möglich erweisen, unerwünscht. Es sollen ja Raum und Zeit für eine neue Gesamt-Orientierung, bzw. -Umorientierung, angeboten werden – angeboten, nicht aufgedrängt. Aber irgend etwas Wesentliches ist damals geschehen, etwas wie Kairos, das Sicheröffnen von Neuem, und ein Zugang dahin. Nicht daß das Kratzen aufgehört hat, sondern daß das, was so sehr gekitzelt hat, daß man kratzen mußte (und darüber habe ich in meinen interpretierenden Bemerkungen ebenfalls etwas verlauten lassen), jetzt heraus durfte, in Worte gefaßt und jemandem hörbar formuliert: *Das* war der Anfang zur Besserung. Zur Aufhebung der Leere.

Vielleicht, daß es hier nochmals festgehalten sein muß, wiewohl es schon gesagt wurde: Was das Rechthaben angeht, so darf das Verstehen, und das ist: das systemgleiche Antworten, für sich so wenig beanspruchen, daß man ihm zugestehe, es habe recht, wie jemand, wer immer, wird behaupten können, daß dieses Antworten, mit ihm der Antwortende, unrecht habe. Gegenüber dem Antworten verweigert die Kategorisierung, gemäß derer man nach Rechthaben oder dann Unrechthaben unterteilen kann, ihren Dienst. Mit Bezug auf das, was da an Deutungen beigetragen und, mehr aphoristisch, eben angeführt worden ist, mag wohl jemand darauf bestehen, daß ich nicht recht hatte mit dem, was ich Gideon gesagt habe. Man hätte, so kann man argumentieren, ganz anders deuten sollen. Darüber will ich nicht rechten; es kann sein. Ich habe einfach das gesagt, was mir durch den Sinn geschossen ist, während ich gekratzt habe und mich habe kratzen lassen. Ich beanspruchte damals nicht – beanspruche auch jetzt nicht –, daß man mir zugestehe, ich hätte mit meinen deutenden Hinweisen recht gehabt. Allerdings muß ich beifügen: Ich wüßte keine Instanz zu nennen, die darüber zu richten vermöchte, welches Deuten recht hat, was für eines mithin unrecht.

Wenn man die Sache mit dem Rechthaben zur Seite tut und den Entscheid darüber, was für eine Deutung als richtige Deutung zu gelten beanspruchen darf, danach orientiert, ob durch sie etwas ausgelöst, etwas in Bewegung versetzt wird: dann dürfte es angängig sein, die Worte, mit denen ich mein Kratzen begleitet habe, als eine richtige Deutung (eine Deutung nämlich, die etwas ausgerichtet hat) aufzufassen. Als, wohlgemerkt, nicht *die*, sondern als *eine* richtige Deutung; eine unter mannigfachen anderen vorstellbaren Deutungen, denen man sämtlich ebenfalls Richtigkeit zuerkennen mag, wenn sie bloß ihrerseits etwas richten oder ausrichten. Wobei – aber das soll hier nur eben anklingen – die Richtigkeit einer Deutung sich wandelt gemäß und ausrichtet nach u. a.: der deutenden Person, wie auch der Person, welche die Deutung anzuhören bekommt; der Situation, in der gedeutet wird; dem Zeitpunkt des Deutens, namentlich in bezug auf die Dauer, da die beiden Einbezogenen – in dem hier vorgelegten Bericht also Gideon und ich – einander kennen, sowie darauf, was alles sie schon mit- und aneinander erlebt haben; schließlich, und sehr wesentlich, einer Formulierung der deutenden Worte (also insgesamt Spezifikationen, welche in einer gründlichen, überlegten Psychotherapeutik als *personing, timing, wording* etc. geläufig sind). Man sollte wissen: Nicht jede Deutung ist in jedermanns Mund jederzeit unter verschiedensten Bedingungen richtig – gewiß schon kann sie nie *die* (einzig) *richtige*, und ebenso wenig darf eine Deutung rundheraus immer und unter allen Bedingungen als falsch anzusprechen sein. Und ein weiteres Mal: Wenn eine Deutung Widerrede auslöst, so sollte sie meist für richtiger gelten, als wenn ihr gehorsam und befriedigt zugestimmt wird!

Schließlich liegt mir daran, den Finger nochmals auf einen Satz in dem hier vorgelegten Bericht über das Zusammentreffen mit Gideon zu legen. Auf einen kurzen Vermerk, der eher beiläufig gemacht wurde und dennoch nicht gänzlich unbeachtet vorbeigehen sollte. Dieser Satz betraf den Hinweis darauf, daß ich nicht etwa das Kratzen meines Gegenübers Gideon mit einer Deutung versehen habe, sondern dies tat unter Bezug auf *mein* Kratzen. Nicht ist also, es sei nochmals betont, Gideon, *ich* bin von mir in meinem Tun interpretiert worden. So habe ich mich deutend – *mich* deutend – ins Gespräch eingebracht. Das geschah nun weder aus dem heraus, was man Zufall nennt, noch aus reiner Laune. Hier hat Absicht gespielt.

Man muß nämlich wissen, daß Deutungen, wenn sie nicht völlig von der Person des Aussagenden losgelöste Aussagen betreffen (und bisweilen selbst dann noch, wenn sie sich auf die freistehenden Aussagen beziehen), von denen, die sich durch das Mittel der Deutung angezielt wissen, als elegante Methode seitens des Deutenden zum Sichentziehen von der Auseinandersetzung aufgefaßt werden. Die Deutung wird erlebt als Instrument des Deutenden, sich aus der Verständigung herauszuwinden, als ein trickreiches Spiel auch, die gemeinsame Sache zu verlassen und von dem erhöhten Piedestal des Interpreten her auf dessen Bedeutung hin zu dozieren. Manche Äußerung von Unbehagen, Unwillen gar, gegenüber Deutungsversuchen, auch wenn diese mitnichten aus der Absicht zur Dominanz geäußert wurden, sollten uns bedenken lassen, wie leicht man uns Therapeuten der Besserwisserei, ja der Präpotenz zeiht, sobald wir mit dem Deuten anheben. Allzu oft hören wir den Vorwurf, wir täten es doch nur der eigenen Befriedigung zuliebe, glücklich, so eine schöne Deutung gefunden zu haben, als daß wir es uns leisten dürften, solche Bemerkungen ungehört, unbedacht und ohne ernsthafte Selbstprüfung vorbeiziehen zu lassen. Belanglos und nichtssagend ist es dabei, was wir selber, wir als Deutende, beabsichtigt

haben und was wir für uns erleben, wenn wir uns ums
Deuten bemühen. Sosehr eine Haltung dieser Art der
hermeneutischen Arbeit gegenüber Kreationen aus
künstlerischer Ambition bisweilen – vielleicht – am
Platze sein könnte, mit Gewißheit führt sie immer in
falsche Richtung, wenn therapeutische Absichten das
Deuten lenken. Äußerste Besonnenheit und Behutsamkeit sind deshalb am Platz, wenn man sich ans Deuten
wagt – Behutsamkeit nicht nur mit Bezug auf Form,
Inhalt, auch, und namentlich, Zeitpunkt der Deutung,
sondern schon auf die Absicht selbst. Sonst kann die
eleganteste und – wie man meint – treffendste Deutung
danebengehn!
Aus dieser Erwägung heraus wurde hier nicht das
Handeln Gideons, des Patienten, mit einer Deutung
versehen, sondern das meine; mein eigenes. Ich kom-
mentierte interpretatorisch, was ich tat und was *ich*
erlebt habe. Das braucht an sich für mein Gegenüber
nicht verbindlich zu sein. Und wichtiger noch: Mit
dieser Formulierung verlege ich es aus der meinen in
seine, Gideons, Willkür, ob er, was ich zu mir selber
bemerke, auf sich zu beziehen gedenkt, und in welchem Sinn und Maß. Beide kratzen wir uns, gewiß, da
geschieht auf beiden Seiten, mit Gideon gleichwie mir,
im wesentlichen dasselbe. Actio = reactio. Verstehen
heißt antworten. Jedoch: Was dabei mir widerfährt
und was mir an Erlebnissen aufkommt, das braucht
mitnichten dem zu entsprechen, was Gideon vermittels
Kratzen erlebt. Aber *daß* ich meine Antwort mit einer
Deutung begleite, dies verweist den jungen Mann darauf, daß auch ihm eine Deutung gegenwärtig werden
kann, und wenn nicht die meine, so die seine – jedenfalls: irgendeine Deutung, und sie braucht nicht einmal
laut ausgesprochen zu werden. – So entwickelt sich

Kommunikation, und so hat sie sich auch in diesem Fall bewährt.

Was da geschehen ist: nichts, als daß, statt einer eleganten Erläuterung dessen, was der Sinn im Wahnsinn sei, so sinngleich, wie es mir möglich war, geantwortet wurde. Sinngleich, und von daher auch sinnträchtig, ich hoffe zudem: sinngemäß.

*

Um das eben Vorgelegte zu ergänzen und sinngerecht weiter zu erläutern, will ich jetzt von Gabriel berichten. Einem jungen Mann ebenfalls, und auch er wohnt in Israel.

Die Situation, in der wir, Gabriel und ich, uns kennengelernt haben, war, wenngleich anders, mindestens ebenso dramatisch, von den sozialen Bedingungen her noch ungleich bedrängender als die Umstände gewesen sind, die zum Zusammensein mit Gideon geführt haben. Schon die Forderungen des jungen Mannes an mich, seine Konditionen, unter denen er bereit sei, mich zu empfangen ... Aber zuvor muß ich beschreiben, was sich zugetragen hat, ehe wir zusammengekommen sind.

Darüber hatte man zuvor in der Zeitung lesen können. Auf der ersten Seite wurde dort berichtet, ein junger Mann sei in eine der heiligsten Stätten der Moslems, irgendwo in oder um Jerusalem, eingedrungen. Dort habe er aufs Allerheiligste gepißt und sich dazu laut schreiend vernehmbar gemacht: Er sei zum künftigen Hohenpriester ausersehen und werde in seine Würde eingesetzt, sobald der dritte jüdische Tempel auf der vorbestimmten Stätte errichtet sei. Und dies bald, gleich nämlich, wenn, wie er präzisierte, die heiligen Orte seines

Glaubens von den Spuren der Ungläubigen, der Feinde seines jüdischen Gottes, gereinigt seien.

Dies ist nicht der Ort, genauer auszuführen und zu belegen, wie sehr jeweils und durch welche Mittel die Psychose als Brennglas dessen, was um sie herum ausstrahlt, die Erscheinungen und Probleme der Gesellschaft, in der sie wächst, sicht- und zugleich entflammbar macht. Simpel gleichmachendes Historisieren oder gefälliges Soziologisieren würde an dieser Stelle nichts ergeben, und ich möchte davor warnen, daß jetzt jemand sein Verstehen – oder was er dafür hält, das heißt, als solches deklariert – durch Hinweise darauf zu bekunden gedenkt, wie deutlich Gabriel zum Opfer der Gesellschaft um ihn gemacht worden sei. Was sich so geläufiger- und gefälligerweise für Einfühlen hält, nicht nur, daß es mit Verstehen nichts zu tun hat, es wirft sich einem solchen quer in den Weg. Es ergäbe nichts, noch nicht einmal etwas wie ein billiges, von seinen Absichten her viel zu leicht zu durchschauendes Fraternisieren mit dem jungen Mann, und deshalb wäre das Einzige, was von Deklarationen wie diesen verbliebe, die strikte und definitive Ablehnung jedes weiteren Annäherungsversuches. Schon daß man ihn – der doch ein Verkünder zu sein trachtet – zum Opfer (herab)deklariert! – Aber auch sonst gilt: Unsere Weisheiten mögen unsere Weisheiten bleiben, wir haben unsere Patienten mit ihnen zu verschonen, wie tief und wie wahr sie auch zu sein beanspruchen.

Nochmals: Verstehen ist nicht, was sich für Einfühlen hält. Verstehen heißt antworten: Damit ist das Vorhaben, mit ihm das Vorgehen umschrieben. Übrigens, und erst jetzt, da die Zeit der Therapie – mit glücklichem Ausgang, wie ich heute sagen darf – hinter uns liegt, muß ich gestehen: Ob Gabriel nun der zukünftige Hohepriester in dem neuen Jehowah-Tempel, wenn dieser errichtet ist, sein wird oder nicht, das weiß ich nicht und habe ich nicht zu entscheiden. Ich kenne die Kriterien nicht, nach denen der Hohepriester eingesetzt wird. Aber *eins* weiß ich: daß die Erlöser, Messias und Hohenpriester und alle die, welche Gottes Reich, das in täglichen Gebeten herbeigerufene, wenn es dann wirklich anhebt, hierherbringen werden, weder von Gnaden der Israel-Regierung oder des lokalen Oberrabbinates noch des Heiligen Stuhles, noch durch diese ernannt ihre Posten besetzen werden – und daß dann niemand von den öffentlichen Instanzen wird entscheiden dürfen, ob dieser da, der eben vor mir steht, der Messias sei, oder dessen priesterlicher Künder. Dazu soll dann bitte, wenn es soweit ist, auch der Psychiater schweigen und weder Gutachten über geistige Gesundheit ausfertigen noch Rezepte für Psychopharmaka schreiben wollen. Weder der Messias noch sein Hohepriester wird – kann – geistig gesund sein. Zudem: Die Propheten Samuel und Elias sind in ihrem Zorn, der sie zu Taten geführt hatte, welche denen meines Patienten Gabriel vergleichbar waren, weder auf Zurechnungsfähigkeit untersucht noch durch Medikamente beschwichtigt worden.

Dies beides war jedoch hier geschehen, nachdem die Polizei mit den Verkündigungen des jungen Mannes und den Versuchen zu deren Konkretisierung nicht hatte zurechtkommen können. Aber nicht nur die Polizisten zeigten sich ratlos, auch die Psychiater waren es. Namentlich diejenigen Kollegen, die sich selber als gläubig und orthodox deklarierten und eine Beleidigung ihrer Hoffnungen und täglichen Gebete mit entsprechender Bedrängnis darin erlebten, daß *so etwas* beanspruchte, zum neuen Hohenpriester berufen zu sein!

Wie der Hohepriester sein wird, was für jemand, das weiß ich, es sei wiederholt, nicht, und es steht mir nicht an, es zu entscheiden; weder mir als Privatmann noch mir als Psychiater,[95] und meinen Kollegen auch nicht, seien diese nun fromm oder säkularistisch ausgerichtet.

Weil er sich auch durch intensivste Medikation nicht in seinen beängstigenden Verkündungsworten zum Schweigen hat bringen lassen, wurde ich eingeladen, Gabriel zu besuchen. Er forderte aber, als ich mich bei ihm angemeldet hatte, zur Bedingung dessen, daß er mich empfange, ich solle mit bedecktem Kopf vor ihm erscheinen.

Nun muß man wissen, daß nach der Vorschrift der halachischen (den Satzungen des Talmud folgenden) Ordnungen ein Mann, anders als in christlicher Umwelt, seinen Kopf bedeckt zu tragen hat. Seit in Israel Religion zum Politikum geworden ist, läßt sich aus dem Umhergehen mit oder ohne Mütze, ja sogar aus deren Form, Stoff und namentlich Umfang, mit Gewißheit auf die politische Orientierung des Kopfes darunter schließen. Auf dessen politische eher als auf die moralische.

Was den Schreibenden und dessen religiös-politische Auffassungen anbetrifft, so folgt er einer betont Halacha-fernen, agnostizistisch säkularistischen Auffassung. Ich werde versuchen, meine Glaubensrichtung niemandem aufzudrängen, meinen Patienten jedenfalls zuletzt, aber ich stehe zu ihr, und »Du sollst nicht lügen«: Das bleibt ein Schriftwort, dessen Gültigkeit für jedermann, gleich wie breit oder hoch seine Kopfbedeckung, und ob sie aus Filz sei oder mit Garn gestrickt, verbindlich ist. Du sollst nicht lügen: *Diesen* Satz würde ich gern auch als Grundgesetz aller Psychotherapie aufgeschrieben sehen.

Gelogen hätte ich, wenn ich, der Forderung meines Patienten Gabriel gemäß, unter einem Hut zum ersten Gespräch gekommen wäre. Er hatte, wie jedermann, ein Recht darauf zu wissen, zu wem er sprach.

Und das war in diesem Fall von besonderer Wichtigkeit. Auf Gabriels Vorhaltungen, daß ich die Verordnungen der Halacha, und damit seine Bedingung, mißachte, konnte ich antworten, es scheine mir richtig, daß er wisse, mit wem er zu tun habe. Ja, ob er ihm denn glauben könne, daß er der zukünftige Hohepriester sei. – Verstehen heißt antworten – aber es heißt nie: eine Frage beantworten. »Das weiß ich nicht«: Eine solche Antwort entsprach zumindest genau dem Lüge-Verbot, nur, es durfte mit diesem Ansatz zu einer Antwort – mit dem Abbiegen des Inquisitoriums – nicht sein Bewenden haben. Und der Zusatz drängte sich auf: ... aber eins weiß ich wohl: Wenn du der Hohepriester sein wirst, so mußt du imstande sein, vor den Herausforderungen und Versuchungen, mit denen man dich bisher bedrängt und vor all dem, was man dir von den verschiedensten Seiten in den Weg gelegt hat, zu bestehen.

Du sollst nicht lügen: *Diese* Lüge hatte es an sich, daß sie Wahrheit genannt werden mußte. – Was nun aber das häufig vorgebrachte Schisma »Wahn und Wirklichkeit« anbetrifft, so birgt dieses in sich jenen Ansatz zur Verlogenheit, der allen Dualisierungen, Polarisationen zugehört. Das Spiel mit Dualitäten ist ein ebenso plumpes wie gefährliches Spiel. Es unterstellt Eindeutigkeit aus Zweideutigkeiten. So auch hier:

Der Ultimatismus Wahn und Wirklichkeit, Wahn contra Wirklichkeit: Es geht doch nicht darum, daß hier jemand meint, er werde einmal Hohepriester – übrigens: Gabriel meint das nicht, er weiß es –, sondern daß ihm etwas zu besorgen und zu verkünden ansteht, was Sache des

Hohenpriesters ist. Und ob er es wird, auch ob er dazu berufen ist, das kann niemand sagen. Sollte er es zum Hohenpriester bringen, so würde doch die Wirklichkeit den Wahn nicht ausschließen – vorausgesetzt, man könnte sagen, weshalb die Gewißheit des jungen Mannes, er sei zum Hohenpriester ausersehen, als Wahn abzutun sei. Wenn einer kommt, und er bezeugt denen, die über ihn zu Gericht sitzen, daß sein Platz zur Rechten des Vaters sei, so hat man die Naivität dieser Gewißheit zu bewundern, und zunehmend mehr, als sie ihn nie verläßt – auch nicht im Angesicht des Kreuzes. Ein jeder von uns frage sich: Wenn er zu mir käme, heute, sogleich, was täte ich? – Was mich angeht, ich möchte etwas daran tun, daß sein Tod weniger peinvoll sei. Aus dem Kreuzestod nämlich, daraus *kann* nichts Gutes kommen! – Aber was solche Gewißheit angeht: O könnte man sie mit ihm teilen!

Diese Erwägungen bekamen besonderes Gewicht, als Gabriel im Lauf der Gespräche Einfälle vorlegte, die ihn zu Überlegungen darüber führten, was ihn veranlassen mochte, die Würde des Hohenpriesters anzustreben. Ich wünsche hier deutlich hervorzuheben: Seine, Gabriels, Bemerkungen dazu, weshalb er vor seiner Familie nur angemessen zu bestehen vermöge, wenn er ihr gegenüber den höchsten, den Prinzen-Rang des zum Hohenpriester Ausersehenen (wohlgemerkt, in einer Dynastie, welche der Priesterkaste angehört) beanspruche, diese Erkenntnisse orten, aber weder verringern noch relativieren oder entwerten sie gar Gabriels Aspiration auf den Posten des höchsten Priesters. Daß ein Anliegen seinen psychoanalytischen Untergrund mitbekommt, beeinträchtigt nicht dessen Wirklichkeitswert oder -anspruch. Eine der bedauerlichsten, schädlichsten und von allen Behauptungen ganz einfach die dümmste ist die, daß eine

Sache, wenn sie psychoanalytisch erfaß- oder rückführbar gemacht sei, ihre Bedeutung oder gar ihren Verwirklichungsanspruch preisgegeben habe. – Wohl aber kann es ein Anspruch und mit ihm der Wunsch zu seiner Realisierung sich leisten, daß er weniger verkrampft und deshalb mit einem geringeren Maß an Fanatismus und namentlich Gewalt verfolgt werden kann, wenn er aus selbstgläubiger Gewißheit wächst, als wenn er gegen seine düsteren Beweggründe – gegen die Absicht: denen will ich's schon zeigen, die sollen mal sehn – sich beständig durchsetzen muß.

Über die Reinigung der heiligen Orte von dem Unrat der heidnischen Stätten wurde deshalb bald nicht mehr gesprochen, wodurch Gabriel sich günstig von anderen Leuten in dieser Region, und nicht nur hier, in Israel, unterschied. Von solchen, die nicht mit Polizeigewalt zum Psychiater gebracht werden, damit dieser ihnen den Hohepriesterwahn austreibe. Und was die Zukunft von Gabriels Karriere anbetrifft: Glauben Sie mir, darüber weiß ich nichts. Vermutlich will er immer noch Hohepriester werden; ich habe keinen Anlaß, mit ihm auf diesen Punkt einzugehen. In unserer Profession ist es wichtiger, man besinnt sich auf das, was man zu verschweigen hat, als was man sagt. *Wenn* er es wird, und wenn also das Gebet der Getreuen sich über Nacht an meinem Patienten von ehedem erfüllt, dann werde ich vor ihm meinen Kopf bedecken. Dann hat, dies weiß ich mittlerweile aus manchem Gespräch mit ihm, das Volk einen würdigen Vertreter vor seiner göttlichen Instanz gefunden.

*

In Kürze noch eine dritte Situation. Auch sie trägt sich in Israel zu, in einer psychiatrischen Klinik ebenfalls. Diesmal ist die Partnerin des Gespräches eine nicht mehr ganz junge Frau, und sie ist blind von Geburt an. Die Bezeichnung »Partnerin des Gespräches« trifft allerdings nicht ganz den Sachverhalt. In dem Gespräch, das sie führt, kommt es nicht zu Partnerschaft: Sara monologisiert, und sie tut es mit einer Hartnäckigkeit und unter logorrhoischer Aufwendung einer Tonstärke, die irgendeine sprachliche Antwort, gleich welcher Art, nicht zuläßt. Und mit einer Geschwindigkeit des Redeflusses, daß es nur für eine kurze Weile möglich ist, dem Inhalt der Sätze, die weder Punkt noch Komma ausmachen lassen, zu folgen.

Soll ich diesen Sturzbach eine Anrede nennen? – Es bestünde kaum Anlaß, es nicht zu tun. Sara wendet sich ja an mich mit ihrer Rede – sie redet also zu mir. Die Schwierigkeit ist, sie läßt es zu einer Antwort nicht kommen. Es klingt so, als wolle Sara ihrer Anrede die Stellung von Antwort gleich mitgeben. Und dies um so mehr, als ihr bemerkenswert entwickelter Raumsinn ihr jederzeit eine Gewißheit davon vermittelt, ob jemand sich im Zimmer befindet, und das Gefühl, in welche Richtung sie sich zu wenden hat. Da sie ohnedies auf Antworten nicht hoffen darf – allzu oft hat sie, die Blinde, schon in die Leere hinaus angeredet – sendet sie, wie ich jetzt erklärend unterstelle, jedesmal, wenn sie jemanden in ihrer Nähe spürt, ihrer Anrede von sich aus die Antwort nach. Besser so, als sich im Schweigen verlieren. Ein probates Mittel, muß man sagen, um sich vor stets erneuerten und immer schlimmeren Frustrationen zu schützen!

Wenn aber verstehen antworten heißt, so hat man bisweilen selber eine Anrede zu finden und zu formulieren, damit dann der Partner in dieser – andern – Sprache auf Anrede zu antworten vermag. Öfters muß dann die Wortsprache umgangen werden. Sei es, weil sie, Gideon hat es vorgeführt, fürs erste von anderen, extraverbalen Äußerungen so dicht zugedeckt wird, daß Worte nicht gehört werden; sei es, daß die lärmende Rede sich der Antwort verweigert, wie hier, in Gegenwart dieser blinden Frau, die den leeren Raum um sie beständig mit Schall auffüllen muß, den ganzen Tag hindurch, um, so deute ich, im Schweigen nicht verlorenzugehen; es spricht sie ja, seit es sie gibt – vierzig Jahre nahezu –, niemand aus eigener Initiative mit persönlichen Rede-Inhalten an, noch hat sie in dieser Zeit jemanden gefunden, der ihr sprachgleich und sinngerecht antworten würde. Von Worten ist also, das hat Sara erfahren, kein Verstehen zu erwarten.

Aber es hat sie auch nie jemand berührt. Noch durfte sie berühren. Die triste Biographie tut momentan nichts zur Sache. Sie ist mir übrigens auch erst erheblich später bekannt geworden. Hier und jetzt ist Verstehenspaarung gefordert, und wenn Sara sich weigert, sich verstehen zu lassen, sich ebenso weigert, ihrerseits meine Worte zu verstehen, so bleibt nichts als ein Für-Stehen, ein system-gleiches Aufeinanderzu- oder -eingehen in einer anderen Dimension, also neuen Sprache, zu versuchen. In einer Sprache, die weniger ausgelaugt ist, als es die leeren, lauten Worte in Saras Raum sind.

Körpersprache: Sich mit ihr zu befassen, sie zu lesen – und daraus die uneingestandenen Absichten und Mitteilungen des Gegenübers aufzuspüren –, das ist heute die große Mode. Man hat ein weiteres Mittel gefunden, dem andern auf die Schliche zu kommen. Wie jemand sich mit Nasenflügeln oder einem Wippen der Fußspitzen an dich heranpirscht, um dir was abzujagen, Schlechtes öfter als

Gutes (und wenn es Gutes ist, eine Sympathie-, eine Liebesregung gar, sieh dich erst recht vor) ...: Achte darauf, lies es ab, schütze dich und pirsch dich deinerseits an den andern heran, indem du seinen Spuren nachschleichst! Halali, der Menschenjagd – Mensch jagt Mensch – sind neue, reiche Jagdgründe erschlossen.

Darum, genau um dies, soll es nicht gehen. Nicht um Bodywatching. Körpersprache sucht hier nicht Wildfährten, sondern den Ort einer reziproken, symmetrischen Verständigung, und dies bedingt, daß, zunächst und für lange Zeit, die Frage, was diese oder jene Expression wohl meinen möchte, hinweggetan werde. Verstehen genügt sich – immer noch, und ein weiteres Mal – im Antworten; in ihm erschöpft es sich auch.

Ich sage zu Sara: Du solltest mich doch spüren, solltest fühlen, wo du hinsprichst und zu wem. Berühr mich. Fang oben an und taste dich weiter, bis zu meinen Füßen.

Nun muß man wissen, daß Sara einer strikt und starr orthodox jüdischen Familie entstammt. Ein orthodoxer Mann gibt einer fremden Frau nie die Hand – das geht zu weit, das heißt, kommt zu nah; es ist schon wie Geschlechtsverkehr. Und was die eigene Frau anbetrifft, auch sie bekommt die Hand ihres Gatten erst gereicht, wenn sie nach der Menstruation ihr rituelles Bad genommen hat. Das sind Gewohnheiten, sind sozio-kulturell festgelegte Vorschriften, und der sehr aufgeklärte Abendländer hat mittlerweile gelernt, seine eigenen Gebräuche neben die Riten anderer Stämme zu stellen, ohne sie wertend von diesen abzuheben.

Und auch wenn es sich so verhalten sollte, daß meine Aufforderung an Sara von irgend jemandem daneben Stehenden, vielleicht von ihr selbst, mit Sexuellem assoziiert werden könnte, so braucht dies meine Absicht hier und jetzt nicht zu beeinflussen, sie gar zu unterdrücken. Es ergibt sich übrigens, daß die drei streng orthodoxen Frauen, die sich, als einzige, um Sara kümmern und mich gebeten hatten, sie in Betreuung zu nehmen, dem eben anhebenden Akt beiwohnen. Dies trägt eher zur Sicherheit und Gelassenheit bei, unter denen er sich vollzieht, als daß es diese einschränkt.

Auffällig ist, auch beeindruckend, daß Sara keinerlei Hemmnisse kennt, wie sie daran geht, meiner Aufforderung entsprechend mich zu befühlen und schon daran ist, mein Haar zu touchieren. Sie tut es mit einer Souplesse ohnegleichen, derart, daß mein Antworten – Saras Haar berühren – sich sinnentsprechend von selber einstellt. Ich habe dabei meinerseits jene feine Art von Annäherung übernommen, wie sie sonst nur Blinden eigen ist; dieses Fühlen nicht *mit* den Händen, sondern gleichsam *durch* die Hände *hindurch*. Nirgendwann wie in dieser Situation läßt sich erläuternd nachvollziehen, daß die Hand, wenn sie anrührt, nicht so sehr das betastete Objekt als viel eher und intensiver auch sich selber erfühlt. Tastend kommt die Hand zu sich.[96] Und genau dies ist es gewesen, was hier beabsichtigt war: daß Sara sich selber spürte. Daß sie sich an meiner Antwort verwirklichte.

Es dürfte kaum wundernehmen, daß dieser Akt von Anrede und Antwort, übertragen auf die haptisch-taktile Sphäre, Saras ganze Zuwendung beansprucht hat und daß ihr mithin nicht die Zeit blieb, dazu auch noch wortreich vor sich hin zu monologisieren. So konnte ich einiges wenige zu ihr sagen, und daraus hat ein Gespräch sich entwickelt. Ein sehr kurzes Gespräch nur, und absichtlich kurz gehalten, damit diese erste neue Erfahrung – dieses Verstehen: Es gibt mich, es gibt dich – nicht wiederum in Wortkaskaden ertrinke.

Und hier will ich einhalten. Was Sara anbetrifft, so habe

ich sie, entgegen den beiden jungen Männern, von denen zuvor die Rede gewesen ist, nur insgesamt zweimal getroffen. Die Behandlung danach habe ich lediglich als Supervisor einer ausgezeichneten Therapeutin verfolgt. Von dieser habe ich gehört, Sara sei aus der Klinik in eine Wohngemeinschaft übergetreten. Mehr habe ich nicht zu berichten. Ich will mich daher in diesem Fall auch nicht anheischig machen zu behaupten, hier habe sich Heilung eingestellt. Nicht deshalb wurde diese Begegnung vorgelegt, sondern nur um zu zeigen, was möglich ist. Und um an dem Beispiel von Sara den Leitsatz vom Verstehen als Antworten in ein anderes Idiom zu übersetzen; nicht in einen Fremdjargon, sondern in die Mutter-Sprache.

Einige Bemerkungen zum Abschluß

Verstehen ist antworten.

Sagen ist zeigen: schau dorthin, finde. Finde du das Deine.

Diese beiden Hinweise, Anregungen aus Einsichten, wurden hier mitgeteilt. Der Versuch, den Inhalt dieser Aussage in formale Entsprechung zu bringen, kann, wenn er sich ernstgenommen weiß, nicht konsequent gelingen. Sagen ist ein dialektisch ablaufender Akt. Als solcher kann er nicht monologisch bis an sein Ende durchgezogen werden. Er soll, während er abläuft, die Aporien, die sich ihm einstellen, er will die Zweifel und Widersprüche, den Verweis auf Inkonsequenzen, nicht beseitigen. Kurz: Er versucht all das, was einer Beschreibung den Duktus des Lebendigen mitgibt, im Text zu belassen.

Dieses Unternehmen fordert seinen Preis. Das Zugestehen von möglichen Einwürfen, wenn er diese bestehen läßt, gesteht seiner Mitteilung die Wirkung von DAWAR zu: von Wort, Sinn, Kraft, Tat. – Der Preis dafür ist hoch, er ist auch klar umschrieben. Er lautet: Verzicht auf konsequent monologische Deduktion, statt dessen – horribile dictu – Zulassen der rhapsodischen Darstellung, also genau jener Form von Mitteilung, die Kant dem philosophischen Orkus überantwortet wissen wollte.

Aber Kant hat auch das Dialektische aus seiner Methodik verbannt. Er ist nur seinen eigenen Eingebungen, an diesen hatte er genug, treu geblieben. Einwürfe konnten nur herbeigerufen werden, soweit sie antizipiert waren. Kants Leser folgen beharrlich. Sie ziehen dem Meister nach. Der Rhapsode regt zum Mitsingen an, auch zum

Gegenreden. Dies sollte hier versucht werden. So will Sagen gesagt sein.

Im übrigen gilt für diesen Text, was L. Wittgenstein schrieb:[97]

> [...] was ich hier geschrieben habe, macht im Einzelnen überhaupt nicht den Anspruch auf Neuheit [...], weil es mir gleichgültig ist, ob das, was ich gedacht habe, vor mir schon ein anderer gedacht hat.

Dem würde ich gern beifügen: Für mich war es neu, als ich es gedacht habe, mit aller Freude verknüpft, die eine erste Blume erzeugt – und auch dann erzeugen darf, wenn diesem Frühling schon andere Frühlinge vorausgegangen sind, in denen andere Leute – zum erstenmal, wie sie glaubten – dieselbe Blume gefunden und in Worten oder Bildern beschrieben haben. – Dennoch sei erwähnt: Die Namen und Werke derer, die uns zu verstehen und zu deuten gelehrt haben, der Hermeneutiker von Schleiermacher über Dilthey bis Ricœur, Lorenzer, Habermas und, vor allem, des freundschaftlich verbundenen O. F. Bollnow, sind mir nicht unbekannt, wenngleich es anmaßend wäre, wollte ich behaupten, ich hätte sie kenntnisreich durchgearbeitet. Die Unbekümmertheit, vielleicht haben Sie den Namen Unverschämtheit parat für die Regung, die mir daraus gewachsen ist, daß ich mich nur habe anregen, jedoch nicht befriedigen lassen von den Überlegungen und Schlüssen Kundigerer, sie mag es möglich gemacht haben, daß hier manches ähnlich, anderes dagegen völlig verquer zu den Gedanken dieser wesentlichen Hermeneutiker herausgekommen ist.

Und noch etwas: An manchen Stellen des Buches dürfte einigen unter den Leserinnen und Lesern das Gefühl von

Stolpern nicht erspart bleiben, besonders an den Kapitel-
Übergängen. Öfters scheint da die Kontinuität gebro-
chen. Etwa dort, wo der Abschnitt über das Böse Auge
ohne Hinweis, ohne besondere Erläuterung unmittelbar
auf eine Auseinandersetzung mit dem Prozeß des Deutens folgt. Was sollen die beiden Bereiche miteinander zu
tun haben? – Dies ist, was sie zusammenbringt: Die
Beschreibung des Vergessens von Handschuhen und der
Möglichkeiten, nach denen dieses sich deuten läßt, wird
gefolgt von einer Darstellung dessen, was sich zuträgt,
wenn jemand sich dem Bösen Blick ausgesetzt erlebt.
Beides vereint will zeigen, wie umfassend – in der Tat:
wie unvermutbar weit – der Akt einer Paarung von
Anrede mit Antwort, von Aussage mit Deutung reicht.
Oder, behutsamer gesagt, wie verläßlich das hier vorgelegte Konzept beiträgt, Bereiche des Verhaltens, seiner
Launen und Besonderheiten, dem Begreifen, auch dem
Erschließen einer psychotherapeutischen Intention,
zuzuführen, welche gemeinhin die Grenzen des Geläufigen und Begreifbaren überschreiten. Mehr noch: Nicht
allein, daß solch obskure exotische Phänomene wie der
Böse Blick, ja selbst der Akt der Schlangenbeschwörung
uns mit einiger Willkür, aber ohne Gewalt erschließbar
werden, vielmehr läßt sich von ihnen her just an den
Grenzen des uns Zugänglichen, wenn nicht schon jenseits
dieser, aus zunächst verwirrender Fremdartigkeit heraus,
mit anderswo kaum nachvollziehbarer Deutlichkeit zeigen, wie weit die Auffassung von verstehen als antworten trägt: bis in den besonderen Jargon der Blicke, unmeß-
bar fern dem gesprochenen und gehörten, dem geschrie-
benen und gelesenen Wort. Dann läßt sich auch erfahren
oder doch ahnen, was geschieht, wenn man sich der
Blicksprache zu entziehen trachtet – dann kommt der
Böse Blick ins Spiel – und wenn man sich ihm stellt: Wer

dazu bereit ist und darauf vertraut, daß er es darf und vermag, ist sogar fähig, eine Kobra zu bezaubern.

Dies hätte ich jeweils bei den Übergängen der Kapitel erwähnen können: weshalb jetzt und warum an dieser Stelle eine fürs erste so ganz unerwartet andere, nicht merkbar hierher gehörende Erscheinung beschrieben wird. Damit wären die Fugen geglättet, zweifellos. Nur, ich bin nicht ganz sicher, ob es der Wertschätzung der Leserinnen und Leser gemäß ist und ob man ihnen einen Dienst leistet, wenn man sie immer über glatte Fugen führt. Die gibt es im Leben selten. Und mir scheint, ein Buch vom Verstehen darf wohl – sollte doch auch – sich an einige von den Regeln halten, die das Leben offeriert.

Zu erwähnen ist überdies, daß drei von den hier vorgelegten Kapiteln bereits früher als Auftragsarbeiten erschienen sind. Sie bilden gleichsam die Kristallisationskerne zu diesem Buch. Deshalb – und weil sie immer wieder verlangt wurden – kommen sie hier nochmals zum Abdruck. Es handelt sich um die Kapitel: »Die Handschuhe von Stefan Zweig«; »Fragen kann krank machen. Sagen kann gesund machen«; »Fragebogerei«[9]. – Dort ist freilich manches, namentlich in den »Handschuhen«, die 1974 erstmals erschienen sind, anders gesagt, als ich es heute sagen würde. Gleichwohl sind den Originalarbeiten nur einige erklärende Zutaten angefügt, Retuschen an ihnen jedoch unterlassen worden. Was hinzugekommen ist, umwächst diese Kerne und versucht, diese in ein Ganzes zu fügen, aus dem sie einzelne Aspekte voraus-vermittelt haben.

*

Ich fühle, daß ich dieses Buch nicht abschließen sollte, ohne zu erwähnen, daß wesentliche Anteile aus vierzig Jahren Bemühen um eine Verständigung mit Trägern von Taubheit gewachsen sind; aus einzelnen hoffnungsvollen Gesprächen und manchen Enttäuschungen.

Und noch zwei letzte Auseinandersetzungen mit der Titelthese, der so oft wiederholten, strapazierten Aussage: Verstehen ist antworten. Zunächst die gewohnheitsmäßig und stets unüberlegt vorgebrachte, weil für selbstverständlich gehaltene, Behauptung, identisches Schicksal liefere die gewisse Garantie für ein Verstehen. Die Depression, will sagen: die von ihr Befallenen – beispielsweise –, sei(en) doch am zuverlässigsten durch jemanden zu verstehen, der selber durch eine Depression gegangen ist. Ich bedaure, aber tägliche Erfahrung nötigt mich, entschieden zu widersprechen. Und zu sagen: Schicksalsgleichheit trägt enttäuschend, oftmals betrüblich wenig zum Verstehen bei; und nicht nur der Depression.

Wohl jedoch birgt die hier und jetzt zu gewinnende Äußerungsgleichheit in sich die genauesten und wirksamsten Bedingungen zum Verstehen. Hinsagen und zurücksagen, weit über den Bereich der Wortsprache hinaus – wo sollte da ein Ende auszumachen sein? Vielleicht dort, wo es vorkommt, daß du Zwiebeln und Knoblauch gegessen hast, ich aber nicht? – Ja, aber nur so lange, bis ich diese Verstehenssperre beseitige, nämlich selber ebenfalls Zwiebeln esse und Knoblauch dazu. Damit ist nicht nur die Ekelbarriere aufgehoben, sondern auch die Verschiedenheit der Elementarsprache. Sie vor allem.

Wenn am Ende Zustimmung ausbleibt, sich statt dessen das »Nein, aber ...« einstellt, die fruchtbar widersprechende Weiterführung als Äußerung des Anspruches, dem Begleiten und Erweitern auch noch das Stören folgen zu lassen: so werden die Leserin und der Leser aus eigener Zutat so genau wie irgend möglich erfahren haben, was das ist – oder werden sollte: Verstehen.

Anmerkungen

1 »Wenn du etwas wissen willst und es durch Meditation nicht finden kannst, so rate ich dir, mein lieber, sinnreicher Freund, mit dem nächsten Bekannten, der dir aufstößt, darüber zu sprechen. Es braucht nicht eben ein scharfdenkender Kopf zu sein, auch meine ich es nicht so, als ob du ihn darum befragen solltest; nein! Vielmehr sollst du es ihm selber allererst erzählen.«

Du sollst es sagen, nicht um andern etwas von dir Gewußtes mitzuteilen, sondern: »[...] ich will, daß du aus der verständigen Absicht sprechest, *dich* zu belehren [...] Denn wir wissen, es ist allererst ein gewisser *Zustand*, welcher weiß.«

So läßt um die Jahrhundertwende ein aufmüpfiger Kopf sich vernehmen – allerdings: an der Wende vom 18. ins 19. Jahrhundert! – Und er tut es in Unkenntnis dessen, daß er damit die gleichzeitig sich formulierende Hegelsche Dialektik vorweg denkt. Sage es, dann weißt du es – »l'idée vient en parlant« (H. v. Kleist, »Über die allmähliche Verfertigung der Gedanken beim Reden« [1805/06], zit. nach der Ausgabe von H. Sembdner, München 1964, S. 319).

2 Verstehen ist antworten: Schon das Axiom actio = reactio, Wirkung = Gegenwirkung, von Newton für die Mechanik formuliert, von Späteren für sämtliche physikalischen Prozesse gültig befunden, nennt ein dialektisches Prinzip, welches sich zwanglos auf Aristoteles zurückverfolgen läßt. – Hegel hat aus der Formulierung seiner Gültigkeit für die duale Beziehung das Gesetz ihres Wesens abgeleitet. Er hat an ihr auch die Tragik ihres Fehlgehens angedeutet: »Die[se] Bewegung des Selbstbewußtseins in der Beziehung auf ein anderes Selbstbewußtsein ist [...] *das Tun des Einen*; aber dieses Tun des Einen hat selbst die gedoppelte Bedeutung, ebensowohl *sein Tun* als *das Tun des Anderen* zu sein.«

Jedoch: »[...] der Herr aber, der den Knecht zwischen [das Ding] und sich eingeschoben, schließt sich dadurch nur mit der Unselbständigkeit des Dinges zusammen [...]; die Seite der Selbständigkeit aber überläßt er dem Knecht, der es bearbeitet [...]. [...] Aber zum eigentlichen Anerkennen fehlt das Mo-

ment, daß, was der Herr gegen den Andern tut, er auch gegen
sich selbst, und was der Knecht gegen sich, er auch gegen den
Andern tue. Es ist dadurch ein einseitiges und ungleiches Aner-
kennen entstanden« (G. W. F. Hegel, *Phänomenologie des
Geistes* [1807], hrsg. von J. Hoffmeister, Hamburg 1952,
S. 146 f.).

Aus dem Verhalten des Gegenübers ergibt es sich, daß das
Gesetz – oder Axiom – der äqualen Verständigung immer nur
auf Augenblicke eines labilen Gleichgewichtes bewahrt bleibt.
Sogleich trachtet einer sich zum Herrn zu machen, der andere
wird zum Knecht, und die Partner verfehlen einander.

Ich will darzustellen versuchen, wie eine Bewahrung des Gleichgewichtes, wenn auch nur für kurz, falls nicht erzielt so doch
angestrebt werden kann.

3 Die hier erwähnte Triade ist systematischer beschrieben worden
in der Arbeit: A. R. Bodenheimer, »Begleiten – Erweitern –
Stören: die drei Grundformen aller Beziehung«, in: *Sonderpäd-
agogik, Handlung, Forschung, Wissenschaft*, Festschr. für
G. Heese, hrsg. von Andreas Bächtold [u. a.], Berlin 1986,
S. 90–113. – Gemäß der Ausrichtung des Sammelbandes ist dabei
namentlich die sonderpädagogisch-psychotherapeutische Relevanz des Themas verfolgt worden. Kasuistische Beispiele und
deren Analysen sind zu finden in: A. R. Bodenheimer, »Paradig-
mata und Aenigmata einer Psychotherapie der Psychosen«, in:
Die Therapie der Psychosen im Kindes- und Jugendalter, hrsg.
von R. Lempp, Bern 1990.

4 Ingeborg Bachmann, »Reklame«, in: I. B., *Anrufung des Großen
Bären* (1959), München/Zürich 1983, S. 43.

5 Daß in der nämlichen Sprache zu antworten ist, in der man
angeredet wurde, will man den Vorgang Verstehen nennen, hat,
wie das meiste andere, was ums Verstehen kreist, Freud am
nüchternsten erkannt und am genauesten beschrieben. Die wenigsten Leute machen sich bewußt, daß Konzept und Methodik
der Psychoanalyse wesentlich auf dem Grundsatz der Gleichsprachlichkeit begründet sind. Daher auch, was Freud als ihre
Technik auffaßt, von der er sagt: »Sie lehnt alle Hilfsmittel ab
[...] und besteht einfach darin, sich nichts besonders merken
zu wollen und allem, was man zu hören bekommt, die nämliche ›gleichschwebende Aufmerksamkeit‹ [...] entgegenzu-
bringen.«

Dieser Ratschlag wird wie folgt präzisiert: »Wie man sieht, ist die Vorschrift, sich alles gleichmäßig zu merken, das notwendige Gegenstück zu der Anforderung an den Analysierten, ohne Kritik und Auswahl alles zu erzählen, was ihm einfällt« (S. Freud; *Ratschläge für den Arzt bei der psychoanalytischen Behandlung*, Bd. 8 der Londoner Gesamtausgabe, London 1948, S. 377 ff.).

Wie es heraustönt, so soll es hereintönen: gleichsprachlich, zusammengebracht durch das zweimal selbe Verweilen in der freischwebenden Aufmerksamkeit, d. i.: in der Sprache des Unbewußten.

6 Daraus geht hervor, daß vom Wesen her Verständigung zunächst nicht auf etwas hin oder über etwas, ein verbindendes Thema, erfolgt, sondern daß sie gegeben – und definiert – ist durch Gleichsprachlichkeit. Wenn diese fehlt, kann man nicht von Verständigung reden. Man kann es auch dann nicht – oder sollte es nicht tun –, wenn Diplomaten nach mißglückten Verhandlungen beim Dinnertoast konstant das Wort »Verständigung« im Munde führen und dazu lächeln.

7 Immer dann – und nur dann – bleibt Liebe haften, wenn sie gar nicht entbrennt, sondern ab ovo auf von ihrer Berufung her einem Zweck dienstbar gemacht wird; und damit einem ganz anderen Liebe-Begriff als dem in Geschichten und Gedichten Gemeinten zuzudenken ist. Die Dynastie der Rössli- oder Sternenwirte in einem Landgasthof, der gekrönten Familien, wie auch derjenigen Geschlechter, deren Angehörige durch Generationen ihr Leben einzig der Fortführung einer Ideologie, religiöser Natur beispielsweise, in unbezweifelter Gewißheit zu dienen haben, kennen diese Bedrängnis durch die Liebe nicht. – Ein solch anderer, vom rein Dynastischen her bestimmter Liebesentwurf findet sich schon im ersten Moses-Buch vorgezeichnet: »Isaak brachte sie ins Zelt Saras, seiner Mutter. Er nahm Rebekka, dann wurde sie ihm zur Frau; dann liebte er sie. Dann tröstete Isaak sich über den Tod Saras, seiner Mutter« (Gen. 24,67).

Er bringt sie heim; d. i. dorthin, wo seine Mutter geherrscht hat, in deren Zelt, in Saras Bett. Er nimmt sie an Mutters Statt. Damit wird sie ihm zur Frau; nun setzt sie die Funktion der Familienmutter fort. – Jetzt erst, da dies alles geschehen und gewiß und garantiert ist, *jetzt* liebt er sie. Wenn die Liebe bei anderen erlischt, wächst sie in den Trägern der Dynastie: eine andere, eine mit dem uns Geläufigen nicht zu vergleichende, keine geringere Liebe. Dennoch, selbst Isaaks und Rebekkas Liebe, sogar sie, geht am Ende in Betrug, also tödlich, aus.

8 Die Not ist die, daß Wahrheit, wenn sie sich auf sich selbst beruft, aufgehört hat, Wahrheit zu sein. Und daß Liebe, wenn sie benannt wird, keine Liebe mehr ist. Beide scheuen sie, Wahrheit gleichwie Liebe, das Wort, ihrer beider Namen vor allem. – Kaum anderswo ist diese Bedrängnis so verhalten eindringlich dargestellt wie in Dostojewskis Bericht über Jesu Christi zweite Verurteilung durch den Großinquisitor, welche, zusätzlich zur Handlung, noch verwirrender wird, weil Iwan Karamasoff sie seinem Bruder Aljoscha weitergibt.

9 Über Wesen, Natur und Sinn des Mediums und der medialisierten Beziehung: A. R. Bodenheimer, *Versuch über die Elemente der Beziehung,* Basel/Stuttgart 1967.

10 Das Medium vermittelt zwischen den Partnern in beider Anwesenheit, das ist die Bedingung und macht die Eigenart der medialisierten Beziehung aus, es definiert sie. Das Symbol dagegen repräsentiert stets und ausnahmslos ein hier und jetzt Abwesendes. Das Kreuz den Verkünder, bis dieser zurückkommt; das Geschenk den fernen Spender. Von daher auch der Name (SYMBOLON) als Bezeichnung eines Aktes von Zerteilung des Freundschaftszeichens, dessen zwei Fragmente in der Zeit der Trennung ihre Besitzer warten lassen, bis der Akt des Zusammenfügens (SYMBALLEIN) die Symbolwirkung, und deren Berufung, aufhebt.

11 Das Englische wie das Hebräische, beide Sprachen bringen den Raum, in welchem Verstehen sich zuträgt, genauer zur Formulierung, als es die deutsche Hochsprache tut. UNDERSTANDING benennt das, was unter, oder zwischen, uns gestellt ist, um als Medium – vermittelnd – zu wirken. Dasselbe sagt die biblische wie auch die moderne hebräische Sprache: HABIJN (Verstehen) und BIJNA (Verständigkeit) sind etymologisch verwandt dem Pronomen BIJN, das mit »zwischen« oder »unter« zu übersetzen ist.

12 »Unseren Begriff des Unbewußten gewinnen wir [...] aus der Lehre von der Verdrängung. Das Verdrängte ist also das Vorbild des Unbewußten« (S. Freud, *Das Ich und das Es,* Bd. 13 der Londoner Gesamtausgabe, London 1948, S. 241 ff.).

13 Der Verfasser ist sich dessen bewußt, daß er sich damit in

Gegensatz zu der von Heidegger initiierten und, in dessen Windschatten, von Gadamer, Staiger, Boss und anderen vertretenen Lehre stellt. Er wünscht bei seiner Auffassung, die er in diesem Buch vielfach zu belegen und zu begründen trachtet, behaftet zu werden (zusätzliche Hinweise im Kapitel: »Die Handschuhe von Stefan Zweig«).

14 Was H. Holzhey über den heute geläufigen, ebenso verantwortungs- wie sorglos unbedachten Gebrauch des Wortes »Transzendenz« schreibt, gilt in ganzem Umfang für das Spiel mit dem Namen »Metaphysik«: »[. . .] das Wort signalisiert, ähnlich wie ›Jenseits‹, ein religiöses Problem, drückt aber zugleich eine gewisse Scheu aus, ein ›Objekt‹ der religiösen Beziehung direkt namhaft zu machen, eine Art neuerlicher Scheu vor dem Gottesnamen [. . .]; häufig gibt sie einfach dem Gefühl Raum, daß es untunlich sei, eine spezifische konfessionell-religiöse Bindung öffentlich zu deklarieren, tunlich hingegen, sich den ›Himmel‹ offenzuhalten, wenn auch auf vage und nicht besonders verpflichtende Weise [. . .]« (H. Holzhey, »Transzendenz«, in: *Die Psychologie des XX. Jahrhunderts*, Bd. 15, Zürich 1981, S. 7).

15 »Einen Schriftsteller besser zu verstehen, als er sich selber verstanden hat, das kann daher gar nicht anders erscheinen, denn als Ausdruck einer leichtfertigen Vermessenheit. Und dennoch drängt sich dieser Satz aus der konkreten Arbeit der Textinterpretation immer wieder wie von selbst auf [. . .].«
Der Schluß von Bollnows Auseinandersetzung mit dieser Äußerung von »leichtfertiger Vermessenheit« lautet: »Die[se] Deutung [. . .] ist nicht nur ein einfaches Aussprechen der schon vollständig im Ausdruck enthaltenen Bedeutung, sondern selber eine schöpferische Leistung, insofern sie von sich aus erst das noch Schwankende festlegt und die Bedeutung mit erschafft . . . Jedes Verstehen des Ausdrucks ist notwendig ein Besser-Verstehen, weil einmal der Mensch im Ausdruck sich gar nicht selbst versteht, sondern der Ausdruck von sich aus zu seiner eigenen Vollendung die Deutung verlangt, und weil zum andern die Deutung zugleich eine wesensmäßig schöpferische Leistung ist. . . .« (O. F. Bollnow, *Studien zur Hermeneutik*, Bd. 1, Freiburg i. Br. / München, 1982, S. 48 ff.).

16 »[. . .] So können natürlich die Dinge in Wirklichkeit nicht aneinanderpassen, wie die Beweise in meinem Brief, das Leben ist mehr als ein Geduldspiel; aber mit der Korrektur, die sich

durch diesen Einwurf ergibt, einer Korrektur, die ich im einzelnen weder ausführen kann noch will, ist meiner Meinung nach doch etwas der Wahrheit so sehr Angenähertes erreicht, daß es uns beide ein wenig beruhigen und das Leben und Sterben leichter machen kann. Franz« (F. Kafka, *Brief an den Vater* [1919], Schluß).

Die Tragik dieses Briefes, die Nicht-Erfüllung seiner Absicht – es möchte dem Schreiber und dem Empfänger das Leben, und wenn nicht dieses, so das Sterben leichter werden – hat sich daraus ergeben, daß dieses Schreiben seinen Adressaten nie erreicht hat. Es ist von der Mutter weggenommen, dem Vater vorenthalten worden.

17 Kafka hatte testamentarisch darum ersucht, seine nachgelassenen Schriften zu verbrennen – ausnahmslos alle, und folglich gewiß schon den Brief an den Vater (der von Kafka nicht einmal als Schrift – nicht als Aussage, Deutung erwartend –, sondern als Anrede aufgesetzt war und einzig auf Antwort gehofft hat; auf Antwort von *einer* Person: dem Adressaten, seinem Vater). – Max Brod hat diesem letzten Willen seines Freundes nicht entsprochen. Man kann über eine solche Handlung – oder Unterlassung – ehrlich verschiedener Ansicht sein. Die Erbauung der lesenden Öffentlichkeit ist jedenfalls nicht als unbedingt höchste Forderung anzusetzen.

18 Freuds Bemerkung: »Übertragungen sind Reminiszenzen«, liefert eines der reinsten und redlichsten Beispiele dafür, wie und was das Sagen zu bewegen vermag. Wenn der Analytiker sich über die Maßen geliebt oder gehaßt weiß, so gibt ihm das Hilfskonstrukt zu diesem Zustand, dem Analytiker besagend: »Ich bin doch gar nicht gemeint, ich brauche mich nicht so wichtig zu nehmen«, das beste Mittel, um getreulich seinen Auftrag weiterzuverfolgen, möglichst wenig irritiert von der Parteien Gunst und Haß.

Somit fügt sich das Hilfskonstrukt, auf dem die Auffassung von der Übertragung baut, sinngleich jenen Konstrukten an, die von den Naturwissenschaften mit Zahlen und Formeln errichtet wurden. Kein kundiger Mathematiker stellt sich Zahlen oder Koordinatensysteme als Realitäten vor. Sie sind Symbole, die etwas nach hier bringen, was sich anders nicht herbefehlen läßt.

19 »[...] ergibt sich für die Naturwissenschaften, daß in ihnen nur durch ergänzende Schlüsse, vermittels einer Verbindung von

Hypothesen, ein Zusammenhang der Natur gegeben ist. Für die Geisteswissenschaften folgt dagegen, daß in ihnen der Zusammenhang des Seelenlebens als ein ursprünglich gegebener überall zugrunde liegt. *Die Natur erklären wir, das Seelenleben verstehen wir*« (W. Dilthey, »Ideen über eine beschreibende und zergliedernde Psychologie« [1894]; zit. nach: W. D., *Die Philosophie des Lebens. Eine Auswahl aus seinen Schriften*, hrsg. von O. F. Bollnow, Stuttgart 1961, S. 130 ff.).

20 L. Büchner, *Kraft und Stoff oder Grundzüge der natürlichen Weltordnung. Nebst einer darauf gebauten Moral oder Sittenlehre* (1853), Leipzig [15]1883.

21 Es wird zu wenig beachtet – zu wenig zugestanden –, daß es kein gültiges Mittel gibt, um von einem Menschen zu sagen, wie er sei. Jeder Mensch ist so, wie man (ihm auf den Kopf zu) sagt, daß er sei. Dies ist das wohlgehütete, auch vor ihren Adepten gehütete Geheimnis aller Psychologie, wenn diese sich zutraut – oder anmaßt –, als Menschenkenntnis daherzukommen.

Sofern solches Sagen einen Hinweis gibt und also, dem ausgestreckten Zeigefinger vergleichbar, auf etwas deutet, das wahrgenommen werden will – nicht weil es so ist, so und nicht anders, sondern weil es zum Bedenken anhält – ebensolang ist ein solches Sagen angängig, vorausgesetzt, es geschieht in der Intimität von Anrede und Antwort.

»Man kann für eine große Klasse von Fällen der Benützung des Worts ›Bedeutung‹ [. . .] dieses Wort so erklären: Die Bedeutung eines Worts ist sein Gebrauch in der Sprache« (L. Wittgenstein, *Philosophische Untersuchungen* [1945–1949], Frankfurt a. M. 1971).

22 Fritz Zorn, *Mars*, München 1977; Peter Noll, *Diktate über Sterben und Tod*, Zürich 1984. – Die beiden Bücher dokumentieren den Kampf um einen Sinn von Leben und Sterben, niedergelegt von zwei Todgezeichneten. Es sei festgehalten und entschieden gesagt: Beide Schriften sind nicht nur packend, sie sind ergreifend geschrieben und lassen den Leser am Todeskampf ihrer Autoren teilnehmen. Deshalb – *deshalb* – muß der Arzt vor ihnen warnen: Sie schleppen ein Thema in die lüsterne Öffentlichkeit, welches nicht dorthin gehört. Der Tod, und mehr noch das Sterben, das ist in unserer Gesellschaft ein intimes Begebnis. In unserer Gesellschaft: Bei gekrönten Häuptern, die ganz ihrem Volk gehören, oder denen ihr Volk gehört, ist sie es nicht. In

Kulturen, welche den Individualisierungsprozeß nicht vollzogen haben, ist sie es auch nicht. Aber solange von der Intimsphäre geläufig die Rede ist, gehört das Sterben hinein, rang-, würde- und bedeutungsmäßig weit vor dem Sexus. Wir ertragen die geile Exhibition eines Lebensbezirkes, dem als letztem noch etwas von Würde geblieben ist, nicht. Sie bringt uns um die Wurzeln unserer Kultur. Die Auseinandersetzung mit dem Tod gehört in die Stille des Gesprächs, in die Stille des (gemeinsamen!) Schweigens.

Merke: Wenn jemand dir von Tabu redet und dich darauf vorbereitet, daß er alsbald vorhat, eins zu brechen, so sei auf der Hut. Er spekuliert auf dein Interesse an Porno-Produktionen aller Art. Und ausdrücklich nicht nur im Bereich von Eros und Sexus.

23 »Fällt die Entscheidung positiv aus, werden die singulären Folgerungen anerkannt, verifiziert, so hat das System die Prüfung vorerst bestanden; wir haben keinen Anlaß, es zu verwerfen. Fällt eine Entscheidung negativ aus, werden Forderungen falsifiziert, so trifft ihre Falsifikation auch das System, aus dem sie deduziert wurden« (K. R. Popper, *Logik der Forschung* [1934], Tübingen ³1969, S. 8).

Poppers Werk, die Bibel der Wissenschaftslehre, mag gelten für Bereiche, die beanspruchen, daß sie sinnvollerweise auch für sich selbst und aus sich selbst bestehen. Wo jedoch von Regionen die Rede ist, die nur und einzig darin ihre Wirklichkeit finden, daß das Sagen sie nennt, und die nur so lange bestehen, als sie sich nennen – oder zeigen – lassen (durch den Finger, wie im Kapitel »Sagen ist bewegen« dargestellt), dort versagt jede Unternehmung, die sich anschickt, das Falsifizierbare vom Verifizierbaren abzuheben. In diesem Revier ist gewiß die Wittgensteinsche Auffassung von der Bedeutung des Nennens sinngemäßer, als es Poppers Dezisionen sind: überall da, wo es um Leben, Leiden, Sterben geht. Ist die Rede vom Menschen, so verändert das Sagen diese Sache Mensch. Das Sagen bringt herbei, oder es schließt ab. Nie beläßt es in diesem Bereich etwas so, wie es war, eh es gesagt wurde.

24 Max Schur, *Sigmund Freud. Leben und Sterben*, Frankfurt a. M. 1973.

25 »Am folgenden Tag, dem 21. September [1939], ergriff Freud, als ich an seinem Bett saß, meine Hand und sagte zu mir: Lieber

Schur, Sie erinnern sich wohl an unser erstes Gespräch [1929].
Sie haben mir damals versprochen, mich nicht im Stich zu lassen,
wenn es soweit ist. Das ist jetzt nur noch Quälerei und hat
keinen Sinn mehr.
Ich sagte ihm, ich hätte mein Versprechen nicht vergessen [...].
Als er von neuem schreckliche Schmerzen hatte, gab ich ihm eine
Injektion von zwei Zentigramm Morphium« (Schur, ebd.,
S. 620 f.).

26 »Interpretationen und Fragen helfen dem Klienten nichts«: so C.
R. Weisbach, »Ihr sollt nicht zuviel fragen«, in: *DIE ZEIT* vom
30. 1. 1987.
Wie genau das zutrifft, wie verzweifelt richtig – sofern man als
Interpretieren das Drücken auf den schon lahmen Knopf be-
zeichnet, welcher, wie auf einer alten Musikbox, die vertrauten
Melodien zum Abspielen bringt, jedesmal, wenn im Bierlokal
einer findet, jetzt sei die Stimmung dafür gegeben, und eine
Münze einwirft. In diesem Fall hilft Deuten nichts – mit Akzent
auf *diesem* ...

27 »[...] und diese empirische Psychologie nenne ich hoffnungslos
[...]. Scheinbar steht alles herrlich, überall wird mit dem größten Eifer gearbeitet, [...] aber alles, was dabei herauskommt, ist,
grob gesagt, Kleinkram. Wäre es so, daß die Häufung der
Erörterungen und Versuche nur die notwendige Vorarbeit wäre,
daß man es mit der Masse zwingen könnte, so wäre alles gut,
aber in Wirklichkeit gelangt man auf dem jetzt eingeschlagenen
Weg nie zum Ziele, weil die Lücken unserer Einsicht auch durch
eine bis ins Unendliche vermehrte Kleinarbeit nicht ausgefüllt
werden können. Entweder muß die Psychologie dürr und ober-
flächlich bleiben oder sie muß die Metaphysik zu Hilfe rufen
[...]. Nicht wenige von denen, die von der Philosophie gering-
schätzig reden, tun es deshalb, weil sie das Denken zu sehr
anstrengt, und prüft man ihre Sachen, so findet man überall
versteckte Metaphysik [...]« (P. J. Möbius, *Die Hoffnungslosigkeit aller Psychologie*, Halle 1907, S. 5 f.).
Dem ist mehr als achtzig Jahre später nichts beizufügen.

28 Insofern ist Aids zur Metapher geworden. Wie jede Krankheit
als Metapher sich aufdrängt. Wir können dagegen anrennen –
wie Susan Sontag es unternommen hat – wir können es nicht
vermeiden, daß vergegenständlichtes Leiden, und das ist: Krankheit, auf dem Weg der Auseinandersetzung mit seiner Sinnfrage

zu Metapher wird. S. Sontag, *Krankheit als Metapher* (*Illness as
Metaphor*, 1977), München 1978, übers. von K. Kersten und
C. Neubauer; dies., *Aids und seine Metaphern* (*Aids and Meta-
phors*, 1989), München 1989, übers. von H. Fliessbach.

29 Die Beschriftung steht mithin verkehrt. Um sie anzubringen,
habe ich das Bild (von mir und dem Beschauer aus gesehen) auf
den Kopf gestellt: aufrecht für den Aspekt meines anredenden
Gefährten.

30 *Zw* lautet die protokollarisch gebräuchliche Abkürzung für die
Deutung des ausgesparten weißen Zwischenraumes im Projek-
tionstest nach Rorschach. Hierzu schreibt der Schöpfer des Tests
in seiner Originalmonographie: »*Die Zwischenformen* (*DZw*)
sind die Fälle, in denen nicht eine schwarze oder farbige Figur,
sondern die zwischen den Figuren ausgesparten weißen Zwi-
schenräume erfaßt werden. Mehr als eine DZw-Antwort ist
schon suspekt. Am reichlichsten finden sie sich bei eigensinni-
gen, verschrobenen »Normalen«, besonders reichlich hier und
da bei negativistischen, zerfahrenen Schizophrenen, weniger
häufig beim Epileptiker [. . .]. Sie verraten immer irgendeine Art
Oppositionstendenz« (H. Rorschach, *Psychodiagnostik* [1921],
Bern 1948, S. 39).
Ohne Zweifel hätte Rorschach sowohl Cézanne als auch Picasso
zu den höchst suspekten verschrobenen Normalen – falls Normalen – gerechnet, zu jenen also, die durch ihren ausgeprägten
Oppositionalismus an der Grenze zur Asozialität stehen. Zu
Recht, muß gesagt sein, zu Recht hätte er so gehandelt, nament-
lich wenn man beider Biographien bedenkt und diese an den
Maßstäben mißt, derer eine klinische Psychiatrie wie diejenige,
auf der Rorschach basiert hat, sich bediente – bedienen mußte.
Das Benutzen des Leerraumes als Herausforderung an den Beschauer, etwa das Abbilden eines Baumes durch dessen weiße
Negativform, das Spiel also mit der Bedrängnis im Leeren: wenn
das nicht Oppositionalismus verraten soll!
So liefert Rorschachs Projektionsverfahren, welches, nach der
Absicht seines Begründers, die Äußerungen der Seele hatte
objektivieren sollen, einen lehrreichen Beitrag zum Thema Anthropologie und Ideologie, damit an die Zeitgebundenheit aller
Menschenkunde. – Im übrigen: Die Seele läßt sich in ihren
bewußten wie unbewußten Regungen nicht objektivieren. Sie

weiß, wie es anzustellen ist, um sich vor dem Objektiv zu schützen.

31 A. R. Bodenheimer, »Communicative Drawing and Painting«, in: *New Dimensions in Psychiatry. A World Review*, vol. 2, ed. by S. Arieti and G. Chrzanowski, New York [u. a.] 1977, S. 425–464.

32 Absicht und Sinn des hier beschriebenen Verfahrens (Communicative Drawing) sind folglich darin gegeben, daß die Zwiesprache, welche – namensgetreu – zwischen zweien stattfinden sollte, hier jedoch in eine Person hineingenommen worden ist, wieder herausverlegt wird: zwischen zwei Partner, in deren medialisierte Beziehung und zur Auseinandersetzung zwischen ihnen. Es geht mithin darum, einen Prozeß rückgängig zu machen, der sich regelhaft auch bei den Kreativen (die von manchen Leuten als Genies bezeichnet werden) auffinden läßt: Was sich zwischen zwei Partnern wechselweise als Anrede und Antwort abspielen sollte, wird in eine Person hineingenommen als verinnerlichte Auseinandersetzung. Wenn diese vergegenwärtigt und beklagt wird, wie etwa in Beethovens Heiligenstädter Testament, so zeigt sie deutlich ihre Natur vor und wird dann bei derselben schöpferischen Gestalt durch die Kontinuität von Rede und Gegenrede (im Bauplan etwa seiner Fünften Symphonie durch alle ihre Sätze bis hin zum ausladenden Schluß, diesem »geht nicht weg, bleibt noch bei mir, hört mir zu, wie ich mit mir selber rede, leistet mir dabei Gesellschaft«) hörbar.

33 Durch diese Art von Interpretation wird – das System transzendierend – die Bildbetrachtung zu einer Beschreibung des Bewegungsverlaufes, aus dem die vorliegende Zeichnung entstanden ist; man kann es auch, besser noch, so sagen: Auf solche Weise bringt die Deutung es dahin, daß sie die Linien, welche sich jetzt, am Ende, in Gegenständen abbilden, zurückführt auf die Choreographie, das Ausdrucksmuster von Gebärden, woraus es sich in seltsamer Koinzidenz der Absicht, durch Erstarrung der Gesten geformt hat.

34 K. Jaspers, *Allgemeine Psychopathologie*, Heidelberg 1913; ders., *Zur Kritik der Psychoanalyse* (1950) sowie: *Wesen und Kritik der Psychotherapie* (aus späteren Auflagen der *Allgemeinen Psychopathologie*) vereinigt erschienen in: *Der Arzt im technischen Zeitalter*, München 1986. – Dort ist folgende Passage

zu dem hier diskutierten Thema zu lesen (S. 61): »[...] Dabei ergeben sich endlose Möglichkeiten des Deutens und Umdeutens, des entgegengesetzten Deutens, des Weiterdeutens und Überdeutens, das kein Ende hat und Kriterien für richtig und falsch verliert. Erkennbarkeit, in das Fließen der endlosen Deutung gebracht, ist nicht mehr Erkennbarkeit.«

Was Jaspers hier rügt, bzw. dem Orkus überantwortet zu haben wünscht, das trifft genau das Wesen des Deutens, eines *jeden* Deutens übrigens, nicht nur dieses Prozesses im Bereich der Psychotherapie analytischer Intention. Von Jaspers läßt sich sagen: Er will das Rechthaben in die Psychotherapie eingeführt haben – *sein* Rechthaben. Der Schaden, der ihr daraus erwachsen ist, wirkt fort.

35 Luftschlösser, Gebilde aus Hoffnungen und Vorstellungen, sind besser, namentlich sicherer als Zwingburgen aus Quadern oder Festungswerke in Stahl und Beton, weil sie freier atmen, hören, reden, denken lassen; und wenn sich doch einmal Krieg einstellen sollte – was allerdings in der Auseinandersetzung um Luftschlösser in schätzungsweise einem Mehrhundertfachen seltener vorkommt –, so ergibt es sich, daß auch in dieser Situation die Freiheit von strengen, starren Gebilden mehr Hoffnung darauf gibt, daß man sich wehren kann als inner- und außerhalb von Festungswerken. Die größere Beweglichkeit erleichtert den Kampf. Vor allem: Steinerne Schlösser sind für den Krieg gebaut, Luftschlösser für gelassene Begegnung, ernst oder heiter.

Diese Aussage steht zunächst da, als gelte sie nur parabolisch: damit etwas mehr Bildhaftes zum Sagen vorgelegt sei; wie eine Illustration zu reinen Worten. Aber sie läßt sich sehr genau und höchst verbindlich auf jenen Bereich zurückführen, aus dem sie hergeholt ist: auf die schreckliche, schrecklich lange, schrecklich grausame Geschichte der Kriege und der verzweifelt starren, gleichbleibenden Methoden, die der Geist zu deren Durchführung ersonnen hat. Auf diesem Gebiet, also in der Ausgangsregion unserer Parabel, kann man die These von der Unverläßlichkeit der Festungswerke prüfen. Und nachweisen, daß sie da verblüffend, fast erschreckend genau zutrifft, anscheinend ohne eine einzige Ausnahme: Noch nie in der Historie der Kriege hat offenbar ein Festungswerk, wie kühn ersonnen und wie gigan-

tisch es auch gebaut war, seinen Auftrag erfüllt: Sicherheit hinter
seinen Mauern zu garantieren. Von der chinesischen Mauer über
den Limes bis zur Maginot- und Siegfriedlinie, all diesen finstern
Phantomgebilden von Sicherheit und Stärke, hat noch keines
seinen Auftrag zu erfüllen gewußt. – Die Geschichte dieser
großen, auf Hieb-, Stich-, Schußfestigkeit hin gerichteten Forti-
fikationen – und ihres Versagens – ist zusammengetragen in dem
Buch von E. Eis, *The Forts of Folly, the History of an Illusion*,
London 1959 (urspr. auf deutsch erschienen, ist mir das Buch
nur in englischer Übersetzung zugänglich geworden). Pikanter-
weise hat die dort beschriebene Gegebenheit in zwei Jahrzehnten
seither vielfach ihre weitere Bestätigung gefunden, etwa im
Zusammenbruch der Bar-Lev-Linie binnen Stunden im Herbst
1973.
Dem Leser möchte ich es anheimgestellt wissen, daß er den
Rückweg von dem Substrat in die Parabel selber finde: dorthin,
wo auch sonst steinerne, eiserne Zwang-Gebilde wie Statistiken
Sicherheit versprechen – und es nicht zulassen, daß man feststellt, wie sehr sie, Festungen gleich, das Objekt manipulieren,
welches sie zu sichern versprechen. Schließlich lehren Überlegung wie Erfahrung, daß eine Freiheit, wenn sie Festungen
beansprucht, um verteidigt zu werden, alsbald keine Freiheit
mehr ist.

36 Die Geringschätzung, mehr: Verachtung des Wortes, gesprochen oder geschrieben, bei gleichzeitig festzustellender Redselig-
keit zeichnet allgemein den Abendländer und dessen Stolz auf
beredte Wortkargheit aus. So verbindet er etwa in kurzen,
mürrischen Sätzen eigenmächtige Beschlüsse als Feststellungen
(»Der Hammer ist schwer«) mit Befehlen (»den andern Hammer«), dann hat er alles für ihn Wichtige gesagt. – Und der
Abendländer verachtet den Morgenländer, wenn dieser sich von
Worten tragen läßt – von Worten statt, namentlich kriegerischen,
Taten. Natürlich nennt der Okzidentale dann einen wortfreudi-
gen Mittelostpotentaten mit den häßlichsten Namen, wenn dieser, statt Krieg zu führen, gegen ihn heroische Worte gebraucht.
1986 hätte so eine Diskrepanz zwischen Wort und Tat in Mund
und Hand eines nordafrikanischen Herrschers beinah einen Kon-
tinentalkrieg zwischen West und Ost entzündet. »Tausendundeine Nacht«: So höhnt tatengewiß der Abendländer, wenn er
die Redefreude und -technik des Orientalen verunglimpfen will:

»Tausendundeine . . .« – Scheherazade hört zu und denkt sich das ihre.

37 Joh. 1, 2–3. – »Nach dem Selbstzeugnis des vierten Evangeliums ist das Buch von einem anonymen Christen, sehr wahrscheinlich einem Heidenchristen, abgefaßt [. . .].
Die neuere Erforschung des Prologs ist zu dem [. . .] Ergebnis gekommen, daß der Grundstock des Prologs [. . .] sicher nicht der griechischen, sondern der semitisch-orientalischen Denk- und Sprachtradition verpflichtet ist [. . .]. Der Hymnus hat also ursprünglich in den vorjohanneischen Gemeinden für sich existiert [. . .].
Der Evangelist hat im Prolog einen vorgeformten Wort-Hymnus verarbeitet . . . Dieser vorjohanneische Wort-Hymnus ist religionsgeschichtlich im frühjüdisch-gnostizierenden Hellenismus beheimatet und von einem orientalischen Judenchristen abgefaßt worden« (S. Schulz, *Das Evangelium nach Johannes*, Göttingen 1978, S. 28 ff.).

38 Zit. nach: S. Schulz, ebd. – Die Anreicherung und Durchmengung einer indogermanischen Sprache durch grammatikalische Regeln, gleichwie die stark bildhaften Wortelemente einer semitischen Sprache, hat in der Geschichte des Jiddischen eine bedeutsame Parallele gefunden. Welch ungemein dichte Ausdruckskraft sich aus einer solchen Verbindung ergibt, läßt sich durch Jahrhunderte feststellen und heute noch an wenigen zeitgenössischen Schriftstellern, etwa I. Bashevis Singer oder Bella Chagall, erspüren.

39 »Eljakim, H'ilkijas Sohn, sowie Schewna und Joah' sagten zu Rawschakeh' [dem Abgesandten des Assyrerkönigs]: Rede mit deinen Dienern aramäisch, denn das begreifen wir, und sag es nicht auf jüdisch (= hebräisch) in die Ohren des Volks auf den Mauern« (2. Kön. 18,26).
Aramäisch, ursprünglich Sprache der Diplomaten und Gebildeten, hat sich in seiner Geschichte zum Konversationselement des Volkes, danach wieder zur Gelehrtensprache zurückgewandelt. Auf aramäisch haben auch der Verkünder und seine Schüler zu ihren Getreuen gepredigt.

40 DAWAR, dieses Grundwort in den semitischen Kultursprachen, kennt mindestens die vier eben genannten Übersetzungswerte. Als in der erwachenden jüdischen Arbeiter- und Bauernkolonie Palästinas der legendäre S. Z. Schazar (nachmals Staatspräsident

von Israel) dem Parteiorgan der Sozialisten den Namen DAWAR
mitgegeben hat, da hat er gewiß nicht nur an das Wort gedacht,
sondern eben die vielfältigen Einschlüsse von *dawar* im Ohr
gehabt.

41 Welche Übersetzung man auch zuzieht, in dem sinnträchtigen
Text des Schöpfungsberichtes ergibt ein Satz wie dieser keinen
Sinn: »[...] Gott ruhte von seiner Erzeugung, die er geschaffen
hatte, um sie zu machen.« Hier muß ein anderer Sinn gesucht
werden.

42 Den Hinweis auf die Wirkung von Gottes Hauch gibt die
erzählende Exegese (MIDRASCH) des Alten Testaments, wobei
sie sich stützt auf die hebräische Wortformel für »es werde«,
welche lautet: J'HEH. – In hauchenden Halbkonsonanten (die
sich im Schöpfernamen J'HOWAH wiederfinden) ist die Welt
gemacht worden, damit – und hier entspricht die Deutung des
Midrasch der in diesem Text versuchten – die (menschlichen)
Geschöpfe den von Gott angestoßenen Prozeß weiterführen und
seinen Hauch weiteratmen.

43 Joh. 1,14.

44 Nun ist das Kapitel an der Stelle, die das Schwarze vom Fingernagel verlassen könnte, angelangt und zu Ende. Damit soll belegt
werden, daß es seine Leserschaft so hoch einschätzt, um ihr
zuzutrauen, daß sie selber merkt, wohin es von hier weitergeht –
in welche Richtung also der Finger zeigt: daß das Wesentliche
erst in dem ist, worauf hingewiesen wurde.

Wenn also, damit ein Beispiel eben noch erscheine, der Finger
darauf weist, daß Kinder, wenn sie mütterliche Zuwendung
entbehren, schweren Schaden nehmen können, so will der Finger mahnen: Tragt euren Kindern Sorge, sonst macht ihr sie
kaputt! – Daraus, aus diesem Hinweis also, etwas wie *research*
zu machen, ist schon vom Ansatz her verfehlt. Man müßte im
einzelnen darüber nachdenken, was das ist: Zuwendung; und
was dieses: Entbehrung. Das kann man nicht durch Fragerei
erschließen. Weiter wäre subtil zu erwägen, welche Erwachsenen
man als (sozial) Bewährte anführen darf. Jemand kann zu hohem
Ruhm gelangen und dennoch geschädigt sein und noch schwerer
schädigen. Beispiele suche ein jeder für sich selber. – Schließlich
wäre denkbar, daß, angesichts dessen, wie sehr die Gesellschaft
ihre Angehörigen, die Kleinkinder vor allem, welche sich nicht
wehren können, bildet und verbildet, dank *research* und ähnli-

chem, bald einmal eine Frühkindheit sich entwickelt, die *wirk-lich* keine Weichen mehr stellt. Das wären dann der Menschheit letzte Tage.

45 M. Proust, *Die wiedergefundene Zeit* (*Le temps retrouvé*), Bd. 7 von *Auf der Suche nach der verlorenen Zeit* (*À la recherche du temps perdu*, 1927), Frankfurt a. M. 1957; übers. von Eva Rechel-Mertens.

46 R. Descartes, *Meditationen über die erste Philosophie* (*Meditationes de prima Philosophia*), Paris 1641.

47 H. J. Eysenck, *Wege und Abwege der Psychologie* (*Uses and Abuses of Psychology*, 1953), Reinbek bei Hamburg 1956, S. 25 f. Übers. von Hartmut Horn.

48 R. D. Laing [u. a.], *Interpersonelle Wahrnehmung* (*Interpersonal Perception*, 1966), Frankfurt a. M. 1971.

49 Unter diesem Namen figuriert Becks Fragebogen in der deutschen Fachliteratur – fehlerhafterweise, als Opfer einer unzutreffenden Übersetzung: *inventory* ist in diesem Zusammenhang nicht das, was wir auf Deutsch mit dem Begriff »Inventar« verbinden, sondern eben: Fragebogen.

50 A. T. Beck, *Kognitive Therapie der Depression* (*Cognitive Therapy of Depression*, 1979), München [u. a.] 1981.

51 FPI, Göttingen [o. J.]; HAWIE, Bern 1955; ZÜWIE, Bern 1970 usw.

52 Der Autor muß hier erwähnen, daß auch er bisweilen zur Teilnahme an diesem exklusiven Spiel, dem öffentlichen Beantworten vorgeformter Fragen, eingeladen worden ist. Als ich dann die Frage vor mir hatte, ob Christus, wenn er wieder zurückkäme, abermals gekreuzigt würde – und eben daran war, zu antworten: »Nicht nötig; entweder er würde den Medien überlassen, oder man gäbe ihm ein wenig Valium« –, da fühlte ich, noch eben rechtzeitig meine Eitelkeit überwindend, daß ich so etwas nicht will. Und refüsierte.

53 »Wenn wir [...] die Gedankeninhalte verstehen als entsprungen aus den Stimmungen, Wünschen und Befürchtungen des Denkenden, so verstehen wir erst eigentlich psychologisch oder einfühlend« (K. Jaspers, *Allgemeine Psychopathologie*, Berlin/Heidelberg ⁵1948, S. 253).

54 Jede Erscheinung, jeder Sachverhalt hat es an sich, es können beide Deutung sowohl *erwarten* als auch ihrerseits Deutung *sein.* Im Akt des Deutens so, wie ihn dieses Buch beschreibt, geht es

von der Absicht her zunächst darum, daß »Luft gemacht«, daß in die Engnis und Stickigkeit von gleichgearteten und -georteten Erscheinungen Neues aus anderen Bereichen hineingetragen werde.

Einem Aspekt von außen kann Deuten daher als kreisförmiger Verlauf vorkommen – und das ist es auch, das Deuten, wenn man es in diesem Sinne faßt: ein Kreisgang. Alles, was als Aussage hervorkommt, wartet darauf, daß es gedeutet, also in eine andere Dimension verlegt werde – und alles, was sich als Deutung empfiehlt, verfällt seinerseits dem Schicksal, daß es, als Aussage aufgefaßt, Deutung erfährt. – Beispielsweise kann etwas auf ein sexuelles Motiv hin gedeutet (»als Sexualsymbol interpretiert«) werden; aber das Sexuelle – alles Sexuelle – läßt seinerseits zu, daß man es weiter deutet (auch das Sexuelle »symbolisiert etwas«).

Hier hat sich vom Wesen her ein Unterschied zwischen der geläufigen Auffassung der Philosophie (in offenbar all ihren Lehrmeinungen) und der Psychotherapeutik eingestellt: Die Philosophie perhorresziert Zirkelschlüsse, nimmt solche als Belege dessen, daß im System ein Denkfehler vorliegt (»der Zirkel [...] ist nach elementarsten Regeln der Logik circulus vitiosus«; M. Heidegger, *Sein und Zeit*, 1927). Und es gilt dies namentlich für jenen Vorgang, den sie »hermeneutischen Zirkel« nennt. Die Psychotherapie dagegen, der es nicht um Erkenntnis geht, sondern um Einsicht, vertraut sich oft und gern dem Kreislauf an: Wer sich von diesem Zirkelgang mitnehmen läßt, der sieht ein Zentrum von vielen Seiten – das eine und immer selbe Zentrum von so vielen, daß er sich in Zukunft weigern wird, nur einen einzelnen Aspekt als den ausschließlich gültigen zu deklarieren.

55 In diesem Kapitel wird nur auf die Isophonien eingegangen, wie sie sich in der deutschen Hochsprache anbieten; andere Sprachen legen andere Schlüsse nahe, die zum Teil Verwandtes aufweisen (engl.: *it/which*), zum Teil, schon aus völlig verschiedenen Gegebenheiten heraus, etwa der Unterteilung der Genera in nur ein maskulines und ein feminines Geschlecht, ganz andere Assoziationen anbieten.

Die eigentliche Absicht dieses Exkurses in einem Buch zum Verstehen als Antworten liegt jedoch darin: aufmerksam zu machen darauf, daß der Klang eines Namens – und nur dessen

Klang, nicht dessen Wortbedeutung – untergründig (vielleicht kann man auch sagen: unbewußt) vergleichbare Assoziationen erweckt. So wäre doch beispielsweise zu erwägen, ob nicht die, gegenüber anderen Begabungen unverhältnismäßig zu nennende, divinisierende Erhöhung des Namens *Goethe* auf dessen Klangverwandtschaft mit dem Namen *Gott* zurückzuführen sei.

56 »Das Nehmen-bei-etwas: Einer nimmt den Anderen beim Ohr, beim Wickel, Schopf oder Kragen; [...]. Einer nimmt den Andern beim Wort usw. In all diesen Wendungen tritt die weltliche Bewandtnis, die es mit den Andern – und in eins damit auch mit dem Einen – hat, [...], die jeweilige Grundbefindlichkeit und die Geworfenheit in die jeweilige Situation, sowie die Rolle, die die ›handelnde Person‹ dabei hat, klar zu Tage« (L. Binswanger, *Grundformen und Erkenntnis menschlichen Daseins*, Zürich ²1953, S. 273 ff.).

57 S. Freud, *Briefe 1873–1939*, Frankfurt a. M. 1960, S. 442.

58 L. Wittgenstein, *Über Gewißheit*, Frankfurt a. M. 1970, S. 114.

59 Ebd., S. 40.

60 S. Freud, *Die zukünftigen Chancen der psychoanalytischen Therapie*, Bd. 8 der Londoner Gesamtausgabe, London 1948, S. 111.

61 A. Mitscherlich, *Auf dem Weg zur vaterlosen Gesellschaft. Ideen zur Sozialpsychologie*, München 1963.

62 Einen tragikomischen Akzent – heute könnte erwogen werden, ob auch tragisch oder nur noch komisch – gewinnt Jaspers' auf ein Rechthaben pochende Verdammnis der Psychoanalyse, wenn man sie an ihres Promotors eigenen psychotherapeutischen Versuchen mißt. Da ist bei Jaspers von »existentieller Kommunikation« die Rede. Und diese soll dem Freudschen Konzept von Übertragung und Widerstand quergestellt werden. Was nun den Begriff »Übertragung« angeht, auch die Vorstellungen, die sich an ihn knüpfen, so sind diese zu begreifen als System aus Hilfskonstrukten. Sämtliche Wissenschaften arbeiten (wie an anderer Stelle dieses Buches ausgeführt) mit Hilfskonstrukten, Gebilden also, von denen, wer immer sie gebraucht, jederzeit weiß, sie stellen nicht Wirklichkeit dar, sondern ermöglichen Vorstellung, und dafür sind sie nötig. Nun: Unter Übertragung kann man sich etwas vorstellen, sehr viel sogar und sehr genau, bis in alle Einzelheiten. Vor allem ist das Konstrukt verbindlich,

und es schließt Verpflichtungen ein – dies namentlich und vornehmlich. Unter existentieller Kommunikation kann man sich nichts vorstellen, und man soll auch nicht. Was so heißt, muß im Unverbindlichen verbleiben, im Unverpflichteten, Aphoristischen, im wohlklingend Apologetischen. Psychotherapeutisch gesehen: im Leeren.

63 F. Th. Vischer, *Auch Einer* (1879).

64 Diese Arbeit ist nahezu anderthalb Jahrzehnte alt. Manches wird in ihr erst tastend formuliert, und der Unterschied zwischen Sinn und Bedeutung ist hier noch nicht zureichend geklärt.

65 V. E. Frankl, *Der Mensch vor der Frage nach dem Sinn*, München/Zürich [8]1985, S. 141.

66 B. Brecht, *Über experimentelles Theater*, Frankfurt a. M. 1970, S. 64 ff.

67 K. R. Popper, *Logik der Forschung* (1935), Tübingen [3]1969; J. Habermas, *Erkenntnis und Interesse*, Frankfurt a. M. 1973.

68 Die, soweit bekannt, Geburtsstunde des Monotheismus, mit dem Erwachen von dessen diktatorial absolutistischen Ansprüchen, aber auch seiner eindeutigen Entschiedenheit, ist markiert durch die Abwendung vom irritierend mehrdeutigen Blick aus zwei oder mehr Augen. Jetzt bleibt *ein* Auge, welches aus abgewandtem, vorbeisehendem Gesicht den Menschen unter ihm mehr streift als berührt. Diese Tendenz überdauert den Zusammenbruch von Echnatons Lehre durch alle Phasen der monotheistischen Systeme. I. Velikovski, (*Ödipus und Echnaton* [*Oedipus and Akhnaton*, 1960], Zürich 1966, übers. von Ilse Fuhr und Albert Fuhr) führt bedenkenswerte Überlegungen dazu an, daß das Motiv von Echnaton demjenigen der Ödipus-Sage verwandt sei. Erst die attische Kultur, repräsentiert durch die Eule der Athene, hat diese Tyrannis der Einherrschaft in der mediterranen Ostregion durch ein pluralistisches Prinzip ersetzt. Mit den ständigen Eskapaden derer auf dem Olymp, die viel zu sehr mit sich selber beschäftigt waren, als daß ihnen Zeit geblieben wäre, sich noch um die Wesen am Fuße des Berges zu kümmern, damit konnten die Menschen ihre Eigenart und gesunde Hybris wieder, wenn auch nur für kurz, frei entfalten.

Auf hebräisch bedeutet RA' böse. Deshalb übersetzt man AYIN HARA' als das Böse Auge, was allerdings grammatikalisch unrichtig ist. Zutreffend müßte das weibliche Hauptwort AYIN ein weibliches Eigenschaftswort HARA'AH nach sich ziehen.

AYIN HARA' könnte sinngemäß nur noch »Auge des Bösen« heißen. Die schwierige Wendung zeigt, daß RA' eine tiefer reichende und dichtere Bedeutung aufweist, als gemeinhin angenommen wird.

69 So – »das Zeit« – nennen manche schweizerischen Dialekte die Uhr.

70 Die hier berührte Thematik wird genauer auszuführen versucht in: A. R. Bodenheimer, »Das Symbol als Blickfang«, in: *Psychotherapie, Psychosomatik. Medizinische Psychologie* 27 (1977).

71 J.-P. Sartre, *Das Sein und das Nichts* (*L'Être et le Néant*, 1952), Hamburg 1962. Vgl. das Kapitel »Der Blick«, S. 373.

72 Die »Vorstellung, der Augen beraubt zu werden«, ist, wie Freud anregt, das tragende Motiv der kindlichen Angst. Im Auge, Sehen und Gesehenwerden umschließend, vereint sich die Wahrnehmung des Vertrauten mit dem Blick des Unvertrauten. Deshalb gilt: »Dieses Unheimliche ist [...] der Eingang zur alten Heimat des Menschenkindes, zur Örtlichkeit, in der jeder einmal geweilt hat« (S. Freud, *Das Unheimliche*, Bd. 12 der Londoner Gesamtausgabe, London 1948, S. 259).

73 J.-P. Sartre, s. Anm. 71.

74 *Jettatore* oder *Gettatore* wird in den Regionen, die ihm Wirkung zugestehen, der Träger des Bösen Blicks genannt.

75 So äußern sich, wörtlich nahezu übereinstimmend, sowohl Hegel als auch Brecht.

76 RASCHI (Abkürzungsformel – wie im Hebräischen allgemein geläufig – für RABBI *Sch*lomo *Izh'aki*) 1040–1105, war der bedeutendste Kommentator von Bibel und Talmud der gesamten jüdischen Diaspora. Seine substantiell genau und sehr verbindlich formulierten Erläuterungen der alten Texte, oft versehen mit grammatikalischen Hinweisen, haben es, mehr als irgendeine andere Zutat zu den Schriften, vermocht, seiner zerstreuten Gemeinde aus deren Büchern jene Handhabe und substantielle Gewißheit zu geben, die ihr durch den Verlust der materiellen Heimat abhanden gekommen war. – So auch in dem hier angeführten Beispiel, welches die sexuelle Zucht samt dem Exogamieverbot aus angstbedingten Begrenzungen umwandelt in eine Sache göttlich gegebener Naturgesetzlichkeit.

77 Durch Züngeln führt die Schlange dem vomero-nasalen (Jacobsonschen) Organ vorn in ihrem Gaumen Informationen zu. Eine

solche Sinnesquelle bleibt aus, wenn das Tier sich in den Stand erhebt. Deshalb züngelt eine erigierte Schlange nicht.

78 Die verschiedenen Sinnesbereiche geben, zusammen mit den Expressionen, welche sich ihnen mitteilen, verschieden geartete Beziehungskreise – auto-, hetero-, homologe sowie offene oder geschlossene Kreise – ab. Die Herausarbeitung ihrer Verschiedenheit erleichtert es, durch Erklären den einzelnen Sinnesbeheiligungen und ihren Trägern näherzukommen (s. A. R. Bodenheimer, *Versuch über die Elemente der Beziehung*, Basel/Stuttgart 1967).

79 W. Dilthey, *Das Erlebnis und die Dichtung*, Berlin 1905; P. J. Möbius, »Das Liebesleben Hölderlins, Lenaus und Heines«, in: *Die Zeit* (1901); K. Jaspers, »Strindberg und van Gogh«, in: *Arbeiten zur angewandten Psychiatrie*, Bern 1922.

80 N. v. Hellinggrath, »Hölderlins Wahnsinn«, in: N. v. H., *Hölderlin. Zwei Vorträge*, München 1921, S. 49–84; P. Bertaux, *Friedrich Hölderlin*, Frankfurt a. M. 1981.

81 G. Benedetti, *Psychiatrische Aspekte des Schöpferischen und schöpferische Aspekte der Psychiatrie*, Göttingen 1975; St. Zweig, *Der Kampf mit dem Dämon*, Berlin [o. J.].

82 Zitiert aus Jahrgängen des Monatsblattes der Hörbehinderten (Organ der schweizerischen Schwerhörigenvereine). Mit freundlicher Genehmigung der früheren Chefredakteurin Frau L. Aegler und ihres Nachfolgers Dr. R. Kuhn.
Die hier wiedergegebenen, genau nachgedruckten Texte werden ihrer schwerhörigen Leserschaft als Abserhätsel vorgelegt. So, wie das hier aufgeschrieben steht, so wird es von schlecht hörenden Gesprächspartnern gehört (evtl. auch abgesehen), und wenn die Rede- und Hörschulung nicht sorgfältig betrieben wird, erfolgt alsbald eine Übernahme dieser Sprechart in die Redeweise Hörbehinderter.

83 Gewiß, ein Unterlegen von Bedeutung an diesen bilddichten und sinnmächtigen Text macht wenig Schwierigkeit – falls es überhaupt vonnöten ist, daß man so etwas tut: Bedeutung unterlegen. Die Passage: »Vollendruhe. Goldrot« wirkt, und nicht nur durch ihre genaue Euphonie. Da ist alles drin, in dieser Werkpassage, in zwei Worten, was den stillen Abend benennt. Jedes weitere Wort wäre ein Wort zuviel. Und dann: daß die Rippe tönet: Es sieht – und hört – sich von selbst, wie der Brustkorb

sich erst hebt und wie er dann, im Ausatmen, singend zum
Tönen kommt, mit den einzelnen Rippen wie Notenlinien ...
Die Rippe tönet: Das ist *nicht* Metapher, das ist ein Bericht über
genaueste Beobachtung.
Aber nochmals: Wenn Sie Hölderlin gegenübersitzen, unterlassen Sie bitte solche Interpretationen. Von Ihrem Besuch erwartet
er anderes!

84 H. Prinzhorn, *Bildnerei der Geisteskranken*, Berlin/Heidelberg
1922; W. Morgenthaler, *Ein Geisteskranker als Künstler*, Berlin/
Leipzig 1921.
Es muß hervorgehoben sein: All diese Arbeiten – wie die zuvor
zitierten Publikationen über Hölderlin, gleichwie die sogleich zu
zitierenden Arbeiten Navratils – sind, oder waren zu ihrer Zeit,
hoch verdienstlich. Sie haben gezeigt, was einmal zu zeigen war:
Der Geisteskranke, oder wie man das nennt, ist ein Mensch.
Nicht jedoch haben sie ein Verstehen, d. i. ein Antworten auf
(die künstlerische Expression als) Anrede gelehrt. Den Expressionen des Psychotikers haben sie den Charakter von Genuß-
werten zuerkannt. Wie es die Salzburger Festwochen tun, oder
gleich der Documenta in Kassel.

85 L. Navratil, *Gespräche mit Schizophrenen*, München 1978,
S. 44.

86 F. Goodenough, »*Children's Drawings*«, in: *A Handbook of
Child Psychology*, ed. by C. Murchison, London 1931;
K. Machover, *Personality Projection in the Drawing of the
Human Figure*, Springfield 1949.

87 W. Reich, *Character Analysis*, New York 1949.

88 Ich glaube der Sache zu dienen, wenn ich bekenne, daß mir
dieser Sachverhalt – wonach wir nämlich unsere Patienten beschämen, wenn wir ihre Expressionen aus der Intimität des
Sprechzimmers in die Öffentlichkeit tragen – erst richtig an den
Vorwürfen einer tauben Patientin deutlich geworden ist. In
einem meiner therapeutischen Gespräche mit ihr hatte ich zwar
erwähnt, daß ich die schöne Zeichnung, die sie mir geschenkt
hatte, auch einem Publikum zu deuten gedächte. Als dann aber
ihre Schöpfung im Rahmen einer Arbeit über das Werk behin-
derter Künstler, mit der Widmung an mich versehen, in die
Hand der Spenderin/Empfängerin gelangt war, ließ sie mich
zornig wissen: »Sie haben aus meinem Geschenk eine Wissenschaft gemacht« – und ich mußte ihr recht geben.

89 Die wilden Tiere zu Hause heißen alle Max: Wenn ich das sage, so ist mir gegenwärtig, ich habe eine Deutung gegeben. Eine anstoßende Interpretation. Aber vielleicht will Max es anders; vielleicht will er sagen: Nicht ich, Max, bin, die Mutter vielmehr ist das reißende Tier; sie oder sonst jemand, wer, das wissen wir nicht. Brauchen wir, deutend, nicht zu wissen. Wichtig zu wissen ist dies: Man muß irgend etwas dazu sagen, damit es angeht. Allerdings, ob ich das hier getan hätte und in just jenem Augenblick, dessen bin ich mir nicht sicher. Timing, wording – die ganze Löwen-, Tiger-, Panthergeschichte ist ja gegen den Willen des Patienten ausgelöst worden, sie ist nicht spontan in ihm gewachsen.

90 G. R. Heyer, *Menschen in Not*, Stuttgart 1951; P. Bertaux, s. Anm. 80.

91 Mag die selbstgewisse Aussage des Hofrats Wagner-Jauregg in dieser Form auch überspitzt klingen: »Wenn einer *mir* Verrücktheit vorsimuliert, dann *ist* er verrückt«, so gilt dennoch einer psychotherapeutischen Annäherung die Differenzierung zwischen »echter« und »vorgespielter« Psychose im wesentlichen als belanglos. Das Anliegen wie die Anrede, beide sind zweimal identisch, gleich ob echt verrückt oder unecht verrückt (was sich ohnedies – entgegen manchen Behauptungen – nicht zwingend differenzieren läßt). Und was schon gewiß den Werkinterpreten nicht zu bekümmern braucht – ihn nicht bekümmern *darf*. Der ist zum Heilen nicht bestellt und soll sich auf seinen Auftrag, Aussage deutend weiterzugeben, beschränken. Was den Therapeuten angeht, dieser macht, ungleich dem, was von ihm behauptet wird, das Werk *nicht* zum Diagnostikum, sondern zum Text der Anrede: um darauf zu antworten.

92 Der Autor gestattet sich, hier zu vermerken, daß er sich seit nahezu einem halben Jahrhundert von Hölderlins Werk begleitet erlebt – begleitet und oft gestützt, vom Hyperion namentlich, und von den späten Gedichten.

93 Essen ist eben sinngetreu beim Menschen das Medium, durch dessen Hilfe die Beziehung erweitert, das Verstehen in seinem Raum bewahrt bleiben kann.

94 Die Spezies Mensch hat, während sie daran war, das zu gewinnen, wofür wir heute den Namen »Sprache« reservieren, um – vielleicht – dieses Gewinnes willen mancherlei Expressionsweisen und -möglichkeiten preisgegeben, für deren Kraft und Ge-

nauigkeit des Hinweises die Wortsprache nur ärmliche, zumeist kärgliche metaphorische Ersatzformeln anbietet, ausdrucksleer gegenüber elementareren Expressionen und auch noch weniger genau. Zu diesen Ausdrucksmitteln zählt wesentlich das Sichkratzen mit der Vielfalt seiner Gestaltungen, seiner Intensitäten. Dieser Akt zeigt paradigmatisch – beispielhaft – auf, wie sehr bei *sämtlichen* Expressionen die beiden Funktionen verknüpft sind – eng, in der Tat, bis zur Untrennbarkeit: die Tendenz, etwas loszuwerden, es aus sich herauszubekommen – damit es drinnen nicht mehr drückt –, und anderseits, irgend jemand Nächsten anzureden. Ob du dich kratzt oder ob du einen Brief, ein Buch schreibst, macht keinen nennenswerten Unterschied; immer lassen beide Funktionen sich nachweisen, die zwei in eins zusammengenommen: Ausdruck und Anrede – Ausdruck *als* Anrede – *Ausdruck zur Anrede gemacht.* Ähnliches deutet an: P. Ricœur, *Die Interpretation. Ein Versuch über Freud (De l'Interprétation. Essai sur Freud,* 1965), Frankfurt a. M. 1974; übers. von Eva Moldenhauer.

Zum Kratzen: Es sei der Leserin, dem Leser überlassen, die beiden »Absichten« dieses Aktes zu deuten. Physiologie hat dabei wenig verloren: bei diesem Akt der Auslöschung durch Verstärkung eines untergründig wirkenden Reizes, der nur durch seine Verstärkung ausgeschaltet werden kann. »Ich kratze mich, also bin ich«: so *ein* Vorschlag – einer unter zahlreichen andern. Und was den Anredecharakter betrifft: Nun, kratze dich mal in Gesellschaft, vielleicht der Königin von England :.

95 Priester-, auch Hohepriestertum, ist in der Judenheit seit den Tagen ihrer Formation ein Amt als eine Würde, die im Erbadel dynastisch übertragen wird. Als solches ist es einer engeren Gruppe innerhalb des Stammes Levi vorbehalten. Nämlich den Nachkommen des Aharon, Mosis älteren Bruders. Keine andere Auszeichnung, kein Studium kann etwas für die Erwerbung dieser Würde ausrichten; genaugenommen, kann dieselbe auch nicht aberkannt werden. – Gabriel, mein Patient: Nicht nur, daß er ein Angehöriger der Priesterkaste ist, er zählt auch zu einer der vornehmsten religiösen Familien des Landes. Was er damals in der Moschee ausgerufen hat, geschah zwar in rüder und grober Formulierung, aber im Grunde hat es doch die exakte Verwirklichung der gläubigen Hoffnungen um ihn ausgesprochen. Deshalb die Bedrängnis der gläubigen unter seinen Betreu-

ern. – Daß diese Hoffnungen gemäß stiller, nie ausgesprochener, kollektiver Gewißheit niemals verwirklicht werden dürfen – *niemals* – und um so weniger, je inbrünstiger die Gemeinde ihre Verwirklichung herbeiruft, *darin* liegt die Tragik, nicht Gabriels allein, sondern derer, die ihm laut gesungene Hoffnungsstrophen einher mit verschwiegenen Gewißheiten gleichzeitig und als Einheit durch seine Erziehung mitgegeben haben.

96 Dies sollte beachtet werden: daß es der Besonderheit jener Beziehungs-Einheit Tasten/Fühlen/Greifen entspricht, ein Zu-sich-selbst-Kommen nicht minder herbeizuführen wie das Zum-andern-Kommen, und beides gleichzeitig zu tun. Und es, untrennbar das eine vom andern, zu erwirken. Hierin unterscheidet sich das haptisch-taktile Beziehungselement wesentlich von anderen Elementen. Was das Gehör anbetrifft, so hört man sich selber just dann – und dann einzig –, wenn man sonst nichts und niemanden hört. Sich selber sehen kann man lediglich durch Aufwendung besonderer Maßnahmen. Und sich riechen: Das gelingt überhaupt nicht. (Genaueres in: A. R. Bodenheimer, *Versuch über die Elemente der Beziehung*, Basel/Stuttgart 1967.)

97 L. Wittgenstein, *Tractatus logico-philosophicus* (1921), Frankfurt a. M. 1960.

98 Das Kapitel »Die Handschuhe von Stefan Zweig« wird hier vorgelegt als leicht veränderte und erweiterte Fassung des Erstabdruckes, ersch. in: *Zeitschrift für Psychosomatische Medizin und Psychoanalyse* 20,2 (1974); zuletzt ersch. auf Portugiesisch: »As Luvas de Stefan Zweig: Sobre o Significado de Interpretaçoes e suas Justificativas«, In: *Tiempo Psicanalitico* (Rio de Janeiro) 12,2 (1986). – Fragen kann krank machen. Sagen kann gesund machen; leicht veränderte und erw. Fassung einer Auftragsarbeit für *Psychologie heute* 2 (1986). – Fragebogerei; veränderte und erw. Fassung einer Auftragsarbeit für *Blätter der Wohlfahrtspflege* 12 (1985).

Neuere Bücher von
Aron Ronald Bodenheimer

*

Warum? Von der Obszönität des Fragens

2. Auflage 1985, 302 Seiten,
Reclams Universal-Bibliothek Nr. 8010

*

Freuds Gegenwärtigkeit

Zwölf Essays von A. R. Bodenheimer, W. Muschg,
S. Freud, Chr. Müller, G. Benedetti, F. Meerwein,
T. Koch, Chr. Schulte, R. Lempp, A. Holzhey-Kunz,
B. Rothschild, D. Sichel
1989, 414 Seiten, Reclams Universal-Bibliothek
8590

*

Teilnehmen und nicht dazugehören

Nachdenken über unsern Glauben und euern Glauben,
über unsern Stamm und eure Stämme, über uns und euch
1985, 224 Seiten, Verlag Im Waldgut

Deutsche Dichter

Leben und Werk deutschsprachiger Autoren

Herausgegeben von
Gunter E. Grimm und Frank Rainer Max

Band 1: Mittelalter

Band 2: Reformation, Renaissance und Barock

Band 3: Aufklärung und Empfindsamkeit

Band 4: Sturm und Drang, Klassik

Band 5: Romantik, Biedermeier und Vormärz

Band 6: Realismus, Naturalismus und Jugendstil

Band 7: Vom Beginn bis zur Mitte des 20. Jahrhunderts

Band 8: Gegenwart

Das achtbändige, insgesamt über 4000 Seiten umfassende Werk *Deutsche Dichter* ist deutschsprachigen Autoren vom Mittelalter bis zur jüngeren Gegenwart gewidmet. Auf anschauliche Weise schreiben Fachleute in Beiträgen von 5 bis zu 50 Seiten Umfang über Leben und Werk von rund 300 bedeutenden Dichtern. Ein Porträt des Autors und bibliographische Hinweise ergänzen die einzelnen Darstellungen.

Philipp Reclam jun. Stuttgart

Geschichte der Philosophie in Text und Darstellung

Alle acht Bände auch in Kassette erhältlich.

»Diese Unternehmung besticht durch einen gescheiten Ausweg aus dem Dilemma, in das uns die Einsicht führt, daß es einen unparteiischen Standpunkt vielleicht nur für den lieben Gott gibt. Sie verfügt über eine Konzeption, die die je verschiedene Eigenart der geistigen Standpunkte und Perspektiven schon durch die Kombination der literarischen Gattungen herausstellt. Die Brauchbarkeit für das philosophische Bildungswesen wird dadurch sehr gefördert. Besonders für die neu gestaltete Oberstufe des Gymnasiums, in der dem Fach Philosophie eine besondere Bedeutung zukommt, scheint die Mischung von Text und Darstellung geeignet.
Der Philosophieunterricht, der sich dieses Angebot zunutze macht, stellt die geistespolitischen Kategorien bereit, die für das Verständnis der westlichen Staatstheorien im Fach Gemeinschaftskunde erforderlich sind.«   Eckhard Nordhofen, F. A. Z.

Philipp Reclam jun. Stuttgart